中国乡村振兴发展报告 2021

ZHONGGUO XIANGCUN ZHENXING

FAZHAN BAOGAO 2021

中央农村工作领导小组办公室
中华人民共和国农业农村部

中国农业出版社
北京

图书在版编目（CIP）数据

中国乡村振兴发展报告. 2021 ／ 中央农村工作领导小组办公室，中华人民共和国农业农村部编.—北京：中国农业出版社，2022.12
　　ISBN 978-7-109-30301-0

　　Ⅰ.①中… 　Ⅱ.①中… ②中… 　Ⅲ.①农村-社会主义建设-研究报告-中国-2021 　Ⅳ.①F320.3

　　中国版本图书馆CIP数据核字（2022）第236599号

中国农业出版社出版
地址：北京市朝阳区麦子店街18号楼
邮编：100125
责任编辑：潘洪洋
版式设计：杜　然　　责任校对：吴丽婷
印刷：北京通州皇家印刷厂
版次：2022年12月第1版
印次：2022年12月北京第1次印刷
发行：新华书店北京发行所
开本：889mm×1194mm　1/16
印张：15.75
字数：350千字
定价：280.00元

PREFACE

前　言

　　2020年12月28日，习近平总书记在中央农村工作会议上发表重要讲话，强调"民族要复兴，乡村必振兴""只有深刻理解了'三农'问题，才能更好理解我们这个党、这个国家、这个民族""脱贫攻坚取得胜利后，要全面推进乡村振兴，这是'三农'工作重心的历史性转移""全面实施乡村振兴战略的深度、广度、难度都不亚于脱贫攻坚"，既从大历史观的角度深刻阐明了新时代"三农"工作的方位定位，又从全局大局的高度深入阐释了全面推进乡村振兴的战略意义，为做好新时代"三农"工作提供了根本遵循和行动指南。

　　2021年是全面建设社会主义现代化国家新征程开启、"十四五"开局之年，也是"三农"工作重心历史性转向全面推进乡村振兴的第一年。面对复杂严峻的发展环境和艰巨繁重的工作任务，各地各部门认真学习贯彻习近平总书记关于"三农"工作的重要讲话和重要指示批示精神，全面落实党中央、国务院决策部署，理清思路、攻坚克难、扎实工作，巩固发展了农业农村稳中有进、持续向好势头，为开新局、应变局、稳大局发挥了重要支撑作用。粮食和重要农产品供给取得新成效，全年粮食产量13 657亿斤、再创历史新高，生猪产能提前半年恢复到正常年份水平，棉油糖胶、果菜茶、肉蛋奶、水产品供应充足，农产品质量安全监测总体合格率保持在97.5%以上。巩固拓展脱贫攻坚成果有了新进展，易返贫致贫人口和突发严重困难户全部纳入动态监测帮扶范围，脱贫劳动力实现外出务工3 145万人，脱贫攻坚工作体系、政策举措、帮扶力量平稳过渡到乡村振兴，没有发生规模性返贫。农业科技装备支撑取得新突破，种业振兴行动全面启动，自主培育的3个白羽肉鸡新品种通过国家审定，转基因大豆玉米产业化应用试点取得积极进展，新建成高标准农田10 551万亩，农作物耕种收综合机械化率超过72%。

农民收入水平实现新提升，乡村产业加快发展，规模以上农产品加工业营业收入超过17.7万亿元、增速超过10%，全年农民工数量2.9亿多人、比上年增长2.4%，农村居民人均可支配收入达到18 931元、实际增长9.7%，城乡收入比降至2.5。农村面貌焕发新气象，农村卫生厕所普及率超过70%，生活垃圾进行收运处理的自然村比例达到90%以上，农村供水供电、交通道路、宽带网络和学校医院等设施加快建设，积分制、清单制等经验全面推广，移风易俗持续推进，农村社会保持稳定安宁。乡村改革发展释放新动能，乡村振兴促进法全面实施，中央统筹、省负总责、市县乡抓落实、五级书记抓乡村振兴的领导体制和工作机制基本建立，完成农村集体产权制度改革阶段性任务，农村承包地、宅基地制度改革稳慎推进，家庭农场、农民合作社分别超过390万个和220万家，农业社会化服务面积达到18.7亿亩次、带动小农户超过8 900万户。

新时代新征程，全面推进乡村振兴是全域、全员、全方位的振兴，对象更广、范围更宽、要求更高、难度更大。在工作思路上，要加快推动工作重心转换，把工作对象转向所有农民，把工作任务转向推进乡村产业、人才、文化、生态、组织"五大振兴"，把工作举措转向促进发展。在重点任务上，要坚持稳字当头、稳中求进，牢牢守住保障国家粮食安全和不发生规模性返贫"两条底线"，扎实有序推进乡村发展、乡村建设、乡村治理重点工作，着力推进粮食生产稳面积提产能、产业发展稳基础提效益、乡村建设稳步伐提质量、农民增收稳势头提后劲，切实稳住农业基本盘、守好"三农"基础。在机制保障上，要落实好加强党对"三农"工作全面领导的要求，健全乡村振兴政策体系、工作体系、制度体系，形成全党全社会合力促振兴的工作格局，不断开创全面推进乡村振兴、加快农业农村现代化新局面。

唐仁健

2022年9月

C O N T E N T S

目　录

第四章　实施乡村建设行动

第五章　制　度　保　障

附　　表

附　　图

正文专栏

第一章　总　论

2021年是我国现代化建设进程中具有特殊重要性的一年，是实施"十四五"规划、开启全面建设社会主义现代化国家新征程的第一年，也是中国共产党成立100周年。随着"三农"工作重心历史性转向全面推进乡村振兴，亿万农民昂首迈进全面小康社会，农业农村发展站在了新的历史起点。

一、新征程上"三农"工作的战略定位与考量

（一）这是立足新发展阶段的全面部署

全面建成小康社会后，广大农民对美好生活的向往总体上已从"有没有"向"好不好"转变，对获得公平发展机会、共享发展成果、提升生活品质抱有更高期待，全面推进乡村振兴面临的任务更加繁重、挑战更加艰巨。迫切需要走中国特色乡村振兴道路，坚持农业现代化与农村现代化一体设计、一并推进，坚持农业农村优先发展，确保在现代化进程中农业农村不掉队、同步赶上来。

2021年作为乡村振兴全面展开的开局之年，"三农"工作要坚持稳中求进工作总基调，立足新发展阶段、贯彻新发展理念、构建新发展格局，坚持创新驱动发展，深化农业供给侧结构性改革，全力保障国家粮食安全和重要农副产品有效供给，巩固拓展脱贫攻坚成果，全面推进乡村振兴，加快农业农村现代化，为全面建设社会主义现代化国家开好局、起好步提供有力支撑。

（二）这是适应历史性转变的再强调再部署

在脱贫攻坚目标任务已经完成的形势下，适应"三农"工作重心的历史性转移，需要对全面推进乡村振兴进行再强调再部署。巩固拓展脱贫攻坚成果，做好同乡村振兴有效衔接，是2021年乃至整个"十四五"时期"三农"工作最重要的任务之一。要把巩固拓展脱贫攻坚成果摆在"三农"工作的重要位置，加大脱贫地区产业发展、脱贫群众稳定就业等工作力度，牢牢守住不发生规模性返贫这条底线。要健全防止返贫动态监测和帮扶机制，做到早发现、早干预、早帮扶，继续精准施策，实现稳定脱贫、逐步致富。

要用乡村振兴的办法加快农村发展步伐。依托农业农村独特资源优势，加快推进乡村产业振兴，同时加强农村精神文明建设，实现物质富裕、精神富足。要认真总结借鉴脱贫攻坚积累的宝贵制度成果和精神财富，完善乡村振兴政策体系、制度体系和工作体系，逐步实现从集中资源支持脱贫攻坚向全面推进乡村振兴

平稳过渡。

（三）这是应对风险挑战下的重大战略部署

世界百年未有之大变局进入加速演变期，国际环境日趋错综复杂。在新冠肺炎疫情加剧世界动荡变革的特殊时刻，迫切需要统筹发展和安全，夯实稳住农业基本盘、守好"三农"基础，发挥"保供固安全、振兴畅循环"的基础支撑作用。保供固安全，就是要在统筹发展和安全的大局中，保障国家粮食安全和重要农副产品有效供给，为国家安全提供稳固支撑。振兴畅循环，就是要在构建以国内大循环为主体、国内国际双循环相互促进的战略格局中，挖掘农村消费、投资巨大潜力，打通城乡经济循环的堵点卡点，为畅通国内大循环扩容提速。

新发展阶段牢牢把住粮食安全主动权极端重要，要始终把粮食生产作为首要任务，坚决扛稳扛牢粮食安全这个重任，深入推进农业供给侧结构性改革，既保数量，也保多样、保质量。要落实"藏粮于地、藏粮于技"战略，解决好种子和耕地两个要害问题，稳住耕地数量，提升质量。要准确把握全面推进乡村振兴落地见效的重点任务，加快发展乡村产业，实施乡村建设行动，深化农村改革，推动城乡融合发展，加强农村精神文明建设和生态文明建设，加强和改进乡村治理。要加强党对"三农"工作的全面领导，把五级书记抓乡村振兴的要求落到实处，强化农村基层基础，加强乡村振兴干部队伍建设，不断提高做好"三农"工作的能力和水平，切实发挥党的领导和社会主义制度的政治优势，以更有力的举措汇聚更强大力量，全面推进乡村振兴。

二、全面推进乡村振兴实现良好开局

2021年，各地区各部门以习近平新时代中国特色社会主义思想为指导，全面贯彻党的十九大和十九届历次全会精神，深入贯彻习近平总书记重要讲话和重要指示精神，认真落实中央农村工作会议和中央1号文件部署要求，着力抓好粮食和重要农副产品生产供给，巩固拓展脱贫攻坚成果，全面实施乡村建设行动。2021年，农村居民人均可支配收入达到18 931元，实际增长9.7%。农业农村发展稳中加固、稳中向好，为开新局、应变局、稳大局发挥了重要作用。

（一）巩固拓展脱贫攻坚成果同乡村振兴有效衔接

33项过渡期主要衔接政策全部落实到位，帮扶政策总体保持稳定。健全防止返贫动态监测和帮扶机制，将有返贫致贫风险的农户纳入监测范围，及时实施针对性帮扶，稳定消除返贫致贫风险，牢牢守住不发生规模性返贫的底线。脱贫劳动力外出务工达到3 145万人，比2020年增加126万人。易地扶贫搬迁后续扶持工作有序推进，基本实现有劳动力的搬迁家庭至少1人就业的目标。确定160个国家乡村振兴重点帮扶县，明确14个方面倾斜支持政策，24个省（区、市）确定了472个省级重点帮扶县。中央财政衔接推进乡村振兴补助资金投入1 561亿元（不含补助新疆生产建设兵团），比2020年增加100亿元。东西部结对帮扶关系已调整到位，东部地区投入财政援助资金228.7亿元。305家中央单位全部完成定点帮扶机构调整，向定点帮扶县直接投入和引进资金345.4亿元。启动实施"万企兴万村"行动。加强农村低收入人口常态化帮扶，基本建成全国低收入人口数据库。

（二）加快推进农业现代化

一是提升粮食和重要农产品供给保障能力。上调稻谷和小麦最低收购价，扩大玉米、大豆生产者补贴资金规模，下达200亿元实际种粮农民一次性补贴。强化防灾减灾减损，成功应对北方强降雨、秋汛等重大自然灾害。全面实现稳面积、稳产量，实现粮食季季丰收、三大主粮作物个个增产。全年粮食总产量13 657亿斤，增产267亿斤。生猪产能提前半年恢复，肉蛋奶、果菜渔生产供给充足、市场平稳。

二是抓好种子和耕地两个要害。制定种业振兴行动方案，推动种质资源库和南繁基地建设，支持行业领军企业和科研机构攻关种源"卡脖子"技术。施行土地管理法实施条例，严格耕地用途管制。新建成高标准农田10 551万亩，实施东北黑土地保护性耕作7 200万亩。

三是强化现代农业科技和物质装备支撑。

农作物耕种收综合机械化率超过72%，三大主粮平均机收损失率比往年普遍降低1个百分点。化肥和农药使用量连续5年负增长，农作物秸秆综合利用率、农膜回收率、畜禽粪污综合利用率分别超过88%、80%和76%。新认证绿色、有机、地理标志农产品2.6万个，农产品质量安全监测总体合格率达97.6%。全面启动实施长江十年禁渔，强化退捕渔民安置保障，长江水生生物资源恢复趋势向好。

四是加强农业经营体系和产业体系建设。家庭农场、农民合作社分别超过390万个和220万家。农业社会化服务面积18.7亿亩次，带动小农户超过8 900万户。认定412家收入超9亿元的农业产业化国家重点龙头企业。新创建50个国家现代农业产业园、50个优势特色产业集群、298个农业产业强镇，带动1 560多万返乡农民工稳定就业。乡村休闲旅游业营业收入实现恢复性增长。

（三）乡村建设行动扎实推进

一是促进农村基础设施提档升级。制定乡村建设行动实施方案。推进较大人口规模自然村（组）通硬化路，农村公路建设更多向进村入户倾斜，实施农村公路安全生命防护工程和危桥改造。农村供水保障工程完成1.1万处，农村房屋安全隐患排查覆盖2.24亿户。推进农村电网巩固提升工程，重点支持农村电网薄弱环节建设。推动全国行政村历史性实现"村村通宽带"。支持建设县级电商公共服务中心和物流配送中心超2 400个、村级电商快递服务站点14.8万个，全国农村网商（店）达到1 640万家。全国超过70%的农产品批发市场建有冷链设施。

二是不断提升农村公共服务水平。截至2021年底，全国农村社区综合服务设施覆盖率达到79.5%。适度拓展低保范围，提高特困人员供养水平。全面建立农村留守老年人巡访制度，留守老年人信息系统实现县级全覆盖。提高城乡居民医保筹资标准，加快推进健全重大疾病医疗保险和救助制度。

三是持续改善农村人居环境。启动农村人居环境整治提升五年行动，全国农村卫生厕所普及率超过70%，生活垃圾进行收运处理的自然村比例稳定保持在90%以上。将4 000余个水体纳入国家监管清单，完成900余个较大面积农村黑臭水体整治。

（四）制度保障水平全面提升

一是持续深化农村改革。巩固和完善农村基本经营制度，保持农村土地承包关系稳定并长久不变，落实第二轮土地承包到期后再延长30年政策。探索农村土地"三权分置"有效实现形式，全国家庭承包地经营权流转面积5.32亿亩。在全国104个县（市、区）和3个地级市实施新一轮农村宅基地改革试点，规范开展房地一体宅基地确权登记。全国共有53万个村完成农村集体经营性资产股份合作制改革，清查核实集体资产7.7万亿元。中央财政安排资金75亿元，扶持壮大村级集体经济。

二是加大"三农"投入力度。2021年全国财政农林水支出2.2万亿元。中央财政加大产粮大县奖励力度，进一步调动地方政府重农抓粮积极性。稻谷、小麦、玉米三大粮食作物完全成本保险和种植收入保险实施范围扩大至13个粮食主产省约60%的产粮大县。全国涉农贷款余额（包括县及县以下）达到43.21万亿元，同比增长10.9%。

三是稳步提升乡村治理水平。开展乡村治理试点示范创建，全面推广积分制、清单制等经验。开展民主法治示范村创建，命名1 045个示范村（社区）。推行"综治中心+网格化+信息化"的基层社会治理模式，全国已建成各级综治中心超过58万个。拓展新时代文明实践中心建设，在农村地区深入开展"听党话、感党恩、跟党走"宣讲活动，持续推进农村移风易俗。

三、加强党对"三农"工作的全面领导

坚持党对农村工作的全面领导，充分发挥中国特色社会主义制度的显著优势，既是为"三农"发展提供坚强政治保障，也是全面推进乡村振兴实现良好开局的根本保证。各地区各部门深入学习贯彻习近平总书记关于"三农"工作的重要论述，武装头脑、推动工作、忠实践行，深入开展调查研究，强化政策供给，完善工作机制。2021年，乡村振兴组织建设强化完善，制度保障更加有力，工作机制明晰顺畅，为乡村振兴取得积极进展奠定良好基础。

（一）乡村振兴组织体系不断强化

在全面推进乡村振兴中，上边有中央农办、农业农村部、国家乡村振兴局统筹抓，中间有各地党委农办、农业农村部门、乡村振兴部门一起管，下边有基层组织和驻村工作队具体干，持续推动各地区各部门形成工作合力。加强党委农村工作机构建设，各级党委农村工作领导小组充分发挥牵头抓总作用，把涉及多个部门、多个领域、多个环节的农村工作统筹起来，形成齐抓共管的工作合力。持续加强农村基层党组织建设，选优配强乡镇领导班子、村"两委"成员特别是基层党组织书记，切实发挥农村基层党组织战斗堡垒作用。

（二）乡村振兴制度框架逐步健全

由顶层设计到具体政策举措全面实化，实施乡村振兴的"四梁八柱"制度框架和基本政策体系已经形成。2021年颁布实施乡村振兴促进法，这是第一部以乡村振兴命名的基础性、综合性法律，明确规定了乡村振兴的总目标、总方针、总要求，把实施乡村振兴战略必须遵循的重要原则、重要制度、重要机制固定下来。乡村振兴促进法与2018年中央1号文件、乡村振兴战略规划、《中国共产党农村工作条例》，共同构成实施乡村振兴战略的"四梁八柱"。作为"顶梁柱"，乡村振兴促进法充分发挥法律的规范、引领和推动作用，确保党中央关于乡村振兴战略部署不折不扣贯彻落实。浙江、福建、江西、山东等地相继出台了乡村振兴促进条例，地方层面全面推进乡村振兴的法治环境得到不断优化。

2021年，国务院制定《"十四五"推进农业农村现代化规划》，在衔接乡村振兴战略第一个五年规划的基础上，进一步明确了"十四五"时期乡村振兴的主要目标任务。中

办、国办印发《关于加快推进乡村人才振兴的意见》，对加快推进乡村人才振兴作出系统部署，为培养造就一支懂农业、爱农村、爱农民的"三农"工作队伍筑牢基础。

（三）乡村振兴工作机制更加完善

2021年中央1号文件明确指出："要深入贯彻落实《中国共产党农村工作条例》，健全中央统筹、省负总责、市县乡抓落实的农村工作领导体制……建立健全上下贯通、精准施策、一抓到底的乡村振兴工作体系。"五级书记抓乡村振兴既是制度优势，也是推进工作的有力措施。强化五级书记抓乡村振兴的工作机制，一级做给一级看，一级带着一级干。党委和政府一把手是第一责任人，统筹谋划，层层落实，有力有序推动乡村振兴战略的实施。其中，县级是实施乡村振兴战略的关键层级，县委书记不仅肩负"一线总指挥"之责，还担当"施工队长"之任。

各部门按照职能配置，加强工作指导，强化资源要素支持和制度供给，形成乡村振兴工作合力。锚定乡村振兴主题，党委农办、农业农村部门、乡村振兴部门拧成一股绳，从不同层面、不同角度、不同分工共同推进。中央层面，在中央农村工作领导小组的领导下，办部局"三位一体"抓乡村振兴。中央农办牵头实施，农业农村部统筹实施，国家乡村振兴局具体实施，协同运行，凝聚合力。

用好监督检查"指挥棒"，有效促进政策落地见效。一方面开展监测评估，建立客观反映乡村振兴进展的指标和统计体系，采取实地抽查、书面督查、跟踪调查等方式，评估各地各部门推进乡村振兴工作的进展情况。另一方面组织开展省级党政领导班子和领导干部推进乡村振兴战略实绩考核，完善市县党政领导班子和领导干部推进乡村振兴战略实绩考核制度，构建激励约束机制，强化考核结果运用。

第二章　巩固拓展脱贫攻坚成果同乡村振兴有效衔接

中　国　乡　村　振　兴　发　展　报　告　2021

一、巩固拓展脱贫攻坚成果

2021年，各地区各部门深入学习贯彻习近平总书记重要讲话精神，全面落实党中央、国务院决策部署，坚持把巩固拓展脱贫攻坚成果、防止发生规模性返贫作为全面推进乡村振兴的底线任务，持续响鼓重槌抓紧抓好，切实维护和巩固脱贫攻坚战的伟大成就。

（一）保持帮扶政策稳定

中共中央、国务院印发《关于实现巩固拓展脱贫攻坚成果同乡村振兴有效衔接的意见》，从顶层设计作出全面安排部署。中央农村工作领导小组研究出台主要衔接政策，财政、金融、土地、人才等支撑保障不断强化，逐步实现由集中资源支持脱贫攻坚向全面推进乡村振兴平稳过渡。国家层面确定160个国家乡村振兴重点帮扶县并出台14个方面倾斜政策，整体支持西藏、新疆脱贫地区发展。中西部22个省（区、市）均出台有效衔接实施意见，结合实际调整优化脱贫攻坚期间的帮扶政策，总体形成了"1+N"衔接政策体系。

1.积极落实投入保障。一是明确过渡期内保持财政支持政策总体稳定。贯彻落实《中共中央 国务院关于实现巩固拓展脱贫攻坚成果同乡村振兴有效衔接的意见》，财政部及时印发实施方案，明确过渡期内保持财政支持政策总体稳定，并根据巩固拓展脱贫攻坚成果同乡村振兴有效衔接的需要和财力状况，合理安排财政投入规模，优化支出结构，调整支持重点，过渡期继续采取适当方式向脱贫地区倾斜。二是加大衔接资金投入力度。2021年，贯彻落实党中央、国务院决策部署，原中央财政专项扶贫资金及时调整优化为衔接推进乡村振兴补助资金，预算安排资金规模1 561亿元（不含补助新疆生产建设兵团），在脱贫攻坚期连续5年每年递增200亿元的基础上，再增加100亿元，增长6.8%。资金主要用于健全防止返贫致贫监测和帮扶机制、易地扶贫搬迁后续扶持，培育和壮大欠发达地区特色优势产业，补齐必要的农村人居环境整治和小型公益性基础设施建设短板等。同时，在测算分配资金时，单独测算安排部分资金倾斜支持160个国家乡村振兴重点帮扶县和参照享受政策的西藏、新疆。三是延续实施脱贫县涉农资金统筹整合政策。2021年4月，财政部联合国家发展和改革委员会等十一部门出台《关于继续支持脱贫县统筹整合使用财政涉农资金工作的通知》，明确2021—2023年在脱贫县延续统筹整合使用财政涉农资金试点政策，2024—2025年在国家乡村振兴重点帮扶县延续实施。

2.优化衔接资金支持政策体系。一是2021年3月，财政部联合国家乡村振兴局、农业农村部等五部门出台中央财政衔接资金管理办法，在中央部门中率先完成过渡期政策调整优化。明确资金支持内容、负面清单和使用管理要求，明确资金继续按照因素法分配，并向160个国家乡村振兴重点帮扶县及新疆、西藏倾斜。明确资金项目审批权限继续下放到县，以支持发展产业、补齐必要的基础设施短板及县级乡村振兴规划相关项目。二是2021年11月，出台衔接资金绩效考核评价办法。在总结脱贫攻坚期原财政专项扶贫资金绩效评价经验的基础上，分类开展绩效评价，压实行业部门资金管理责任。坚持问题导向，重点强化对各地资金保障、预算执行、项目管理和使用成效的评价，推动提升资金使用管理水平。三是坚决抓好财政支持巩固衔接政策落实落地。财政部会同相关部门及时开展政策解读培训，帮助地方准确领会中央有关政策要求。保持衔接资金监管高压态势，联合相关部门开展衔接资金绩效评价，评估结果纳入下年度衔接资金分配，通报省级部门并抄送省级人民政府，持续传导压力，推动不断改进提升工作。定期调度衔接资金支出进度，督促各地加快项目开工和实施进度，加快衔接资金支出进度，推动尽早发挥财政资金效益，对资金体量大、工作任务重的重点省份予以重点督促。

3. 总结推广脱贫攻坚期行之有效的政策工具。财政部会同相关部门调整优化政府采购等政策，配合相关部门制定产业发展、社保、医疗等领域的一系列政策文件，为支持做好巩固衔接工作提供制度保障。一是继续实施政府采购支持乡村产业振兴政策。财政部会同农业农村部、国家乡村振兴局、供销总社调整优化政策设计，继续实施政府采购支持乡村产业振兴政策，以持续稳定的政府采购需求带动脱贫地区农副产品销售，支持脱贫地区产业升级发展。全国各级预算单位通过"832平台"定向采购，确保将政策红利精准滴灌到脱贫地区和

脱贫农户。2021年，各级预算单位预留采购份额61.5亿元，采购额突破115亿元，惠及超200万脱贫农户。二是支持医疗服务和保障工作。2021年，中央财政安排补助资金22.7亿元，支持国家乡村振兴重点帮扶县和其他脱贫县加强县域医疗机构能力建设。其中，对国家乡村振兴重点帮扶县，每县补助400万元；对其他脱贫县，每县补助200万元。国家医保局等七部门印发《关于巩固拓展医疗保障脱贫攻坚成果有效衔接乡村振兴战略的实施意见》，明确加大医疗救助资金投入，倾斜支持国家乡村振兴重点帮扶县。三是支持落实城乡居民基本养老保险政策。中央财政持续加大对城乡居民基本养老保险的支持力度，确保各地足额发放养老金，160个国家乡村振兴重点帮扶县所在的西部地区按中央确定基础养老金标准给予全额补助。2021年8月，人力资源和社会保障部、财政部等部门出台《关于巩固拓展社会保险扶贫成果助力全面实施乡村振兴战略的通知》，进一步明确相关工作安排。四是支持困难群众救助、住房安全保障、扶残助残和就业创业工作。财政部在会同有关部门下达困难群众救助补助资金、农村危房改造补助资金、残疾人事业发展补助资金、就业补助资金等资金时，根据有关省份国家乡村振兴重点帮扶县数量，对国家乡村振兴重点帮扶县所在省份给予倾斜支持，同时明确要求有关省份认真贯彻相关文件精神，继续根据实际工作需要等情况，对国家乡村振兴重点帮扶县予以适当倾斜。

4. 财政金融协同发力支持巩固脱贫攻坚成果。财政部通过保费补贴、奖补支持、贷款贴息等多种方式，引导金融机构围绕巩固拓展脱贫攻坚成果，加大对脱贫群众和脱贫地区的金融资源倾斜。一是实现过渡期金融帮扶政策有效衔接。人民银行会同银保监会、证监会、财

政部、农业农村部、国家乡村振兴局联合发布《关于金融支持巩固拓展脱贫攻坚成果 全面推进乡村振兴的意见》，延续优化金融帮扶政策，为金融支持巩固脱贫攻坚成果提供政策支持。二是扩大地方优势特色农产品保险奖补政策范围至全国，鼓励各地对脱贫地区给予优先支持。2021年，财政部扩大地方优势特色农产品保险奖补政策范围至全国，并鼓励省级财政部门结合实际实施差异化的农业保险保费补贴政策，加大对脱贫地区及脱贫户的支持力度。三是实施中央财政支持普惠金融发展示范区奖补政策，引导提升金融服务国家乡村振兴重点帮扶县质效。财政部会同人民银行、银保监会出台中央财政支持普惠金融发展示范区奖补政策，自2022年起每年安排奖补资金，支持各省打造各具特色的普惠金融发展示范区。其中，对属于国家乡村振兴重点帮扶县的示范区，在绩效考核时予以加分。四是实施脱贫人口小额信贷政策，对脱贫群众"扶上马、送一程"。中国银保监会、财政部等部门出台《关于深入扎实做好过渡期脱贫人口小额信贷工作的通知》，不断完善脱贫人口小额信贷支持政策，为脱贫户免担保免抵押的小额信贷提供适当贴息。截至2021年底，全国脱贫人口小额信贷余额1 624.66亿元，贷款余额户数393.06万户；当年累计贷款量752.62亿元，累计户数180.06万户。五是推动金融机构加大对脱贫地区支持力度。财政部支持金融机构持续加大金融支持力度，围绕粮食安全、农村基础设施建设、乡村产业发展等重点任务，服务巩固脱贫攻坚成果。

（二）巩固"两不愁三保障"成果

各有关部门制定出台巩固"两不愁三保障"成果相关文件，调整优化脱贫攻坚期内相关政策举措，持续压紧压实各级党委和政府责任，巩固拓展教育帮扶、健康帮扶、住房安全和农村饮水安全等成果。

一是巩固拓展教育帮扶成果。教育部等四部门印发《关于实现巩固拓展教育脱贫攻坚成果同乡村振兴有效衔接的意见》，推动建立健全巩固拓展义务教育有保障成果长效机制、农村家庭经济困难学生教育帮扶机制，做好巩固拓展教育脱贫攻坚成果同乡村振兴有效衔接重点工作，延续完善巩固拓展脱贫攻坚成果与乡村振兴有效衔接的对口帮扶工作机制。加强脱贫家庭、防止返贫监测对象家庭中义务教育阶段子女的控辍保学工作，推动各地义务教育阶段辍学问题实现动态清零。

二是巩固拓展健康帮扶和医保帮扶成果。国家卫健委等十三部门联合印发了《关于巩固拓展健康扶贫成果同乡村振兴有效衔接的实施意见》，延续和优化健康帮扶政策，提升脱贫地区卫生健康服务水平。国家医疗保障局等七部门印发《关于巩固拓展医疗保障脱贫攻坚成果有效衔接乡村振兴战略的实施意见》，优化调整脱贫人口资助参保政策，强化基本医保、大病保险、医疗救助综合帮扶梯次减负功能。国家乡村振兴局印发《关于做好防止因病返贫致贫监测帮扶工作的通知》，指导地方合理把握医保政策调整要求和节奏、加强脱贫人口参保动员工作等。2021年，各地脱贫人口、易返贫致贫人口参保率稳定在99%以上，基本实现应保尽保。

三是巩固拓展住房安全成果。住房和城乡建设部等四部门印发《关于做好农村低收入群体等重点对象住房安全保障工作的实施意见》，建立农村低收入群体等重点对象住房安全动态监测机制，继续实施农村危房改造和农房抗震改造。中央财政下达2021年农村危房改造补助资金99.46亿元，支持55.5万户保障对象实施危房改造，落实动态清零要求，确保农民群众住房安全有保障。

四是巩固拓展饮水安全成果。水利部等九部门印发《关于做好农村供水保障工作的指导意见》，持续做好农村饮水安全监测排查和动态清零。截至2021年底，全国共建成827万处农村供水工程，可服务农村人口9.01亿人。

（三）做好易地扶贫搬迁后续扶持

2021年，国家发展和改革委员会、国家乡村振兴局会同有关部门围绕加强搬迁群众防返贫监测帮扶、促进搬迁脱贫家庭稳定增收、加强和改善安置社区治理、强化权益保障等，督促指导各地做好搬迁后续扶持工作。

一是完善后续扶持政策。国家发展和改革委员会、国家乡村振兴局推动建立由20个部门组成的工作协调机制，联合印发《关于切实做好易地扶贫搬迁后续扶持工作巩固拓展脱贫攻坚成果的指导意见》，明确了"十四五"易地扶贫搬迁后续扶持工作的总体要求、主要目标和重点任务，形成了五年"总施工图"。相关行业部门出台社区治理、就业帮扶、安置住房不动产登记办理等系列政策文件。督促指导各地研究制定省级配套文件。

二是持续跟踪监测。国家乡村振兴局在全国防返贫监测信息系统中新增搬迁后扶模块，开展综合监测，委托第三方进行实地监测分析，多角度掌握搬迁后扶总体情况。国家发展和改革委员会、国家乡村振兴局不定期印发《易地扶贫搬迁后续发展跟踪监测报告》，通报各地工作进展，提醒存在的困难问题，指导改进提升工作。

三是扎实推进重点工作。财政部、国家乡村振兴局分配中央财政衔接资金时，测算安排170.6亿元支持易地搬迁后续扶持（含纳入"十三五"规划的易地搬迁贴息补助），允许衔接资金用于实施带动搬迁群众发展的项目，对集中安置区聘用搬迁群众的公共服务岗位和"一站式"社区综合服务设施建设等费用予以适当补助。开展易地搬迁安置区就业协作帮扶专项活动，基本实现有劳动力的搬迁家庭至少1人就业的目标。推动安置区产业发展，分配中央财政衔接资金时，专门测算安排47.8亿元支持人口较多的易地搬迁集中安置区后续扶持；安排中央预算内投资支持易地扶贫搬迁安置点配套设施提升完善，支持各地在安置点周边建设国家农村一二三产业融合发展示范园。指导地方对符合城镇住房保障条件的易地搬迁住房困难家庭新增人口，按照当地住房保障政策给予保障。结合城市居住社区建设补短板行动，指导城市易地搬迁安置点参照《完整居住社区建设标准（试行）》配建基础设施和公共服务设施，并提升搬迁社区建设质量和服务水平。深入推进易地扶贫搬迁安置住房发证工作，完成258.18万套搬迁安置住房不动产登记，不动产权证实现"应登尽登"，搬迁群众权益得到有效保障。

四是继续推进驻村帮扶工作。着力强体系、树新风、提服务，夯实易地扶贫搬迁安置点乡村振兴工作基础。中央组织部、国家乡村振兴局指导各地强化安置点驻村帮扶工作，实现3.5万个集中安置点（社区）基层党组织、村（居）民自治组织全覆盖、驻村第一书记和工作队应派尽派。安置点成立党组织3 900多个、村（居）委会1 800多个，建设"一站式"综合服务设施4 400多个，派驻第一书记2.4万名、工作队2.5万支。

专栏1

易地扶贫搬迁后续扶持

2021年，易地扶贫搬迁后续扶持工作取得明显成效。

一是强化就业帮扶。国家发展和改革委员会会同财政部加大安置点周边以工代赈政策实施力度，按照不低于中央投资15%的比例发放劳务报酬，带动10多万搬迁群众在家门口就业增收。人力资源和社会保障部、国家乡村振兴局、国家发展和改革委员会组织实施易地搬迁安置点就业协作帮扶专项活动，通过"订单式""定制式"技能培训和就业岗位精准对接，促进群众外出就业。

二是强化产业培育。国家发展和改革委员会安排4.2亿元中央预算内投资支持农村安置点一二三产业融合发展。农业农村部将安置点后续产业发展纳入脱贫地区"十四五"特色产业发展规划，支持搬迁大县发展特色优势产业。财政部、国家乡村振兴局在中央财政衔接推进乡村振兴补助资金中安排48亿元，专门用于支持人口较多的安置点后续产业扶持。

三是强化社区治理。民政部联合多部门共同推动做好集中安置社区治理工作，中央财政对安置点"一站式"社区综合服务设施建设予以补助，支持各地新建综合服务设施近4 400个。

四是强化权益保障。自然资源部全力推进搬迁安置住房不动产登记工作。国家发展和改革委员会、国家乡村振兴局指导有关省份出台专门文件，保障搬迁家庭新增人口住房需求。

各相关省（区、市）认真贯彻落实工作要求，采取积极措施推动易地扶贫搬迁后续扶持工作，因地制宜探索出了一些好的经验做法。江西"一竿子插到底"抓搬迁后扶工作落实，每月最后一周电话访谈安置点社区工作人员，询问近期防返贫监测、劳动力就业等工作情况。贵州将搬迁群众纳入城镇住房保障体系实行常态化管理，通过多渠道筹措房源、发放租赁补贴和实物配租（售）等方式，缓解搬迁家庭人口自然增长带来的住房压力。陕西白河对搬迁户推行户口本、居住簿双线并行制度，居住簿在县内与户口本具有同等效力，搬迁群众无论是在迁入地还是迁出地都能享有合法权益。

（四）加强扶贫项目资产管理和监督

2021年5月，国务院办公厅转发国家乡村振兴局、中央农办、财政部《关于加强扶贫项目资产后续管理的指导意见》，对加强扶贫项目资产后续管理作出全面安排部署。各级乡村振兴部门与财政、农业农村等部门密切协作，细化操作办法，组织摸底排查，推进确权登记，分类开展管护，构建起资产底数清晰、产权归属明晰、类型界定科学、主体责任明确、收益分配合理、运行管理规范的扶贫项目资产长效运行管理机制，探索出多形式、多层次、多样化管护模式，推动工作重心由"摸底确权"向"管好用好"转变，扶贫项目资产后续管理工作取得了明显成效。

一是底数基本摸清，夯实底清权明的管理基础。各地按照经营性、公益性和到户三类资产，分类摸清资产底数，建立管理台账，按照"谁投入、谁主管、谁使用、谁负责"的原则，采取颁发证书、文件确认、台账登记等方式，开展确权登记，资产所有权和收益权尽可能确权到个人和村集体，确保公益性资产管护主体明确、经营性资产产权关系明晰。截至2021年底，全国已摸清扶贫项目资产2.77万亿元，已确权2.7万亿元，近一半确权到村集体。

二是责任有效压实，建立权责明晰的责任体系。各级各部门基本厘清扶贫项目资产管理责任，省市两级负责统筹指导和日常监督；县级政府承担后续管理主体责任，乡镇政府负责日常监管，村级组织承担确权到村集体资产的监管责任，相关行业部门按职责分工履行行业监管责任。针对扶贫项目资产权责关系复杂的现状，各地探索建立了分级定责、权属分置的管理模式。如，四川构建了"省负总责、市级统筹、县级主抓、乡级监管、村级落实、群众参与"的"六位一体"责任体系；辽宁、山东、贵州、西藏、河南探索建立所有权、经营权、收益权、处置权、监督权"五权分置"等管理模式，做到了扶贫项目资产后续管理工作责任清、任务明、机制活。

三是分类实施管护，探索灵活多样的运管模式。根据扶贫项目资产特点，各地结合实际探索形成了各具特色、模式多样、管理规范的管护运行模式。公益性资产以保障长效运行为目标，完善管护标准规范，发动群众参与，委托专业机构管理，加强日常保养维护。如，江西广昌县将农村公共基础设施管护纳入村规民约，强化农户"门前三包"监督，组织开展文明农户等评比活动，发动群众自觉参与管护。经营性资产以确保保值增效为目标，针对项目资产类型和管理能力差异，采取自主经营、联建联营、业务托管、股份合作、招标出租等多种方式，有的地方探索市场化托管、公司化运营模式，盘活项目资产，促进项目资产充分发挥效益。如，陕西探索出自主经营"自己走"、村企联建"带着走"、委托经营"兜着走"、入股经营"一起走"的"四步走"经营模式。到户类资产以更好发挥效益为目标，在充分发挥农户自主经营权的同时，进一步加强后续指导帮扶。内蒙古由驻村工作队和村"两委"做好到户类资产的跟踪服务和指导监督，对因经营不善、自然灾害和市场因素等产生风险的，及时给予针对性帮扶，有效防止返贫问题发生。

四是加强经费保障，建立多渠道筹措管护经费的投入机制。各地相继出台文件，明确政策，通过财政补一点、乡村筹一点、群众缴一点，逐步完善财政资金、村级集体经济收益、农户付费合理分担的投入机制，多渠道、多途径解决扶贫项目资产管护经费来源问题。广东、广西、海南等省份明确市县可统筹一定比例省级财政衔接推进乡村振兴补助资金安排管护经费。河南兰考实施"5分钱工程"，村民每人每天捐资5分钱用于村内项目资产管护，探索群众参与资产管护有效路径。

五是注重联农带农，构建较为合理的收益分配机制。各地充分发挥扶贫项目资产的帮扶作用，把扶贫项目资产管理、公益性岗位开发和资产收益分配有机结合起来，探索按劳分配、按股分配等模式，通过"公益岗位补助+积分绩效""收益分红+积分考评"等方式，在做好项目管护的同时，强化利益联结，体现差异化扶持，激发群众内生动力，助推乡村治理和乡风文明建设。如，甘肃古浪县西靖镇建成村集体经济产业园，村年均收益约60万元，60%用于设置公益性岗位维护村内公益设施，30%用于扩大再生产，10%用于文明股分红，将资产管护、产业发展、乡村治理一体推进。海南鼓励市县大力推行积分制管理，实行积分分配制度，统筹分配扶贫产业项目收益，有效避免简单发钱发物、防止政策养懒汉等问题。

六是强化监督管理，建立全方位的监督评价机制。各地通过开展暗访抽查，强化监测预警，健全风险防范机制、落实公告公示等方式加强监管，并将项目资产后续管理纳入年度考核评估和纪检、审计监督范围，形成齐抓共管的监督管理格局，确保资金项目资产在阳光下运行。辽宁、山东、安徽、陕西等省份加强风险防范，积极探索建立扶贫项目资产动态监测预警机制，按照经营性项目资产运行状况分为红黄橙绿四色预警，突出重点，分类施策，做到风险问题早发现、早预警，早介入、早处置。广西、广东等省份开展扶贫项目资产专项审计，把扶贫项目资产后续管理情况作为重点审计内容，对审计发现问题进行跟踪整改。福建将扶贫项目资产后续管理纳入全省设区市党委政府实施乡村振兴战略实绩考核范畴。

二、推进脱贫地区乡村振兴

（一）促进脱贫地区农业特色产业发展

一是落实"四个不摘"，完善工作推进机制。2021年4月，农业农村部、国家发展和改革委员会、国家乡村振兴局等十部门印发《关于推动脱贫地区特色产业可持续发展的指导意见》，明确过渡期内推进脱贫地区产业发展的思路原则、目标任务和政策举措。农业农村部印发脱贫地区特色产业发展指引，组织脱贫县梳理确定"一主两辅"主导产业目录，编制"十四五"特色产业发展规划。推动各地把脱贫地区产业发展作为推进乡村振兴实绩考核重要内容，压实地方工作责任。

二是聚焦"总体稳定"，调整优化产业帮扶政策。明确过渡期内中央财政衔接资金重点支持产业发展，并逐年提高资金占比。2021年中央财政衔接推进乡村振兴补助资金投入1 561亿元（不含补助新疆生产建设兵团），其中50%以上用于产业发展。协调人民银行等部门将产业扶贫贷款调整为产业带动贷款，全国贷款余额超过1.7万亿元，带动脱贫人口584万人。推动农业担保体系将脱贫攻坚期间新型经营主体贷款担保优惠政策调整为常态化政策，832个脱贫县累计担保金额超过1 500亿元、县均近2亿元。因地制宜创新优势特色农产品保险，增加保险品类，提高补贴标准，扩大保险覆盖面。832个脱贫县农业保险保额超过1万亿元、同比增长4%，优势特色农产品保险险种达到4 441个、比2020年底增加39%。

三是突出全链开发，推进产业提档升级。2021年，围绕特色产业标准化生产、农产品加工、市场流通等环节，倾斜安排农业农村部参与管理的各类资金798.4亿元，同比增长6%。以农业一二三产业融合发展项目为抓手，支持108个脱贫县建设优势特色产业集群、76个脱贫县创建农业产业强镇、16个脱贫县创建国家现代农业产业园。评定脱贫地区56个村为中国美丽休闲乡村，向全国推介18条脱贫地区休闲农业和乡村旅游精品线路，不断扩大乡村旅游知名度和影响力。实行脱贫地区绿色、有机、地理标志农产品认证和标识使用费减免政策，2021年支持发展绿色、有机和地理标志农产品5 068个，减免费用4 078万元。国家市场监管总局（标准委）发布《产业帮扶"猪-沼-果（粮、菜）"循环农业项目运营管理指南》国家标准，推动发展循环农业。

四是强化科技服务，提升产业帮扶质量。农业农村部组建165个产业技术顾问组和26个全产业链专家指导组，组织1 800多人次现代农业产业技术体系专家开展科技帮扶工作。支持160个国家乡村振兴重点帮扶县实施农技推广人员"县管乡用、下沉到村"新机制。高素质农民培育等继续向脱贫地区倾斜，全年培训脱贫地区农民480多万人，其中高素质农民5.2万人、农村实用人才带头人1.16万人。持续开展各类产销对接活动，继续实施政府采购脱贫地区农副产品政策，农业农村部会同有关部门开展脱贫地区农产品展示展销共同行动，2021年直采和帮销脱贫地区农产品超过750亿元。

在相关政策带动下，2021年脱贫地区产业发展取得积极成效。

一是特色主导产业更加鲜明。832个脱贫县聚焦2～3个优势突出、带动能力较强、发展潜力较大的特色主导产业，加快发展"一县一业"，主导产业规模稳步扩大，产业布局由"多点分布"向"带状集聚"转变。2021年，脱贫地区特色主导产业产值超过1.5万亿元，比上年增长4%。农产品加工业产值近8 000亿元，同比增长5%以上。318个脱贫县的430多个主导产业产值超过10亿元。水果、蔬菜、草食畜牧、特色粮油、中药材、生猪、茶叶、食用菌、禽类、薯类等产业已经成为脱贫地区十大主导产业，覆盖820个脱贫县，产值占脱贫地区特色主导产业总产值的88%。

二是产业集聚态势更加明显。脱贫地区科技研发、加工物流、营销服务等向园区集中，资金、技术、人才等要素向园区集聚，特色产业园区化、集聚化发展取得重要进展。截至2021年底，累计创建国家现代农业产业园48个、省市县级园区2 000多个，建设特色农产品优势区65个、农业产业强镇288个、"一村一品"示范村镇875个。在各类产业园区的带动下，各级财政衔接资金1 700多亿元用于产业发展，主导产业特色保险覆盖率超过70%，4 700多个产业技术专家组持续开展技术服务，一大批民营企业投身"万企兴万村"行动，脱贫地区产业发展活力持续增强。

三是联农带农机制更加完善。各类新型经营主体加快嵌入脱贫地区产业发展链条，成为带动脱贫人口持续增收的主导力量，龙头企业引领、农民合作社和家庭农场跟进、脱贫人口广泛参与的产业带动格局基本形成。到2021年底，脱贫地区累计发展市级以上龙头企业1.5万家、农民合作社72万家、家庭农场80多万个，通过订单生产、就地务工、股份合作等方式，近3/4的脱贫户与各类农业生产经营主体建立了紧密的利益联结关系。各类主体累计带动脱贫人口近3 000万人、防返贫监测对象270万人，实现人均产业增收2 200元以上。

四是特色知名品牌更加响亮。截至2021年底，脱贫地区围绕特色主导产业，累计注册商标（品牌）数量达5.3万个，同比增长15.4%，认证绿色、有机、地理标志农产品数量近1万个，同比增长12.4%。内蒙古兴安盟大米、江西赣南脐橙、四川苍溪猕猴桃等一大批特色农产品品牌享誉全国。借助品牌效应，一批特色产品网络销售"明星"加快涌现，安徽砀山黄桃、湖南新宁柑橘、陕西白水苹果等20多个特色产品电商销售额超过10亿元。

专栏2

脱贫地区产业发展

发展产业是实现脱贫的根本之策，产业兴旺是乡村振兴的物质基础。实现巩固拓展脱贫攻坚成果同乡村振兴有效衔接，发展壮大产业至关重要。习近平总书记强调，对脱贫地区产业帮扶还要继续，补上设施、技术、营销等短板。农业农村部深入学习贯彻习近平总书记关于"三农"工作的重要论述和指示批示精神，会同有关部门，强化工作统筹，优化政策供给，狠抓工作落实，推动脱贫地区产业发展取得积极成效，为守住不发生规模性返贫底线提供了有力支撑。

重庆市推进"三个转变"，强化"四个衔接"，推进脱贫产业持续发展。重庆市积极推动脱贫产业由"快速覆盖"向"长期培育"、由"重点支持"向"统筹支持"、由"主要发展种养业"向"全产业链开发"转变，市级层面出台推进脱贫产业持续发展十大措施，脱贫县全部成立特色产业工作专班，强化产业扶持政策、目标任务、工作机制和支持保障"四个衔接"，全力打造脱贫产业"升级版"。2021年，全市脱贫地区特色产业已覆盖90%以上的脱贫户和监测户，对脱贫人口收入的贡献率已超过60%。

四川省广元市坚持"三园联动"，全域推进脱贫产业高质量发展。广元市是川陕革命老区，全市7个县区均为脱贫县区。打赢脱贫攻坚战后，全市坚持全域规划、全市联动、全链开发，持续开展现代农业产业园、"一村一品"示范园、农户增收小庭园"三园联动"建设，大力实施"基地+加工+营销+服务"全产业链开发行动，实现特色产业串珠成线、连块成带、集群成片，推动"小特产"加快成长为"大产业"。2021年，全市农业特色主导产业加工转化率92%，特色农产品网络销售占比41%，脱贫人口产业及关联就业收入已达到12 415元。

甘肃省环县健全完善"三大体系"，奋力打造百亿级肉羊产业大县。甘肃省环县按照"产业要集群、龙头要集中、技术要集成、要素要集聚、保障要集合"要求，打造政、企、社、研、村、户、服"七位一体"产业联合体，推进"十乡百村千社万户"专业集群创建，搭建产学研平台，建成一流肉羊制种基地，持续构建肉羊高效生产、现代经营和服务保障"三大体系"，众口一词念羊经、一心一意兴羊业、千家万户发羊财。全县14.05万脱贫人口中，有7.98万人主要依靠发展羊产业实现稳定脱贫，脱贫人口63%的收入来自羊产业。2021年全县羊饲养量达到315万只，产值突破50亿元，农民人均来自羊产业收入6 000元以上。

云南会泽县推进产业"四化"联动，铺就乡村振兴共富路。2021年以来，会泽县积极推进产业布局规模化、生产体系现代化、特色产品品牌化、利益联结紧密化"四化"联动模式，因势利导发展乡村特色富民产业，优势粮食、山地牧业、绿色蔬菜、特色林果、冷水渔业等优势产业集群不断积厚成势，为巩固拓展脱贫攻坚成果、全面推进乡村振兴汇聚了活水源泉。

（二）促进脱贫人口就业

各有关部门将脱贫人口稳岗就业作为巩固拓展脱贫攻坚成果、增加脱贫家庭收入的硬措施，人力资源和社会保障部、国家乡村振兴局稳政策、强举措、抓调度，牢牢稳住脱贫人口就业基本盘。2021年，全国脱贫人口务工3 145万人，超出年度目标任务126万人。全国有务工人口的脱贫户年平均务工收入增长至32 531元，相比2020年增加1 529元，同比增长4.9%。

一是坚持以目标为引领。认真贯彻落实国务院农民工工作领导小组关于2021年外出务工脱贫劳动力力争稳定在3 000万人左右的要求，确定2021年外出务工3 019万人的年度目标任务，明确要求中西部省份脱贫人口实现务工数量和东部地区吸纳脱贫人口务工数量均不少于2020年。

二是保持政策优化延续。落实过渡期"四个不摘"要求，中央农村工作领导小组出台的33个过渡期衔接政策文件中，涉及就业帮扶的政策达5类46条。人力资源和社会保障部等五部门出台《关于切实加强就业帮扶巩固拓展脱贫攻坚成果助力乡村振兴的指导意见》，并配套印发10个文件，对稳定脱贫人口外出务工规模、支持就地就近就业、健全就业帮扶长效机制等方面作出了制度性安排，延续了脱贫攻坚期就业扶贫的特惠政策，优化了帮扶对象，将政策适用范围延伸到监测帮扶对象。

三是协力推进抓好落实。春节期间，全国脱贫人口实现稳岗留工643万人，留岗比例68.9%。国家乡村振兴局、人力资源和社会保障部联合开展脱贫人口务工情况调度、通报工作，2021年3月脱贫人口外出务工的黄金季节实行周调度，4月起实行"月调度、季通报"，印发3次通报，及时指导各地工作。国家乡村振兴局开展脱贫人口务工情况电话调查。

四是持续抓好技能培训。各地积极开展"订单式""定岗式"职业技能和实用技术培训，把援企稳岗和培训储备技能人才相结合，推动企业让职工边上岗边培训。实施"互联网+职业技能培训计划"，组织脱贫人口免费参加网络培训。实施欠发达地区重点是国家乡村振兴重点帮扶地区职业技能提升工程，加强技工教育和职业培训基础能力建设，努力实现"应培尽培、能培尽培"。着眼长远抓职业教育，积极开展"订单式"培养，东部地区优质企业在脱贫地区举办定向式职教班，深化校企合作，实现招生即招工、毕业即就业。持续实施"雨露计划"，动员引导脱贫户（含防止返贫监测帮扶对象）家庭"两后生"接受职业教育，给予每生每年3 000元左右的助学金，进一步增强脱贫青年内生发展动力，2021年全国共有230万脱贫家庭子女接受职业教育。

五是大力拓展就业渠道。在稳定跨省务工规模方面，东部省份与中西部省份签订劳务协议，加大力度归集岗位需求信息，中西部省份推进"点对点"输送，加大有组织劳务输转力度，帮助脱贫人口"出家门、上车门、进厂门"，脱贫人口跨省务工1 137.5万人，同比增加61.9万人。在深入挖潜促县域就业方面，通过"五个一批"挖掘就业潜力，即产业发展解决一批、帮扶车间吸纳一批、以工代赈促进一批、返乡创业带动一批、乡村公益性岗位安置一批。2021年底，脱贫人口县内务工1 433.9万人，同比增加30.6万人。在专项行动保重点人群方面，以国家乡村振兴重点帮扶县和易地扶贫搬迁大型安置点脱贫人口为重点，开展脱贫人口就业帮扶行动周等专项行动。2021年底，160个国家乡村振兴重点帮扶县和易地扶贫搬迁脱贫人口务工人数分别为627.5万人、403.5万人，同比增加34.3万人、25.7万人。

（三）强化脱贫地区基础设施和公共服务

一是加强县级医院建设。国家卫生健康委员会、国家乡村振兴局等四部门印发《"十四五"时期三级医院对口帮扶县级医院工作方案》，组织三级医院结对帮扶以脱贫县为主的县级医院，帮助加强医疗服务能力建设。

二是推动农村公共服务建设。农业农村部组织编写农村社会事业年度发展报告，做好包括脱贫地区公共服务建设在内的发展状况评价，为完善脱贫地区公共服务政策提供决策参考。注重发挥典型示范引领作用，广泛挖掘脱贫地区在保障农村公共服务有效供给方面的典型做法，以点带面促进脱贫地区公共服务水平整体提升。开展第三批全国农村服务典型案例征集推介，遴选出包括广西壮族自治区隆安县开展异地扶贫搬迁后保质保量提供公共服务在内的21个典型案例，召开视频会议公开推介，为脱贫地区加强农村基本公共服务建设提供借鉴。

三是强化特殊群体关爱服务。推动开展农村公共服务设施无障碍建设和改造、支持卫生院利用现有资源开展农村重度残疾人托养照护服务等。引导东西部协作各省份继续将脱贫残疾人帮扶作为协作工作重点，2021年投入残疾人帮扶资金1.33亿元，帮助脱贫残疾人4.79万名。国家乡村振兴局联合中国残联推进扶残助残文明实践活动，推进困难残疾人家庭无障碍改造工作。国家乡村振兴局联合民政部等推进农村留守儿童、老年人关爱服务工作。

（四）做好乡村振兴重点帮扶县政策衔接

2021年3月，中共中央办公厅、国务院办公厅印发《关于确定国家乡村振兴重点帮扶县的意见》，明确提出从西部10省（区、市）确定一批国家乡村振兴重点帮扶县进行集中支持。10省（区、市）共确定160个国家乡村振兴重点帮扶县。按照中央部署，国家乡村振兴局加强统筹协调，开展调度监测，推动工作有序开展。农业农村部、国家乡村振兴局等12个部门印发《关于支持国家乡村振兴重点帮扶县的实施意见》，提出14个方面倾斜支持政策。建立工作台账，跟进了解10省（区、市）及重点帮扶县工作进展。建立健全月调度、季通报机制，动态跟踪脱贫人口就业状况，并开展统计监测。各部门加大支持力度，积极推动政策落实。

资金投入方面，财政部会同国家乡村振兴局等部门在分配中央财政衔接资金时给予倾斜支持。国家乡村振兴局协调东部省份的133个区县对重点帮扶县实现结对帮扶全覆盖，协调116家中央单位加大对143个重点帮扶县定点帮扶工作力度。

人才帮扶方面，中央组织部会同有关部门部署推进重点帮扶县教育、医疗人才"组团式"帮扶和科技特派员支持政策。产业就业方面，农业农村部组建628个产业技术顾问团队，支持试行农技推广人员"县管乡用、下沉到村"新机制。人力资源和社会保障部提出5个方面21条倾斜支持措施，促进脱贫人口稳岗就业。土地金融方面，自然资源部继续安排每县新增建设用地计划指标600亩。脱贫人口小额信贷当年累计投放140多亿元。

农房、基础设施和公共服务方面，中央财政安排资金持续支持大中型病险水库除险加固、中小河流治理项目。国家能源局投资约134亿元，支持农村电网巩固提升工程。应急管理部安排专项资金支持县级消防救援大队基础设施建设改造项目。

专栏3

乡村振兴重点帮扶县

西部10省（区、市）健全工作机制，强化督促指导，全力推进国家乡村振兴重点帮扶县工作。

一是强化组织保障。 10省（区、市）均建立了省级领导全覆盖包联（抓）重点帮扶县制度，将重点帮扶县建设列入乡村振兴工作实绩考核。

二是完善细化政策。 在国家14项支持政策基础上，各省（区、市）结合实际细化了省级支持政策。

三是加强要素保障。 10省（区、市）在分配财政衔接资金、涉农资金整合、规划入库项目、建设用地增减挂钩政策等方面给予重点帮扶县重点倾斜，并将其作为金融优惠政策、涉农信贷产品的重点投放区域。

四是统筹帮扶力量。 10省（区、市）统筹东西部协作、中央单位定点帮扶、"万企兴万村"等各类资源倾斜支持重点帮扶县，组织动员社会力量，从资金、技术、人才、产品销售等方面加强帮扶。

（五）加强东西部协作和中央单位定点帮扶

2021年4月6日，习近平总书记对深化东西部协作和定点帮扶工作作出重要指示。中共中央办公厅、国务院办公厅印发《关于坚持和完善东西部协作机制的意见》和《关于坚持做好中央单位定点帮扶工作的意见》，中央农村工作领导小组印发《东西部协作考核评价办法》和《中央单位定点帮扶工作成效考核评价办法》，明确新发展阶段深化东西部协作和定点帮扶工作的主要任务和工作要求。各地区深入贯彻习近平总书记重要指示精神，全面落实中央决策部署，扎实推进东西部协作各项帮扶工作，年度协作协议任务全面完成，实现良好开局。8个东部省（市）结对帮扶10个西部省（区、市），东部地区组织324个经济较发达县（市、区）结对帮扶西部地区447个县（市、区），实现东西部协作工作的有序衔接和平稳过渡。2021年，东部8个省（市）向西部10个省（区、市）投入财政援助资金228.7亿元；互派挂职干部2 988人、专业技术人才19 832人。协作双方共建产业园区482个，新增引导2 193家企业到西部投资，实际到位投资额1 117.6亿元；共采购、帮助销售农产品和特色手工艺品812.92亿元。东部省份克服新冠肺炎疫情影响，深化省际劳务协作，吸纳脱贫劳动力926.3万人，其中纳入协作协议82.7万人。中央单位定点帮扶工作牵头部门和305家中央单位按照中央要求，转变帮扶工作思路，调整帮扶方式方法，及时完成机构调整，轮换到期挂职干部，推动帮扶工作平稳过渡衔接。按照"四个不摘"要求，制定年度帮扶计划，明确帮扶工作重点，广泛动员帮扶资源，全面完成年度任务，助力定点帮扶县巩固拓展脱贫攻坚成果同乡村振兴有效衔接。2021年，305家中央单位向592个定点帮扶县直接投入和引进无偿帮扶资金138.8亿元、有偿帮扶资金530亿元，培训干部人才144.6万人次，购买和帮助销售脱贫地区农产品389.8亿元。

专栏4

东西部协作

2021年，各省（区、市）深入贯彻习近平总书记重要指示精神，全面落实党中央、国务院决策部署，进一步拓展帮扶领域，健全帮扶机制，优化帮扶方式，着力推动区域协调发展、协同发展、共同发展，保持了较好的工作势头，实现了良好开局。

一是调整结对关系。按照中央要求，对东西部协作结对关系进行调整完善，由原"一对多、多对一"调整优化为原则上一个东部省份结对帮扶一个西部省份的长期固定结对关系，由8个东部省（市）结对帮扶10个西部省（区、市）。原协作双方密切配合，厘清交接事项，深化交流合作，结对关系虽然调整，但帮扶项目没有停、协作企业没有走、劳务协作没有断。新协作双方深入对接，瞄准新目标、谋划新思路，确定年度任务，细化具体举措，帮扶工作、政策和干部人才队伍实现有效衔接。

二是加强培训调度。2021年10月，举办全国东西部协作培训班，开展政策解读，交流工作经验，部署工作任务。按月调度通报工作推进情况，确保东西部协作工作步调一致、协同推进。各协作省份认真贯彻党中央、国务院决策部署，扎实推进各项帮扶工作，15个省份党委或政府主要负责同志进行互访对接，援助资金和干部人才按期到位、力度不减。

三是创新协作形式。协作双方坚持双向协作、互惠互利、多方共赢，不断丰富创新协作形式。广东实施"粤菜师傅""广东技工""南粤家政""乡村工匠"4项工程推动广西、贵州农村劳动力稳岗就业，浙江与四川开展"一县一园区、一园一主业"推动产业梯度转移，北京与内蒙古共建副食品生产基地和能源供应基地，天津举办"津企陇上行"活动组织引导企业到甘肃投资兴业，上海帮助云南打造"百县百品"特色优势产业，福建持续深化闽宁协作、打造百个闽宁示范村，山东实施"东产西移"助力重庆、甘肃增强发展能力，江苏帮助陕西发展毛绒玩具全产业链、打造"紫阳修脚师"等劳务品牌。

（六）鼓励社会力量参与帮扶

社会力量发挥资金、人才、技术等方面优势，为巩固拓展脱贫攻坚成果同乡村振兴有效衔接作出积极贡献。全国工商联、农业农村部、国家乡村振兴局等六部门联合印发《关于开展"万企兴万村"行动的实施意见》，组织民营企业大力开展"万企兴万村"行动。国家乡村振兴局、全国工商联印发《"万企兴万村"行动倾斜支持国家乡村振兴重点帮扶县专项工作方案》，动员引导民营企业与重点帮扶县开展帮扶对接，帮助发展产业，参与乡村建设，促进就业创业，开展消费帮扶，救助困难群众等，"十四五"期间力争实现与160个重点帮扶县的对接全覆盖，通过"帮县带村"等形式，逐步向行政村延伸。民政部、国家乡村振兴局联合印发《"十四五"时期社会工作服务机构"牵手计划"实施方案》，积极发挥社会工作专业力量在巩固拓展脱贫攻坚成果同乡村振兴有效衔接中的作用，引导发达地区社会工作服务机构与国家乡村振兴重点帮扶县社会工作服务机构结对帮扶，支持发展社会工作服务机构，培养社会工作专业人才。

专栏5

万企兴万村

2021年7月，习近平总书记在党外人士座谈会上强调启动"万企兴万村"行动助力乡村振兴。中华全国工商业联合会、农业农村部等联合印发《关于开展"万企兴万村"行动的实施意见》，明确"十四五"期间重点开展巩固拓展"万企帮万村"成果、回报家乡专项行动、东西部协作等活动。7月16日，召开全国"万企兴万村"行动启动大会，全面启动"万企兴万村"行动。截至2021年底，"万企兴万村"行动取得积极成效。

一是广泛组织发动。31个省（区、市）和新疆生产建设兵团全部启动"万企兴万村"行动，各地因地制宜，出台文件、召开会议、部署工作，构建起全国上下一盘棋的行动推进局面。

二是形成多方工作合力。全国层面由全国工商联与农业农村部、国家乡村振兴局、中国光彩会、中国农业发展银行、中国农业银行六方共同组建全国"万企兴万村"行动领导小组，负责行动的组织领导、指导推动、统筹协调和服务保障。11月，召开行动领导小组会议，审议印发《"万企兴万村"行动倾斜支持国家乡村振兴重点帮扶县专项工作方案》《"万企兴万村"行动实验项目体系建设方案》《关于做好"万企兴万村"回报家乡专项行动的通知》等文件，进一步明确行动任务。

三是积极助力消费帮扶。行动将消费帮扶作为一项重要内容，依托"万企兴万村"行动框架，积极组织引导民营企业参加第四届中国农民丰收节"兴产业促消费、庆丰收感党恩"主题活动。

四是创新探索"兴村"路径。各地因地制宜、大胆创新，积极探索有效"兴村"路径。通过开展"引凤回巢"等活动引导在外创业成功企业家回报家乡，发挥东西部协作机制，引导民企从产业协作、劳务协作、消费协作等传统协作方式，转向推动乡村建设、促进欠发达地区发展等新协作领域。

三、健全防止返贫动态监测和帮扶机制

党中央、国务院高度重视防止返贫动态监测和帮扶工作。2021年2月25日，习近平总书记在全国脱贫攻坚总结表彰大会上强调："要切实做好巩固拓展脱贫攻坚成果同乡村振兴有效衔接各项工作，让脱贫基础更加稳固、成效更可持续。对易返贫致贫人口要加强监测，做到早发现、早干预、早帮扶。"各地区、各部门深入贯彻习近平总书记重要指示精神，认真落实中央部署，建立防止返贫动态监测帮扶机制，加强部门沟通协作，实施针对性帮扶，稳定消除返贫致贫风险，守住了不发生规模性返贫的底线，为有效巩固拓展脱贫攻坚成果、衔接推进乡村振兴奠定了坚实基础。

（一）加强统筹推动

中央农村工作领导小组印发《关于健全防止返贫动态监测和帮扶机制的指导意见》，进一步明确监测对象范围，优化监测方式程序，完善帮扶政策举措，为做好防止返贫监测帮扶工作提供制度保障。优化全国防返贫监测信息系统，完善指标体系，推动防止返贫动态监测和帮扶信息化、精准化。

（二）加强动态监测

国家乡村振兴局指导各地综合本区域农村居民人均可支配收入等因素，合理确定监测范围，实事求是确定监测对象规模。通过拓展完善农户自主申报、基层干部排查、部门筛查预警等监测方式，及时将符合条件的农户识别为监测对象。各地在进行常态化监测的基础上，因地制宜开展集中排查，确保应纳尽纳。福建、云南等地通过手机App、政府救助平台等渠道完善农户自主申报方式。黑龙江、甘肃等地设立网格员常态化开展动态监测。民政部以建设低收入人口动态监测信息平台为抓手，建立农村低收入人口动态监测机制，采用"大数据+铁脚板"方式，识别认定低收入人口并做好分层分类救助帮扶。

一是全面开展低收入人口摸底排查。组织动员广大基层干部、村级组织、社会救助协理员、社会工作者等深入乡村社区，面对面将低收入人口情况摸清、摸准、摸全面。在现有低保对象、特困人员基础上，新认定低保边缘家庭人口431万人、支出型困难人口433万人，

并按规定将这些家庭中符合条件的重病重残人员单独纳入低保范围。

二是建成全国低收入人口数据库。截至2021年底，民政部已基本建成全国低收入人口数据库，实现对所有省份和新疆生产建设兵团低保对象、特困人员、低保边缘人口、易返贫致贫人口、支出型困难人口等低收入人口全覆盖，归集5 700多万低收入人口信息，约占全国总人口的4%。全国31个省（区、市）和新疆生产建设兵团基本建立起低收入人口动态监测机制，实现对低收入人口的信息汇聚、按月动态交换和常态监测。

三是逐步拓展平台功能应用。以"大数据"为支撑，进一步拓展应用社会救助信息系统和社会救助家庭经济状况核对系统，逐步完善低收入平台监测预警功能。民政部加强与乡村振兴部门防止返贫致贫动态监测数据共享和对接工作，建立易返贫致贫人口数据比对共享机制。河北、新疆等地还建立了部门联席会议制度。西藏、湖北等地积极衔接农村低保政策，加强与民政部门数据比对，确保应保尽保。

（三）落实帮扶措施

各地根据监测对象风险类别、发展需求等，及时落实"三保障"和饮水安全、促进增收、综合保障等针对性帮扶措施。截至2021年底，监测对象户均享受帮扶措施达2.8个。各地加大支持力度，坚持精准施策，做到应扶尽扶。山西筑牢产业、就业帮扶等"六道防线"确保帮扶无死角；江西对监测对象开展"一对一"结对帮扶；四川针对11类返贫致贫风险明确细化14项措施；重庆规范线下、线上、上门"三类服务"，健全帮扶体系，实行闭环管理。民政部门在建设低收入人口动态监测信息平台"预警"功能的同时，会同

有关部门对低收入人口分层分类实施救助帮扶，健全完善低保、特困人员救助供养等制度，对纳入低收入人口动态监测的低保对象、特困人员实施常态化救助帮扶；对刚性支出较大家庭的困难人口，根据困难程度和类型给予临时救助或专项救助；对暂不符合救助条件的，纳入日常监测，动员慈善力量等提供帮扶。继续实施支持社会组织参与社会服务项目，中央财政投入资金 4 552.55 万元，引导乡村振兴重点帮扶地区等地区社会组织开展社会救助、社会福利、心理疏导、社区服务、专业社工服务等社会服务。着力推动残疾人两项补贴政策贯彻落实，确保符合条件的农村残疾人两项补贴应发尽发、应补尽补。截至 2021 年底，残疾人两项补贴制度已分别惠及包括农村残疾人在内的困难残疾人 1 194.1 万人、重度残疾人 1 503.2 万人，已有 28 个省份建立了补贴标准动态调整机制。

（四）防止因灾返贫

一是加强工作指导。国家乡村振兴局、财政部印发《关于防范洪涝灾害切实防止返贫致贫的通知》，明确对因灾识别的监测对象，特殊情况下可以先救助帮扶、后履行程序；对受灾县，可结合实际调整衔接资金和涉农整合资金使用结构，优先安排实施防止因灾返贫急需的项目。中央农办、农业农村部、国家乡村振兴局印发《关于进一步做好抗灾救灾工作尽快恢复农业生产和农村正常生活秩序的紧急通知》，督促指导各地开展精准帮扶，坚决防止因灾返贫。国家乡村振兴局召开防止返贫监测和帮扶工作视频会，专题调度各地防止返贫监测帮扶和灾情应对工作。针对其他地区陆续新增的洪涝等灾害，持续动态监测，组织各地三次摸排情况。

二是组织全面排查。督促指导各地组织县乡村干部、驻村第一书记和工作队等，聚焦洪涝等灾害造成的"三保障"和饮水安全问题，排查农户房屋及饮水设施受损、农作物及畜禽受灾、务工上学就医受阻等情况，逐户研判返贫风险，符合条件的及时识别为监测对象，落实针对性帮扶措施，稳定消除风险隐患，切实防止返贫致贫。

三是积极应对灾情。各地坚决落实习近平总书记等中央领导同志重要批示，按照党中央、国务院决策部署，分类施策制定受灾群众帮扶计划，逐户落实针对性措施，及时消除因灾返贫风险。饮水安全保障及时。各地对因灾造成的群众饮水不安全问题，一方面通过启用应急水源、派遣送水车、修复集水井等方式，及时解决群众因灾缺水、断水问题，另一方面加快修复受损饮水管网设施，加强水质检测、消毒和灾后防疫，逐步恢复正常供水秩序，确保饮水安全。危房改造推进有序。各地全面开展住房安全排查，对房屋受灾较轻的，帮助群众开展房屋加固、防水排水等自救措施；对房屋坍塌或损毁严重，以及居住在危险地段的受灾群众，及时采取投亲靠友、借住公房、搭建临时住所等紧急措施妥善安置。受灾产业恢复有力。各地对受灾较轻的农户，积极组织生产自救，修复水毁农田，开展消费帮扶，帮助群众抢收抢卖，努力把损失降到最低；对因灾导致农作物绝收、畜禽死亡等损失较重农户，采取补种改种、补栏增养、保险理赔等措施，弥补因灾损失。稳岗就业措施到位。各地结合防汛救灾，加大公益岗位开发力度，组织实施以工代赈项目，帮助群众就近就地就业。加大受灾就业帮扶车间、农业龙头企业帮扶力度，支持尽快复工复产，吸纳劳动力就业。

各地结合实际统筹资源，加大投入力度，全力以赴应对自然灾害。山西组建全省灾后恢复重建工作专班，省级相关部门制定出台系列灾后恢复重建和因灾救助帮扶政策措施，指导帮助受灾群众解难题、保增收。河南研究出台18条防止因灾返贫政策措施，逐村逐户建立受灾台账，开展救助帮扶。对受灾脱贫人口和监测对象每人发放700元生活补贴，对住房倒塌户和严重损坏户，户均补助5万元，对因灾返乡脱贫劳动力引导及时返岗就业，往返路费由政府报销。陕西建立省级部门自然灾害联合会商研判机制，研究出台《防止因灾因疫返贫致贫十六条政策措施》，调度指导市县做好灾后恢复重建和因灾防止返贫工作。内蒙古、吉林等地开展强暴雪灾害预警监测，提早调度部署，防范应对灾情。

第三章　推进农业现代化

一、确保国家粮食安全

粮食安全是"国之大者",习近平总书记高度重视国家粮食安全问题,多次发表重要讲话、作出重要指示批示,强调实施乡村振兴战略必须把确保重要农产品特别是粮食供给作为首要任务,把提高农业综合生产能力放在更加突出的位置。2021年中央1号文件要求,"地方各级党委和政府要切实扛起粮食安全政治责任,实行粮食安全党政同责。深入实施重要农产品保障战略,完善粮食安全省长责任制和'菜篮子'市长负责制,确保粮、棉、油、糖、肉等供给安全"。各地区各有关部门认真贯彻落实党中央、国务院决策部署,深入实施"藏粮于地、藏粮于技"战略,按照"确保谷物基本自给、口粮绝对安全"的要求,持续巩固和提升粮食等重要农产品稳产保供能力。

(一)构建粮食安全保障机制

一是下达粮食生产目标。经国务院同意,2020年以来,连续两年把粮食种植面积作为约束性指标、产量作为指导性指标下达各省(区、市)人民政府,明确粮食生产目标任务,督促各地提早谋划、抓好落实。二是完善粮食安全党政同责。按照2020年中央农村工作会议上提出的实行粮食安全党政同责要求,积极推动出台相关规定办法,指导各地

落实党政同责,压实地方党委、政府主体责任。三是构建耕地保护长效机制。实行耕地保护党政同责,坚决遏制耕地"非农化",严格管控"非粮化",统筹利用撂荒地,指导各地大力推进冬闲田开发,发展间作套种,千方百计挖掘面积潜力。完善耕地质量提升支持政策体系,健全黑土地保护、土壤酸化治理、土壤盐碱化治理长效机制,稳步提升耕地质量。明确耕地利用优先序,永久基本农田重点用于粮食特别是口粮生产,一般耕地主要用于粮食和棉油糖蔬菜等农产品及饲草饲料生产。

(二)加强农业综合生产能力建设

农业农村部编制实施新一轮全国高标准农田建设规划,加快建设步伐,提高建设质量,截至2021年底,全国累计建成9亿亩高标准农田。大力发展农业高效节水灌溉,耕地灌溉面积超过10亿亩。聚焦粮食生产功能区和重要农产品生产保护区,推进粮食安全产业带建设。针对农资价格较快上涨的情况,中央财政发放200亿元一次性种粮农资补贴。2021年8月,国家发展和改革委员会、农业农村部联合印发《"十四五"现代种业提升工程建设规划》,加强农业种质资源保护开发利用,持续推进种业振兴。加快农业科技进步,提高农业科技自主

创新和成果转化水平，引领支撑农业转型升级和提质增效。

（三）强化市场宏观调控

强化粮食产购储加销协同保障。坚持并完善稻谷、小麦最低收购价政策，2021年小麦最低收购价每斤1.13元，比上年提高1分钱；早籼稻、中晚籼稻、粳稻最低收购价分别为每斤1.22元、1.28元、1.30元，其中早籼稻、中晚籼稻均比上年提高1分钱，粳稻保持上年水平不变，有效地保护了农民种粮积极性，稳定了口粮生产。稳定玉米、大豆生产者补贴资金规模，统筹绿色高质高效行动、产粮（油）大县奖励等资金，直接支持粮食生产。加快完善粮食现代物流体系，构建安全高效、一体化运作的粮食物流网络。

（四）科学防灾减灾保丰收

针对极端天气频发、局部灾情较重等情况，强化形势研判，加大工作力度，科学指导农业防灾减灾。农业农村部加强与中国气象局、应急管理部、水利部等部门协同配合，及早发布灾害预警，及时制定预案。组织开展"奋战100天夺夏粮丰收""奋战100天抗灾夺秋粮丰收"行动，每年分区域、分作物、分灾种制定发布30多个技术指导意见。在关键农时，近两年农业农村部每位部领导包一个片区、一个司局包一个省，组成20多个工作组深入主产区和重灾区开展调研指导。全国农业技术推广服务中心、中国农业科学院等单位，派出多个专家小分队下沉到县、进村入户，开展精准指导服务，确保各项关键技术和防灾减灾措施落实到位。加强病虫监测预警，加密草地贪夜蛾"三区四带"布防，全力防控水稻"两迁"害虫、小麦条锈病和赤霉病等重大病虫害，最大限度减轻病虫危害，实现"虫口夺粮"保丰收。

在各方的共同努力下，我国粮食生产克服新冠肺炎疫情和极端天气影响，保持稳中有进、稳中向好的势头。全国粮食产量实现"十八连丰"，粮食市场平稳有序运行，为有效应对各种风险挑战、确保经济持续健康发展和社会大局稳定奠定了坚实基础。

一是粮食产能稳步提升。2021年，粮食生产克服了春季低温、夏季洪涝、严重秋汛、局部干旱、病虫害等多重困难挑战，实现了高位增长，粮食总产达到6.83亿吨，比上年增加1336万吨、增长2.0%，连续7年稳定在1.3万亿斤以上，实现历史罕见的"十八连丰"。粮食播种面积继续回升，达到17.64亿亩，比上年增加1294万亩、增长0.7%，为稳产量打下扎实基础。粮食单产达到387公斤/亩，比上年增加4.8公斤/亩、增长1.2%，单产提高成为再获丰收的关键。夏粮、早稻、秋粮均实现增产。其中，夏粮产量1.46亿吨，比上年增长2.2%；早稻产量2801.6万吨，比上年增长2.7%；秋粮产量5.09亿吨，比上年增长1.9%。人均粮食占有量达到483公斤，高于世界平均水平，也高于国际公认的400公斤安全线。我国实现了谷物基本自给、口粮绝对安全，为应对各种风险挑战、经济社会稳定发展发挥了"定海神针"的作用。

二是粮食价格温和上涨。受国际传导等多重因素影响，2021年我国部分大宗商品价格持续上涨，政府出台了一系列举措，想方设法做好大宗商品的保供稳价工作。国家统计局数据显示，2021年全年CPI上涨0.9%，较上年涨幅回落1.6个百分点。在分类指数中，粮价波动较小，粮食价格在CPI中依然起着"稳定器"和"压舱石"的作用。消费价格指数中，粮食类价格指数上涨1.1%，较上年涨幅下降0.1个百分点。分月来看，粮食类价格指数全年呈现头尾高、中间低的走势，基本在0.7%～2.0%的窄幅区间内震荡。分品种看，随着生猪市场供应持续增加，2021年玉米和大豆价格涨幅较为明显，稻谷和小麦价格涨幅相对较小。农业农村部监测数据显示，2021年稻谷平均价格为2.72元/公斤，比上年上涨4.2%；普通小麦平均价格2.60元/公斤，比上年上涨8.6%；玉米产区平均价格2.67元/公斤，比上年上涨26.1%；国产大豆平均价格6.2元/公斤，比上年上涨16.67%。

三是种植结构持续优化。"十三五"期间，农业农村部坚决贯彻新发展理念，紧紧围绕农业供给侧结构性改革主线，统筹发展与安全、生产与生态、数量与质量，深入推进种植结构调整，形成了合理的轮作倒茬种植制度。积极发展优质稻谷、强筋弱筋小麦、优质食用大豆、高品质棉花、高产高糖甘蔗等特色产业，因地制宜发展青贮玉米等优质饲草，促进农牧结合，构建粮经饲三元结构。随着玉米需求增加，库存加快消化，玉米供需形势趋紧，及时调整政策、加强引导，2021年玉米面积实现恢复性增加，玉米种植面积6.5亿亩、比上年增加3 090万亩，产量5 451亿斤、增产238亿斤。

四是区域优势逐步显现。按照"稳粮、优经、扩饲"思路，深入推进种植业结构和区域布局调整。在"确保谷物基本自给、口粮绝对安全"的前提下，因地制宜发展经济作物和饲草作物，着力优化种植业供给体系，促进棉油糖、果菜茶、牧草料等全面发展，农产品供给更加多元。油料面积稳定在2.7亿亩、蔬菜3.3亿亩，大豆增长到1.48亿亩，恢复到加入世贸组织前的水平，为改革开放以来最高，农产品供给更加多元，初步构建了合理的粮经饲三元结构。"北粮南运"格局不断发展，经济作物进一步向优势区域集中。水稻种植向东北地区迅速扩张，黑龙江、吉林两省播种面积占比由21世纪初的7%左右提高到15%；小麦种植向黄淮海等主产区集中，河南、山东、安徽和江苏四省播种面积占比由48%提高到62%；东北地区玉米播种面积占比由29%提高到40%以上；大豆种植向黑龙江、内蒙古等省（区）集中。

二、稳定生猪生产

2021年中央1号文件提出，要"加快构建现代养殖体系，保护生猪基础产能，健全生猪产业平稳有序发展长效机制"。为贯彻落实中央1号文件精神，各部门加快构建生猪稳产保供长效机制，强化保护生猪基础产能、稳定市场供应的政策工具，为稳定生猪生产、缓解"猪周期"发挥了重要作用。

（一）稳定生猪生产长效性支持政策

经国务院同意，2021年8月，农业农村部会同国家发展和改革委员会、财政部、生态环境部、商务部、银保监会发布《关于促进生猪产业持续健康发展的意见》，稳定支持政策，提振行业信心。6月、11月，农业农村部两次召开恢复生猪生产部门协调会议，会同有关部门研究落实财政、金融、用地等长效性支持政策。充分发挥恢复生猪生产协调办公室作用，利用政策咨询电话平台，帮助养殖场（户）协调解决生产中遇到的困难和问题。稳定生猪贷款政策，完善生猪政策性保险，深入推进生猪规模养殖项目环评"放管服"改革，为生猪养殖场（户）营造稳定、可预期的政策环境。

（二）加强监测预警

建立生猪产业综合信息平台，定期发布全产业链重要信息数据，实施全产业链监测预警。按月调度生猪和能繁母猪存栏情况，覆盖全国所有18万多个规模养殖场。对各省生猪生产恢复进度逐月调度、排名考核。农业农村部联合有关部门每月发布生猪全产业链数据，并对不同指标设定预警区间。2021年6月以来，针对生猪产能过剩苗头，多次通过央视等主流媒体和行业媒体发布预警信息，引导养殖场（户）合理调整生产结构，加快淘汰低产母猪，科学安排生产节奏，有序安排活猪出栏，促使全国能繁母猪存栏量从6月起连续回调，提前半年完成任务。7月之后能繁母猪存栏量连续5个月有序回调，11月能繁母猪存栏量已经回到正常区间。

（三）建立生猪生产逆周期调控机制

2021年9月，农业农村部印发《生猪产能调控实施方案（暂行）》，从生产环节入手，以能繁母猪存栏量变化率为核心调控指标，建立异常变化自动触发调控机制，预调早调微调，分级建立生猪产能调控基地，巩固基础生产能力。指导各地制定生猪产能调控方案，细化分解存栏目标，出台调控措施。引导大型养猪企业建立生猪产能调控联盟，探索联动开展产能调控。坚持预警为主、调控兜底、及时介入、精准施策的原则，落实生猪稳产保供省负总责和"菜篮子"市长负责制，逐级压实责任，细化"三抓两保"（抓产销大省、养殖大县、养殖大场，保能繁母猪存栏量底线、保规模猪场数量底线）任务，分级建立生猪产能调控基地，构建上下联动、相应及时的生猪生产逆周期调控机制。从2021年11月起，每月监测并及时反馈各省能繁母猪存栏量，督促采取相应措施，压紧、压实地方稳产保供责任，保障能繁母猪存栏量保持在4 100万头左右的合理水平，稳定规模猪场存量。2021年，全国已建立并公布1.2万个国家级和省级生猪产能调控基地，生猪出栏量占全国总量的1/3。

（四）强化非洲猪瘟防控

2021年4月，农业农村部印发《非洲猪瘟疫情应急实施方案（第五版）》，调整优化应急处置策略，指导各地规范做好疫情报告和处置。对重点省份开展专项调查，摸清非洲猪瘟病毒污染和变异情况，提出针对性防控措施。坚持开展包村包场排查和入场采样监测，实施信息周报制度。从5月1日起，在全国5个大区试行非洲猪瘟等重大动物疫病分区防控。开展非洲猪瘟无疫小区创建评估，公布首批62个国家级无疫小区名单。指导有关省份做好洪涝灾害灾后生猪疫病防控，确保大灾之后无大疫。

在各方的共同努力下，2021年生猪生产恢复任务目标提前半年完成，猪肉市场供应宽松。

1. 生猪生产恢复超预期，任务目标提前半年完成。 农业农村部监测数据显示，截至2021年6月，全国能繁母猪存栏连续21个月环比增长，月均增速达到2.5%。国家统计局数据显示，2021年6月末全国生猪存栏43 911万头，较2020年同期增加9 915万头，同比增长29.2%。其中，能繁母猪存栏4 564万头，较2020年同期增加934万头，同比增长25.7%。生猪存栏恢复到2017年底的99.4%，能繁母猪存栏恢复到2017年底的102.1%，生猪生产完全恢复的任务目标较农业农村部《加快生猪生产恢复发展三年行动方案》规定时间提前半年完成。国家统计局数据显示，2021年全国猪肉产量5 296万吨，同比增长28.8%，已基本接近正常年份水平；2021年底，全国生猪存栏44 922.4万头，同比增长10.5%，其中能繁母猪存栏4 328.7万头，同比增长4.0%。

2. 猪价高位回落，肉价同比下降超1/3。 农业农村部500个县集贸市场价格监测数据显示，全国生猪每公斤平均价格从2021年1月第3周36.01元的高位，降至2021年10月第1周的11.54元，累计下降24.47元，降幅68%。国庆节后猪价有所回升，2021年12月全国生猪平均价格每公斤为17.59元，同比下降46.9%，较2021年1月均价每公斤35.8元下降约一半。2021年全年生猪平均价格每公斤为20.68元，较2020年下跌13.25元，跌幅39.1%。从猪肉价格来看，2021年全年平均价格每公斤为33.56元，较2020年的52.42元下跌18.86元，跌幅为36%。

3. 生猪养殖阶段性亏损，全年盈利总体较好。 虽然猪价一路下跌，但2021年1—5月生猪养殖头均盈利保持较好水平，分别为2 431元、1 992元、1 550元、987元和451元。随着价格持续回落，6—10月养殖场（户）出现了普遍亏损，头均亏损额分别为129元、43元、67元、291元和284元。11—12月，猪价反弹到盈利区间，头均盈利分别为219元和238元。按每个月出栏量加权平均计算，全年每出栏一头生猪有564元的利润，高于正常年份200元左右的盈利水平。

4. 规模化进程快速推进，生猪产业素质明显提升。 预计2021年全国生猪养殖规模化率达到62%，较2020年提升4.9个百分点，较2018年提高约13个百分点。数据显示，2021年出栏量全国排名前20位的养殖企业共出栏生猪1.3亿头，同比增长80.8%；20家企业生猪出栏量占全国生猪总出栏量的比重达到19.5%，较2020年提高5个百分点。这一轮生猪生产恢复过程中，新建和改扩建了一大批高标准现代化规模养殖场，部分中小养猪户依托"大带小"模式，设施装备水平、动物疫病防控能力、畜禽粪污资源化利用率等明显改善，生猪产业素质大幅提升。

5. 猪肉进口保持高位，出口保持在较低水平。 海关总署数据显示，2021年我国进口猪肉371万吨，较2020年同期的439万吨下降15.5%，总体仍保持高位。从月度情况来看，前7个月进口量较高，均保持在30万吨以上，3月一度接近46万吨；8月开始出现明显下降，12月降至不足17万吨。从进口来源看，西班牙是我国第一大猪肉进口来源国，第二为巴西，第三为美国，从这三个国家进口数量占我国进口总量的比重分别为31.1%、14.8%和10.9%。受非洲猪瘟疫情影响，近三年我国猪肉出口明显下降，2021年出口1.8万吨，同比虽有所增长，但仍保持在较低水平。

三、其他重要农产品稳产保供

在保障国家粮食安全、生猪猪肉供给的同时，国家也高度重视保障其他重要农产品有效供给。

（一）肉牛肉羊增量提质

2021年全国牛肉、羊肉产量为698万吨、514万吨，比2020年分别增长3.7%、4.4%。肉牛、肉羊规模化率为32.7%、44.1%，比2020年分别提高3.1个、1个百分点。2021年4月，农业农村部印发《推进肉牛肉羊生产发展五年行动方案》，明确发展目标和重点任务。实施肉牛肉羊增量提质行动，支持北方农牧交错带省份基础母牛扩群提质，推动南方省份种草养畜全产业链发展。农业农村部印发《肉羊养殖节本增效实用技术指南》，指导养殖场（户）降本增效。

（二）奶类生产加快转型升级

2021年全国奶类产量3 778.1万吨，同比增长7.0%，其中，牛奶产量3 682.7万吨，同比增长7.1%。奶牛养殖规模化率达到70%，奶牛年均单产达到8.7吨，同比增长4.8%。2021年，农业农村部持续实施粮改饲和振兴奶业苜蓿发展行动，推进青贮玉米、苜蓿、燕麦草等优质饲草料种植和奶牛养殖配套衔接，支持650万亩高产优质苜蓿基地建设，促进奶业生

产降成本、提质量。完善奶业利益联结机制。从养殖、加工双向发力，推动全产业链一体化发展。支持乳企提高自有奶源比例，鼓励乳企采取与奶农相互持股、二次分红等方式稳固奶源基础，支持奶农及合作社发展乳制品加工，推动养殖与加工的有机融合，2021年乳企自有自控奶源比例达到38.7%。

（三）渔业生产总体稳定

2021年我国水产养殖产量5 394.41万吨、同比增长3.26%，捕捞产量1 295.89万吨、同比下降2.18%，养殖产品与捕捞产品的产量比例为80.6：19.4。海水产品产量3 387.24万吨、同比增长2.20%，淡水产品产量3 303.05万吨、同比增长2.11%，海水产品与淡水产品的产量比例为50.6：49.4。其中，远洋渔业产量224.65万吨，同比下降3.03%，占水产品总产量的3.36%。全国水产品人均占有量47.37公斤，比上年增加0.99公斤、增长2.14%。实施新一轮渔业发展支持政策，构建与渔业资源养护和产业结构调整相协调的新时代渔业发展支持政策体系，支撑渔业高质量发展的制度框架更加稳固。一是水产绿色健康养殖深入推进。首次开展全国水产养殖种质资源普查，普查主体91万余家，采集遗传材料4万余份。育种创新和联合育种持续推进，审定发布新品种11

个。全国省市县级水产养殖的养殖区、限制养殖区和禁止养殖区"三区"划定基本完成。高标准、严要求创建国家级水产健康养殖和生态养殖示范区65个。开展养殖池塘标准化改造和尾水治理，落实34.3万亩水产养殖池塘改造和尾水达标治理试点任务。部署生态健康养殖模式推广、养殖尾水治理模式推广、水产养殖用药减量、配合饲料替代幼杂鱼、水产种业质量提升"五大行动"重点任务，培育"五大行动"骨干基地984个，示范面积492万亩，示范推广水产新品种96个，骨干基地生态健康养殖模式实现全覆盖，养殖尾水循环综合利用或达标排放，水产养殖用兽药总使用量同比减少7%，配合饲料替代率平均达到77%，有力推动水产养殖业转型升级和绿色高质量发展。稳步推进稻渔综合种养，2021年全国稻渔面积3 966万亩，生产生态水产品356万吨。二是渔业科技创新不断突破。水产遗传育种取得进展，成功解析四倍体鲤亚基因组适应性进化及选育机制，首次在多倍体脊椎动物中观察到亚基因组趋同进化现象。水产养殖装备研发应用取得突破，建立大黄鱼深远海3 000吨级中试船"船载舱养"系统，实现大黄鱼全程集约化高效养殖。延绳吊养牡蛎机械化采收设备研制成功，填补了我国牡蛎采收装备的空白。渔船动态监控管理系统正式上线运行。与联合国粮食及农业组织（FAO）联合发起的"全球水产养殖可持续发展联盟"正式成立。国际标准《冷冻鱼糜》发布，实现了我国主导制定水产领域国际标准零的突破。

（四）蔬菜产业呈现良好发展态势

一是生产供应能力提高。蔬菜面积产量实现双增长，2021年全国蔬菜种植面积32 978.56万亩、同比增加750万亩，产量77 548.78万吨、同比增加2 636万吨，年人均占有量达到549公斤，供应总量有保障，价格水平保持稳定。二是区域布局优化。我国蔬菜生产已初步形成华南与西南热区冬春蔬菜、长江流域冬春蔬菜、黄土高原夏秋蔬菜、云贵高原夏秋蔬菜、北部高纬度夏秋蔬菜、黄淮海与环渤海设施蔬菜等六大优势区域，蔬菜生产区域性、季节性、结构性趋于协调。三是绿色发展水平提升。各地大力推广集约化育苗、有机肥替代、节水技术、精准施肥、绿色防控、连作障碍治理等绿色生产技术模式。蔬菜绿色高质高效示范县亩均节水20%以上，化学农药使用量下降约30%，资源利用方式加快由粗放向节约集约转变。据农业农村部农产品质量安全例行监测，2021年我国蔬菜产品抽检合格率为97.1%，连续五年保持在97%以上。四是设施蔬菜发展迅速。全国设施蔬菜播种面积占全国蔬菜播种面积的近两成，设施蔬菜产量占蔬菜总产量的三成。设施蔬菜生产为蔬菜周年均衡供应提供了重要保障。此外，蔬菜产销方式不断创新、产业链条不断延伸，商品化处理、冷链储运、精深加工、品牌化经营等快速发展，蔬菜产业引领作用增强。

（五）积极推动木本油料树种扩种增产

保障国家粮油安全，积极扩大油茶、核桃等木本油料种植规模，改造提升低产林。2021年，全国油茶新增种植面积11.72万公顷、改造20.76万公顷，全国油茶种植面积达到459.2万公顷，茶油产量达到89万吨。

（六）林下经济规模持续扩大

以生态美、产业兴、百姓富为目标，明确林下经济产业定位，积极谋划扩大林下经济发展规模、优化林下经济发展布局、坚持探索延伸林下经济产业链条、增加林下经济产品供给、提高森林资源利用水平、实现林草产业高质量发展的实践路径。2021年，我国林下经济规模稳步扩大，全国林下经济经营和利用林地面积超过4 000万公顷，各类经营主体超过90万个，从业人数达3 400万人，总产值稳定在1万亿元左右。2021年11月，国家林业和草原局印发《全国林下经济发展指南（2021—2030年）》，明确今后10年全国林下经济发展的总体思路和基本布局，统筹部署林下经济发展林地利用、发展方向、发展模式、区域布局，确定林下经济发展重点领域，持续完善政策支持体系。

一是加强国家林下经济示范基地认定管理。加大对各地国家林下经济示范基地的指导、支持、管理和服务力度，不断提升示范基地建设水平。国家林业和草原局印发《关于公布第五批国家林下经济示范基地名单的通知》，认定123家单位为第五批国家林下经济示范基地。严格国家林下经济示范基地管理，确保其引领带动作用有效发挥。截至2021年，国家林下经济示范基地总数已达649个。

二是推广典型案例。汇集各地践行绿水青山就是金山银山理念、科学利用林地资源发展林下经济的最新实践成果，国家林业和草原局印发《林下经济发展典型案例》，向各地推介统筹生态保护与产业发展好机制、高位推进科学规划有效举措、充分开展立体经营提升林地收益新思路、延伸拓展产业链条做强精深加工好经验、多产业融合发展提升综合收益好做法、实行定产定销多渠道宣传推介新模式、强化标准化生产做优做强品牌好路径、优化利益联结机制促进林农增收和乡村振兴好措施等先进经验，要求各地林草主管部门结合实际学习借鉴，持续推动林下经济高质量发展。

三是发展林草中药材产业。推动林草中药材种植有序发展，国家林业和草原局印发《林草中药材生态种植通则》《林草中药材野生抚育通则》《林草中药材仿野生栽培通则》，规范林草中药材生态种植、抚育及栽培。着力培育壮大林草中药材产业，指导各地在坚决维护生态安全的前提下，科学合理利用林草资源，打造独具特色的林草中药材产业体系，形成林间、林下、草地产药，以药养林养草的良性循环，实现可持续发展。

四、农产品收储制度和价格形成机制

仓廪实，天下安。粮食等重要农产品供应充足、价格基本稳定是群众生活安定、价格总水平稳定、经济社会平稳健康发展的重要基础。近年来，我国持续深化粮食等重要农产品价格形成机制和收储制度改革，促进国内主要农产品价格合理形成，为推进农业供给侧结构性改革发挥了积极作用。

（一）认真组织粮食收购

粮食收购与种粮农民利益直接相关，是

粮食从农民手中顺畅进入市场流通的关键环节，能够有效增加市场粮源供应。国家粮食和物资储备局高度重视粮食收购工作，加强粮食收购工作的统筹组织和协调指导，先后于2021年5月、9月召开夏季粮油收购工作会议和秋粮收购工作会议安排部署，指导各地和有关企业全力抓好市场化收购和政策性收购，推动形成主体多元、渠道多样、优粮优价的收购格局，不断优化为农服务，强化仓容、资金、人员、运力等各项保障，确保"有人收粮、有钱收粮、有仓装粮、有车运粮"。从秋粮收购总量看，处于近年来较高水平，增幅16%。从秋粮收购品种看，中晚稻1 326亿斤；玉米2 331亿斤、同比增加391亿斤，是收购量最高、增幅最大的品种；大豆48亿斤，与上年基本持平。安徽、江西、河南、湖北、湖南、黑龙江6个省按程序先后启动了中晚稻最低收购价执行预案，充分发挥了政策托底作用，市场运行总体平稳。2021年全国夏粮总产量14 582万吨（2 916亿斤），比2020年增加296.7万吨（59.3亿斤），增长2.1%。为优化为农服务，国家粮食和物资储备局印发文件，要求各地要按照粮食安全省长责任制要求，提前做好各项收购准备；要不断增强市场化理念，优化营商环境，鼓励多元主体积极入市，搞活市场流通。中央企业、大型骨干企业要充分发挥引领带动作用，新粮上市后均衡有序开展收购。各地和中储粮分（子）公司要加强工作沟通，组织实施储备粮购销轮换计划，根据市场形势和调控需要适时组织粮源轮出，有序安排粮源轮入，共同维护区域粮食市场平稳运行。在国家粮食和物资储备局的要求下，各地不断创新夏粮收购工作形式。比如河南推广订单收购，2021年种植优质专用小麦1 628万亩，订单率超过90%；山东推出代储存、代烘干、代加工产后服务，减少粮食损耗；河北准备仓容160亿斤以上，

落实收购资金220亿元，备案收购企业1 200多家，培训人员3 100多人，购置、维修、校核仪器设备5 520台（套）。中化现代农业MAP在安徽设置了26个夏粮收购点，确保当天可卸粮，此外还提供预约收粮服务；中粮集团准备了充足的库点仓容，优化现场服务，做到"仓等粮、钱等粮、人等粮、车等粮"，应收尽收、优质优价；中储粮直属企业运用"惠三农"等小程序，在线上设立售粮数字平台、线下开辟入库专用通道，减少售粮农民等候和排队时间。

（二）不断完善优粮优价市场运行机制

坚持市场化政策取向与保护农民利益并重，分品种施策、渐进式推进，坚持并完善稻谷、小麦最低收购价政策，完善玉米、大豆生产者补贴政策，进一步健全粮食价格市场形成机制。2021年，国家继续在部分主产区实施小麦和稻谷最低收购价政策。小麦、早籼稻、中晚籼稻、粳稻最低收购价分别为每斤1.13元、1.22元、1.28元、1.30元，与上年相比，小麦、早籼稻、中晚籼稻每斤上调0.01元，粳稻保持不变。先后批复安徽、江西、河南、湖北、湖南、黑龙江等6个省启动中晚稻最低收购价执行预案，督促中储粮集团公司切实履行政策执行主体责任，有效发挥了政策托底作用。

（三）改革完善粮食储备安全管理体制机制

认真贯彻落实粮食储备安全管理体制机制改革意见精神，持续强化中央储备计划管理，及时下达年度轮换计划，并指导有关企业严格执行，确保储备数量真实、质量良好和储存安全。加强对地方储备管理的指导协调，指导各地结合当地粮食产销形势等调整优化储备规模结构布局，探索创新管理模式，进一步提高储备效率效能，增强区域粮食安全保障能力。同时，积极推动两级

储备协同运作，充分发挥储备吞吐在稳市场、保供应等方面的调节作用，有效保障市场平稳有序运行。地方储备能够保障产区3个月、销区6个月、产销平衡区4.5个月的市场供应。储备以小麦、稻谷等口粮品种为主，兼顾玉米、大豆等饲料和工业用粮。京津沪渝等36个大中城市主城区和市场易波动地区还建有米面等成品粮油储备，保障能力在15天以上。

（四）合理把握政策性粮食销售节奏和力度

2021年共组织政策性粮食竞价销售交易200多场，成交国家政策性粮食5 000多万吨。针对年初玉米价格高位运行、小麦饲用替代增加、政策性小麦购销活跃的新情况，通过采取严格拍卖规则、调整粮源结构等多项举措，着力增加有效供给，同时督促有关企业加快履约出库进度，截至年底政策性粮食出库履约率94.57%。

（五）推进小麦轮储平稳运行

针对2021年国内小麦价格上涨较快、市场供应略显紧张的情况，国家粮食与储备局启动了小麦轮出预案。针对2021年小麦购销形势较为复杂的状况，国家粮食与储备局调整了交易规则，限定了交易主体，调整了交易价格。在临储小麦交易规则方面，为适应市场变化、提高投放效率，2021年临储小麦交易规则进行了多次补充完善。在2021年1月末，针对前几周高涨的交易情绪，国家粮食与储备局提高了参与交易的门槛，采取将保证金从之前的110元/吨提高到220元/吨、要求预付1 000元/吨货款、要求之前成交的小麦出库率不得低于20%、禁止违规代拍、要求交易合同生效后7天内交清全额货款等举措。4月上旬，在前述新规基础上，补充规定参与交易的企业只能是面粉加工、饲料养殖企业，且须承诺采购的小麦是自用，限

制贸易企业参与临储小麦竞拍。4月中旬，为缩小交易底价和市场价格之间的差距、防止临储小麦在交易后被转卖，国家粮食与储备局对2014—2020年采购的托市小麦底价上调60元/吨至2 350元/吨，对轻度不宜存储小麦底价定为2 000元/吨。一系列的举措有效地遏制了投机资金的炒作热情，维护了市场的稳定。整体看，2021年全年累计投放小麦19周，其中有两个暂停阶段：一是夏粮集中收购期间，临储小麦在5月7日至10月19日期间暂停投放；二是在10月28日后至年底暂停投放，其中10月27日实际仅投放3.5万吨，是有托市投放量以来最少的一次。2021年累计成交2 871.8万吨，较上年增加548.5万吨，2021年临储小麦成交均价为2 399.5元/吨，同比上涨54.7元/吨，涨幅2.3%。

（六）完善玉米、大豆生产者补贴政策

2021年，国家继续在东北地区深化玉米、大豆市场定价、价补分离改革，不断完善生产者补贴政策，稳定农民种粮收益，完善粮食价格形成机制。从政策效果看，东北地区种植结构不断优化，玉米生产有所恢复，产需缺口缩小，价格波动恢复性上涨后趋稳；多元市场主体积极入市收购，市场化购销机制进一步完善；产业链活力得以激发，优质优价特征日益显现；补贴成为农民种粮保本微利的重要因素，农民种粮基本收益得到保障。

（七）实施新疆棉花目标价格补贴政策

2021年国家继续在新疆实行棉花目标价格补贴政策，目标价格按照每吨18 600元安排，政策框架和目标价格水平保持稳定，同时更好调动地方积极性，坚持市场化方向，积极探索新型补贴方式，精准高效使用补贴资金，进一步引导新疆棉花生产提质增效。从政策效果看，棉花目标价格补贴实施总体顺利，新疆棉

农种植收益得到有效保障，棉花生产保持基本稳定，棉花品质明显提高，市场定价机制更加完善，实现了预期目标。

（八）推进棉花储备棉轮储

为满足棉纺企业用棉需求、促进棉花市场平稳运行，2021年国家先后两次启动中央储备棉投放，累计挂牌151万吨。2021年7月5日至9月30日，开启第一轮轮出，总量安排60万吨。在储备棉轮出连续多日维持100%成交的情况下，国家进一步规定自2021年8月24日起仅限纺织用棉企业参与竞买，遏制贸易商炒作行为。在第一轮轮出结束后，2021年10月8日启动第二轮轮出，10月8日至11月9日累计挂牌储备棉64.65万吨，累计成交39.56万吨，成交率61%；成交均价18 429元/吨，折标准级（3128B级）价格20 234元/吨。为了进一步抑制棉价过快上涨势头，降低棉纺产业链经营风险，11月9日继续延长储备棉投放。11月10日至11月30日累计挂牌储备棉26.55万吨，累计成交17.67万吨，成交率67%；成交均价20 051元/吨，折标准级（3128B级）价格21 303元/吨。2021年12月1日起暂停第二批中央储备棉投放。2021年国家中央储备棉累计挂牌151万吨，累计成交约117.23万吨。储备棉的抛储对抑制棉花价格和市场大幅波动起到了较好的作用。

（九）完善农产品市场监测预警体系

紧盯重点品种、关键时点和重大事件影响，加强跨部门信息共享和形势会商，不断完善农产品市场监测预警体系，提升信息服务在宏观调控、稳定市场预期和引导结构调整方面的重要作用。2021年农业农村部继续组织与中国气象局、中国糖业协会等单位每月定时、定点会商，以专家名义发布中国玉米、大豆、棉花、食用植物油、食糖5个品种的农产品供需平衡表。密切跟踪19种重要农产品市场形势，及时上报分析报告并通过中国农业信息网对外发布。组织召开2021年中国农业展望大会，以农业农村部市场预警专家委员会名义正式出版发布《中国农业展望报告（2021—2030）》中文版和英文版，国内外影响力持续提升。完善市场信息发布制度，积极参加国务院新闻办农业农村经济形势发布会和国务院联防联控机制发布会，接受央视等主流媒体采访，及时解读市场热点问题，回应社会关注焦点，有效引导生产和市场。

五、农产品国际贸易

我国是农业大国，也是农产品贸易大国。2021年，面对世界经济深度调整和艰难曲折复苏、国内经济步入新常态、转型升级压力加大的复杂严峻形势，在以习近平同志为核心的党中央坚强领导下,我国主动适应和把握引领经济发展新常态,在国家对外开放的总框架下,我国农产品进出口额双增长,农产品贸易额占世界农产品贸易总额的比重达到7.9%,成为全球农产品贸易增长的主要动力。

（一）2021年农产品贸易总体形势

一是农产品贸易规模不断扩大。随着我国深度融入全球农业发展,统筹利用国内国际两个市场两种资源,推动农产品国际贸易健康发展,我国农产品进出口贸易在全球位于前列,且规模呈扩大趋势。2021年我国农产品贸易额达到3 041.9亿美元,同比增长23.2%,增速高于美国、巴西等农产品贸易大国,保持全球第二大农产品贸易国、第一大进口国和第五大出口国地位。我国积极拓展多元化进口渠道,增加适应国内需求的农产品进口,农产品进口额2 198.4亿美元,同比增长28.7%,创2011年以来最大增幅。2021年,我国农产品出口843.4亿美元,同比增长10.9%,出口额较新冠肺炎疫情发生前（2019年）和中美经贸摩擦前（2017年）分别增长7.3%和12.3%。2021年我国农产品贸易逆差达到1 355亿美元,同比增长42.9%。2018年以来我国农产品贸易逆差持续大幅扩大,2018年、2019年、2020年分别为574.1亿美元、713.2亿美元和948.1亿美元,"大进小出"已成常态,贸易依存度持续上升。

二是农产品贸易布局不断优化。积极推动构建稳步持续健康发展的农产品贸易新格局,努力维护全球农产品产业链供应链稳定畅通。从出口看,传统市场保持稳定,2021年我对东盟、中国香港、日本、欧盟、美国、韩国六大传统市场出口农产品分别增长8.4%、18.2%、6.6%、17.4%、15.5%、9%;新兴市场快速增长,对俄罗斯、墨西哥、澳大利亚、阿联酋、印度等新兴市场出口农产品分别增长15.2%、40.5%、7.5%、22.7%、8.5%。我国大力推进共建"一带一路"倡议,农产品进口在中亚、东南亚等新兴市场得到逐步拓展;鼓励有条件的国内企业"走出去",企业在海外仓储、运输等能力有所提升。

三是农产品一般贸易支柱作用明显。一般贸易、保税物流和加工贸易是我国农产品进出口前三大贸易方式,按人民币计,2021年,我国以一般贸易方式进出口农产品金额占同期我国农产品进出口总额的86.5%。近年来,在自贸试验区背景下,通过保税物流方式进出口农产品持续快速增长,自贸试验区政策有力促进了农产品国际贸易,以保税物流方式进出口农产品自2019年首次超过加工贸易后,连续3年保持我国农产品进出口第二大贸易方式地位,2021年其金额占我国农产品进出口总额的7.4%。以加工贸易方式进出口金额占我国农产品进出口总额的5.2%。

（二）分类农产品贸易特点

从全年进口情况看,玉米、小麦、大米、食糖、乳品等呈现量、额均增,大豆和棉花量减额增,猪肉和禽肉则呈现量、额齐减。水产品、蔬菜和茶叶出口额均增长,干鲜瓜果及坚果出口额回落。

一是粮食进口总量达1.64亿吨,主要谷物产品进口量均显著增长。2021年,粮食进口快速增长,进口量1.64亿吨,同比增长18.1%。其中,玉米进口2 835.1万吨、增1.5倍,大麦进口1 248万吨、增54.5%,小麦进口977万吨、增16.6%,高粱进口941.6万吨、增95.6%,大米进口496.3万吨、增68.7%;大豆进口9 647.1万吨、降3.8%,但进口额增35.4%（按美元计）。

二是棉花和食用植物油进口量下降,食糖

进口创历史新高。2021年，棉花和食用植物油进口量均小幅下降，食糖保持增长。棉花和食用植物油进口量分别为214.7万吨和1 038.2万吨、同比分别下降0.6%和3.8%，但进口额增15.3%和32.6%；食糖进口566.5万吨、增7.5%，进口额22.8亿美元、增26.6%。

三是肉类进口量总体小幅下降，乳品进口量增长近两成。2021年，肉类进口937.7万吨、同比下降5.4%。其中，猪肉（含杂碎）进口量、进口额分别为500.4万吨和131.8亿美元，同比分别下降12.7%和11.3%；禽肉进口148.8万吨，同比下降4.7%；牛肉（含杂碎）进口236.3万吨，同比增长10.4%。乳品进口394.8万吨，同比增长18.5%，其中奶粉进口153.7万吨、同比增长16.9%。

四是水产品出口增长明显，蔬菜和茶叶出口均增，水果贸易逆差扩大。2021年，水产品出口215.9亿美元，同比增长15.1%，占我国农产品出口总额增量的三成以上；进口146.1亿美元，增12.1%；贸易顺差69.8亿美元，增22%。蔬菜及食用菌出口122.9亿美元，同比增长6.2%；进口2.8亿美元，增4.6%；贸易顺差120.1亿美元，增6.2%。茶叶出口23.0亿美元，同比增长12.8%。干鲜瓜果及坚果出口61亿美元，同比下降11.1%；进口152.6亿美元，增30.8%；贸易逆差91.6亿美元，增90.5%。

（三）农产品进出口调控

我国在把立足国内作为农业农村经济发展长期战略的同时，按照统筹国内发展和对外开放要求，不断丰富农业对外开放的形式和内容，不断拓展农业对外开放的广度和深度，不断提高农业对外开放的质量和水平，为农业利用两个市场、两种资源提供了稳定的外部环境。

一是优化调整农产品关税。入世以来，我国农产品平均关税税率从23.2%降至15.2%，约为世界农产品平均关税水平的1/4，远低于发展中成员56%和发达成员39%的平均关税水平。近两年我国继续优化调整农产品关税，2021年我国农产品平均关税税率为13.1%，水产品平均税率为7%，除一些岛国和个别农业规模大、竞争力强的国家外，我国实际上已成为世界农产品市场开放度最高的国家之一。

二是推动优质农食产品出口，提高产品国际竞争力。持续优化农食产品贸易营商环境，通过降低进出口环节费用、压缩通关时间，开通边境口岸农食产品快速通关"绿色通道"等措施，不断提高我国农食产品国际竞争力。实施优质农食产品扩大出口工程，加强技贸措施的跟踪、研判、预警、评议和应对，支持企业融入全球农产品供应链，推动农产品企业对外注册，加快培育一批大型跨国农产品贸易企业，对外加强磋商交涉，对内做好对出口企业的技术指导，及时推动境外官方解除对我出口食品的限制措施，帮助农业出口企业积极破解国际市场技术壁垒，积极拓展多元化出口市场。先后推动实现我生姜出口新西兰、干辣椒出口阿根廷、山东米制品重返欧盟市场；发挥技术优势破除壁垒，加强监测技术开发和基础性本底调查研究，有效应对欧盟、日本、摩洛哥等高标准农残要求，保障茶叶出口贸易顺畅。海关积极落实"放管服"改革，开展"十地百团助千企"、重点企业"一对一"等专项帮扶活动，切实助企纾困，支持福建白茶、广西六堡茶、杭州径山茶、厦门乌龙茶等多地特色茶产业发展，有效促进茶叶出口和共同富裕。2021年，克服新冠肺炎疫情不利影响，大连、长春海关成功保障26.1万吨稻草顺畅出口日本，切实服务东北乡村振兴战略；成功实现陕西樱桃首次出口阿联酋，促进外贸稳中提质，带动产业转型升级。

三是积极扩大重点农食产品准入。我国持续实施农产品进口多元化战略，积极扩大重点农食产品准入。2021年，与塞尔维亚、保加利亚、捷克、波兰、乌兹别克斯坦、斯洛伐克、阿尔巴尼亚、老挝、哈萨克斯坦、意大利、古巴、卢旺达、巴基斯坦、印度尼西亚等国签署了包括玉米、烟叶、配合饲料、饲用乳制品、面粉、李子干、羊肉、蜂蜜、新鲜豆类、饲用大麦粉、牛肉、养殖和野生水产品、干辣椒、洋葱、魔芋干片等产品在内的多份检验检疫议定书。

（四）高压严打农产品走私

2021年，海关总署坚决贯彻落实中央领导关于严厉打击农产品走私的批示精神，部署全国海关缉私部门始终高压严打冻品、烟草、食糖、水果、粮食等农产品走私，通过坚持"市场倒查""打两头、挖幕后"等打击策略，连续侦办重大案件，打掉一批幕后走私团伙，并同步开展打击治理粤港澳海上跨境冻品走私，坚决遏制农产品走私猖獗势头，切实维护国家农业安全、守护人民群众餐桌安全。紧盯边民互市、沿海沿边等重点区域，充分发挥全国打击走私综合治理办公室和部际联席会议作用，推动地方政府切实履行反走私综合治理主体责任，会同地方公安、海警、交通运输、烟草、市场监管等部门开展综合治理，实现对农产品走私"购、运、储、销"全链条打击。

2021年，全国海关缉私部门共立案侦办农产品走私犯罪案件997起，案值209.6亿元。其中，侦办走私普通货物犯罪案件144起，案值35.5亿元；侦办走私国家禁止进出口的货物犯罪案件159起，查明涉案冻品9 126吨；侦办烟草走私犯罪案件283起，案值39亿元；侦办水果走私犯罪案件23起，案值42.5亿元；侦办食糖走私犯罪案件12起，案值3.4亿元。

六、种业振兴

2021年是种业发展史上具有里程碑意义的一年。2021年7月9日，中央全面深化改革委员会第二十次会议审议通过《种业振兴行动方案》，强调把种源安全提升到关系国家安全的战略高度，作出了"一年开好头、三年打基础、五年见成效、十年实现重大突破"的总体安排。2021年8月27日，全国推进种业振兴电视电话会议召开，种业振兴由研究谋划转入全面实施阶段。农业农村部坚持以习近平新时代中国特色社会主义思想为指导，认真贯彻落实党的十九大和十九届历次全会精神，增强"四个意识"，坚定"四个自信"，做到"两个维护"，深入贯彻中央种业振兴决策部署，推动党建与业务深度融合，从基础性、开创性、长远性工作入手，全面推进种质资源保护利用、创新攻关、企业扶优、基地提升和市场净化，种业振兴行动实现了良好开局。

（一）强化种业振兴谋篇布局

农业农村部会同相关部门经多次专题调研、广泛听取意见，研究起草《种业振兴行动方案》并报中央审定。积极配合全国人大推动种子法修改，12月24日第十三届全国人大常委会第三十二次会议审议通过修改种子法决定，自2022年3月1日起施行，建立了实质性派生品种制度，为提高种业知识产权保护水平奠定法制基础。编制印发了《"十四五"全国现代种业发展规划》，与国家发展和改革委员会联合编制印发了《"十四五"现代种业提升工程建设规划》。

（二）实施农业种质资源保护利用行动

农业农村部启动新中国成立以来规模最大、覆盖范围最广、技术要求最高、参与人员最多的一次农业种质资源普查，制定《全国农业种质资源普查总体方案（2021—2023年)》，全面部署推进第三次全国农作物和畜禽种质资源普查、首次全国水产种质资源普查。农作物已完成全部2 323个农业县普查与征集，2021年新收集种质资源2.6万份；畜禽普查行政村覆盖率超过99%，18个新发现畜禽遗传资源通过国家鉴定；水产种质资源普查覆盖了95%以上养殖场（户)，一些濒临灭绝资源重新被发现并被妥善保护。国家农作物种质资源库建成并投入试运行，战略保存能力150万份，位居世界第一。国家畜禽种质资源库经国家发展和改革委员会批准立项。国家海洋渔业生物种质资源库正式投入运行，保存能力35万份，达到世界一流水平。同时，谋划推进国家淡水渔业生物种质库、国家农业微生物种质资源库建设。新增部门预算经费2亿元用于资源普查收集和鉴定评价；首次安排转移支付专项资金1.15亿元支持开展国家级畜禽资源保护；8个国家级畜禽保护品种首次建场，明确了保护主体；确定国家级保种场（区、库）205个，涵盖国家级保护品种147个，保护率达92.4%。历时两年完成全部42个国家级地方猪品种35万余份遗传材料采集，新采集马、牛、羊、鹿、骆驼等五大畜种遗传材料5万份，国家家畜基因库保存遗传材料120万份，居世界首位。国家农作物种质资源库（圃）长期保存资源53.2万份，居世界第二位。启动农作物、畜禽种质资源精准鉴定，挖掘优异基因。开展粮食、油料、耐盐碱抗旱作物、热带作物等31个物种、3.2万份种质资源基因型鉴定和4万份种质资源表型鉴定工作。全面启动猪、牛、羊、马四大畜种和家禽168个品种分子身份证构建、75个优异性状挖掘以及参考基因组构建等工作。组织开展优异种质资源展示推介与共享利用。国家市场监管总局（标准委）发布《种猪常温精液》《主要农作物品种真实性和纯度SSR分子标记检测 玉米》等10项种业领域国家标准，促进种业资源保护、开发与利用。

（三）实施种业创新攻关行动

落实水稻、小麦、玉米、大豆4种主粮作物、甘蔗等11种重要经济特色作物和生猪等6大畜禽育种联合攻关方案，完善攻关机制，创制一批优异新种质。育成农作物新品种900多个，"烟农1212"等10个小麦新品种亩产超过800公斤，自主培育羊肚菌新品种居国际领先地位，高油酸花生品种"豫花37号"年种植面积超过300万亩；自主研发两件基因编辑工具；基因组检测技术在生猪、奶牛、肉牛、湖羊育种应用上进一步扩大，新增检测群体1.5万头。福建圣农、新广农牧、峪口禽业3家企业自主培育的"圣泽901""广明2号""沃德188"等3个白羽肉鸡新品种通过国家审定，性能与国际先进水平各有千秋。发布《全国畜禽遗传改良计划（2021—2035年）》，明确了到2035年我国主要畜禽遗传改良的主攻方向、目标任务和技术路线。组织开展种猪、种公牛遗传评估，发布遗传评估报告，为选种选配和联合育种提供重要技术参数，全国生猪基因组选择遗传评估平台启动应用。指导海南省编制《国家南繁硅谷建设规划（2021—2030年）》，形成送审稿并报请国家发展和改革委员会审批。组织开展国家南繁规划中期评估，督促指导重大项目建设，推动海南出台《南繁基地建筑设施分类处置意见》，解决历史遗留问题。修订《主要农作物品种审定办法》《农业植物品种命名规定》《农作物种子生产经营许可管理办法》等配套规章。

（四）实施种业企业扶优行动

全面梳理全国农作物种业企业，根据科研能力、资产实力、市场规模、发展潜力等，从7000多家企业中遴选出综合实力强、科研基础好、发展潜力大的69家优势企业，构建"破难题、补短板、强优势"的农作物种业企业阵型。积极研究推进畜禽种业阵型企业遴选工作。与农发行联合印发《关于推进政策性金融支持现代种业发展工作的通知》，明确"十四五"安排千亿元资金支持现代种业发展。推动农行出台《支持种业振兴信贷政策的通知》《支持种业振兴行动金融服务方案》等。召开全国种业企业扶优工作推进会，发布农作物种业企业阵型，引导资源、技术、人才、资本等要素向重点优势企业集聚，推动种业企业与金融机构、科研单位、基地大县对接。《全国农作物与畜禽种业统计调查制度》发布实施，优化完善统计系统平台并收集3000多家种业管理机构、7000多家农作物种子企业和3000多家种畜禽企业信息数据，组织编撰了《2021年中国农作物种业发展报告》《2020年全国农作物种业统计手册》《中国畜禽种业发展报告2020—2021》。

（五）实施种业基地提升行动

农业农村部与财政部共同印发《关于优化调整实施制种大县奖励政策的通知》，提出"十四五"制种大县重点、建设内容和发展方向，奖励资金规模从10亿元提高到20亿元，加大对粮食和油料制种大县的支持，推动龙头企业和优势基地结合共建，实现基地做优和企业做强同步发展。研究推进国家黑龙江大豆种子基地建设，持续推进甘肃玉米、四川水稻等国家级制种基地建设，逐步提升国家级制种基地保障水平。通过现代种业提升工程，支持18个国家畜禽核心育种场建设。新遴选一批全国畜禽核心育种场、良种扩繁推广基地、种公畜站，落实中央财政转移支付专项资金2.55亿元，支持国家核心育种场等单位开展生产性能测定，提高国家级育种场（站）保障能力。强化种业市场运行动态监测，组织开展主要农作物种子供应和用种需求调度，确保市场运行平稳、有序供应。抓好救灾备荒种子储备任务落实及动用工作，储备救灾种子1000万公斤、备荒种子4000万公斤。

（六）实施种业市场净化行动

农业农村部配合全国人大启动并审议通过种子法（修正草案），扩大植物新品种权保护范围、扩展保护环节、建立实质性派生品种制度、强化侵权损害赔偿责任等，加强植物新品种权保护法律制度框架基本形成。强化知识产权保护行政执法和刑事司法衔接，联合最高人民法院举办加强种业知识产权保护座谈会并签署备忘录，推动出台审理侵权案件最新司法解释，在现有法律框架下顶格处理侵权行为。加快植物新品种复审案件办理，发布2021年植物新品种保护十大典型案例。从玉米、水稻入手，重点在品种产量、抗病性和DNA指纹差异位点数等三方面提高品种审定标准，完善品种审定回避制度。以向日葵为突破口，开展登记品种清理，首次公告撤销269个品种。全年国家级审定品种1 875个、登记品种2 332个，受理申请品种权7 168件、授权3 216件（累计受理申请品种权48 884件、授权19 724件）。

审定畜禽新品种配套系18个。绿色、优质、特色品种不断增加，优良品种供给能力提升，为推进农业高质量发展和满足多样化市场需求发挥了积极作用。启动为期3年的种业监管执法年活动，全年检查门店、基地等32.6万个，出动执法人员61.6万人次，查没假冒伪劣种子560万公斤，查办违法案件7 100余件。全国种子质量合格率稳定在98%以上。强化种畜禽质量监管，扎实开展种公猪、种公牛、肉种鸡等质量抽检以及桑蚕原种和一代杂交种质量抽检，确保用种安全。推进数字种业建设，在甘肃、新疆利用遥感技术开展玉米制种基地监测试点。加快DNA分子检测技术研发应用，5种主要农作物、29种非主要农作物指纹数据库构建加快推进。

专栏6

现代种业提升工程

（一）《"十四五"现代种业提升工程建设规划》

2021年7月，国家发展和改革委员会、农业农村部联合印发《"十四五"现代种业提升工程建设规划》（以下简称《规划》），对"十四五"时期我国种业基础设施建设布局的总体思路、框架体系、重点项目、保障措施等方面作出全面部署安排。

《规划》涵盖农作物种业、畜禽种业、水产种业能力提升三个方面，聚焦资源保护、育种创新、测试评价和良种繁育四大环节。其中，在种质资源保护方面，以国家种质资源长期库、畜禽水产资源保护场（区）为重点，打造具有国际先进水平的种质资源保护利用体系；在育种创新方面，以大型表型鉴定平台、分子育种平台等为重点，打造具有国际先进水平的基础性、前沿性研究和商业化育种体系，支持创新型企业发展；在测试评价方面，以国家品种测试中心、畜禽品种性能测定站为重点，全面提升设施装备条件和品种测试（测定）能力；在良种繁育方面，以国家南繁基地、国家级种子基地和畜禽水产良种繁育基地为重点，打造国家农作物、畜禽和水产良种生产基地，有效保障良种供应，全面提升良种化水平。布局一批国际一流的标志性工程。力争到2025年，农业种质资源保护体系进一步完善，收集保存、鉴定评价、分发共享能力大幅度提高；打造一批育种创新平台，选育推广一批种养业新品种，育种创新能力达到先进水平；初步建立适合现代种业发展要求的测试评价体系；建成一批现代化种养业良种生产基地，形成保、育、测、繁分工合作、紧密衔接的现代种业发展格局，实现基础强、体系强、科技强、企业强，全面提升种业现代化水平，为加快推进种业振兴，实现种业科技自立自强、种源自主可控提供有力支撑。

（二）国家作物种质资源库

农业种质资源是国家战略性资源，事关种业振兴全局。根据种业振兴行动方案安排部署，我国已基本形成以长期库和种质资源信息中心为核心，复份库、中期库、种质圃等为依托的农作物种质资源保护体系。包括长期库1个、复份库1个、中期库15个、种质圃55个，以及214个以原生境保护点为支撑的较为完整的国家级作物种质资源保护体系，并与省级库圃密切合作，初步构建起国家和省两级相衔接，原位和异位保存相补充的全国作物种质资源保护体系，保存资源总量达200余万份。其中，国家作物种质资源库是确保我国农业种质资源长期战略保存的重要设施，对于应对各类自然风险、保障国家粮食安全、维护中华民族永续发展具有不可替代的作用，是"国之重器"。2018年批复中国农业科学院作物科学研究所建设国家作物种质长期库，总投资约2.6亿元，全部为中央预算内投资，2021年8月竣工，9月投入试运行。

长期库具备3大特点。一是总容量大，总量可达150万份，保存能力位居世界第一，能满足今后50年全国农作物种质资源安全保存、鉴定挖掘和新品种培育等重大需求。二是保存方式完备，基本实现了种子的低温、超低温保存，以及试管苗、DNA保存，覆盖了世界上所有植物种质资源保存方式。三是保存技术先进，已达到或者优于联合国粮农组织标准，保存全过程实现了智能化、信息化，种子贮藏寿命可以达到50年，达到国际先进水平。

七、耕地保护

（一）落实最严格的耕地保护制度

1.严格划定耕地和永久基本农田保护红线。按照党中央、国务院决策部署，自然资源部会同有关部门成立工作专班，在第三次全国国土调查成果基础上，统筹开展《全国国土空间规划纲要（2021—2035年）》编制和"三区三线"划定工作，先行在5个省按照耕地和永久基本农田保护红线、生态保护红线、城镇开发边界的优先序开展了"三区三线"划定试点。在梳理总结试点经验基础上，研究制定"三区三线"划定规则，推动将耕地和永久基本农田保护目标任务足额带位置分解下达，做到可考核、可审计、可追责。

2.落实耕地利用优先序。2021年中央1号文件提出，明确耕地利用优先序，永久基本农田重点用于粮食特别是口粮生产，一般耕地主要用于粮食和棉、油、糖、蔬菜等农产品及饲草饲料的生产。明确耕地和永久基本农田不同的管制目标和管制强度，严格控制耕地转为林地、园地等其他类型农用地，强化土地流转用途监管，确保耕地数量不减少、质量有提高。

3.**严格耕地用途管制。**2021年11月，自然资源部联合农业农村部、国家林草局印发《关于严格耕地用途管制有关问题的通知》，细化耕地用途管制规则，明确永久基本农田不得转为林地、草地、园地等其他农用地及农业设施建设用地；严禁占用永久基本农田发展林果业和挖塘养鱼，严禁占用永久基本农田种植苗木、草皮等用于绿化装饰以及其他破坏耕作层的植物，严禁占用永久基本农田挖湖造景、建设绿化带，严禁新增占用永久基本农田建设畜禽养殖设施、水产养殖设施和破坏耕作层的种植业设施；设立耕地年度"进出平衡"制度，明确要求对耕地转为林地、草地、园地等其他农用地及农业设施建设用地的，必须在年度内补足同等数量、质量的可以长期稳定利用的耕地。

4.**改进和规范耕地占补平衡管理。**严格建设占用耕地审批，非农业建设必须严格落实先补后占和占一补一、占优补优、占水田补水田规定。严格补充耕地报备管理，全面利用"三调"成果强化补充耕地项目报备查核，确保补充耕地来源合理、现状真实、可长期稳定利用。建立补充耕地公开制度，将补充耕地项目与地块信息主动向社会公开，接受社会监督。稳妥实施跨省域补充耕地国家统筹，促进资源丰富地区和经济发达地区资源资金优势互补。开展耕地后备资源调查，为科学合理开发耕地后备资源、规范耕地占补平衡管理提供支撑。

5.**严格土地执法和督察。**自然资源部印发《耕地卫片监督方案（试行）》，以"三调"成果为基础，综合运用卫星遥感影像和信息化技术手段，结合实地巡查等方式，定期对耕地和永久基本农田保护与利用情况进行动态监测，发现问题，及时督促整改；印发《关于完善早发现早制止严查处工作机制的意见》；印发《关于开展2021年卫片执法工作的通知》，坚决遏制新增违法占用耕地，督促消除违法占用耕地状态。部署开展违法违规占用耕地重点问题整治，坚决遏制新增农村乱占耕地建房问题。围绕违法违规建设占用耕地、耕地占补平衡真实性和永久基本农田保护三个重点，开展耕地保护督察，发现违法违规建设占用、破坏耕地问题，涉及耕地126.44万亩。开展"大棚房"问题专项清理整治行动"回头看"，严防"大棚房"问题反弹。

（二）大力推进耕地质量提升

1.**大力推进高标准农田建设。**2021年8月，国务院批复实施《全国高标准农田建设规划（2021—2030年）》。2021年中央财政安排资金1 007.82亿元，支持全国新建成高标准农田1.055 1亿亩，超额完成1亿亩年度建设任务。农业农村部印发《高标准农田建设质量管理办法（试行）》《高标准农田建设项目竣工验收办法》，严把高标准农田建设质量管控关口。建立健全管护机制，明确管护主体，落实管护责任，切实做好已建成工程设施运行维护，确保发挥长期效益。根据国务院办公厅有关通报，2020年，黑龙江、安徽、四川、河南、甘肃五省按时完成高标准农田建设任务且成效显著，2021年中央财政在分配农田建设补助资金时，对上述地方予以倾斜支持。

2.**加强东北黑土地保护。**2021年6月，农业农村部等七部门联合印发《国家黑土地保护工程实施方案（2021—2025年）》，针对黑土地"酸、薄、瘦、硬"问题，以化肥减量增效、土壤侵蚀防治、农田基础设施建设、肥沃耕作层培育、黑土耕地质量监测评价为重点，统筹实施高标准农田建设、小流域综合治理、保护性耕作、秸秆综合利用、畜禽粪污资源化利用等项目。

3.持续推进退化耕地治理。2021年，继续开展退化耕地治理试点，农业农村部办公厅印发《关于做好2021年退化耕地治理与耕地质量等级调查评价工作的通知》，在长江中下游、西南地区、华南地区等南方粮食主产区土壤严重酸化耕地上开展酸化耕地治理试点，在西北灌溉区、滨海地区和松嫩平原西部等盐碱地集中分布区，结合排灌设施建设开展轻中度盐碱耕地治理试点。不断试验总结退化耕地综合治理技术模式，加强有效模式因地制宜推广

应用，促进耕地质量提升。截至2021年底，累计建成200余个退化耕地治理集中连片试点区，实施面积超过280万亩。

4.开展耕地质量监测评价。组织31个省（区、市）900余个县的1 344个国家级耕地质量长期定位监测点开展监测工作。通过年度田间调查、土样采集和样品检测等方式，重点跟踪耕层厚度、有机质、pH等耕地质量主要指标演变趋势，形成《国家耕地质量长期定位监测评价报告（2021年）》，为耕地质量建设保护提供基础支撑。国家市场监管总局（标准委）新发布《土壤质量 农田地表径流监测方法》等3项土壤质量领域国家标准，累计发布《耕地质量等级》等25项土壤质量领域国家标准，为耕地质量监测与评价提供标准支撑。

八、农业科技自立自强

（一）农业科技创新推广与应用水平显著提升

2021年，农业农村部坚决贯彻党中央、国务院决策部署，统筹推进科技创新、技术推广、农民培训等工作，农业科技供给持续优化，农业科技进步贡献率达到61.5%，全国秸秆综合利用率达到88.1%，地膜回收率达到80%，为全面推进乡村振兴、加快农业农村现代化提供了强有力的科技支撑。

1.农业科技自主创新迈出坚实步伐。农

业农村部编制印发《"十四五"全国农业农村科技发展规划》，对突破关键领域重大科技问题、优化农业科技发展布局、重塑中国特色农业农村科技创新体系、推进体制机制改革创新等作出系统部署，在攻关、推广、平台、人才和改革等方面作出系列顶层设计，引领带动全国农业科技创新能力和创新效率持续提高。突破了一批基础前沿研究，首次发现产甲烷古菌碳代谢新途径，率先揭示栽培陆地棉地理分化和纤维品质改良的基因组学基础等。创制了一批重大新品种，"广明2号"白羽肉鸡打破国外

种源长期垄断，"中豆63"创南方大豆高产新纪录，"中油杂19"含油量育种水平世界领先。研制了一批重要产品装备，猪、牛口蹄疫O型疫苗、鸭坦布苏病毒抗体检测试剂盒、水貂阿留申病毒抗体检测试纸条等一类新兽药填补国内空白。攻克了一批重大关键技术，升级草地贪夜蛾防控技术并被联合国粮农组织向全球推荐，在植物工厂实现矮秆水稻63天收获的重大突破，研发橡胶树组培苗工厂化生产技术并建立世界首个橡胶树体胚苗规模化生产线。集成了一批重要技术模式，研发集成土壤重金属污染防治、酸化土壤改良等技术并在热区广泛推广，创建并示范推广稻渔生态种养实用化技术体系。

2. 科技支撑稳粮保供及时有力。 紧盯春耕备耕、夏粮收获、秋收秋种等关键农时，针对连阴雨、洪涝灾害等恶劣天气，组织现代农业产业技术体系、农技推广体系、农民教育培训体系等专家队伍，深入基层开展防灾减灾工作指导。围绕大豆科技自强、油菜绿色革命、盐碱地综合利用，系统谋划形成工作方案。依托全国农业科教云平台，设立助春耕、防灾害、减损稳收等专题专栏，大力推广免耕播种、工厂化育秧、无人机打药、收获减损等新技术，保持24小时专家和农技员在线服务，发布技术5 000多项，解答问题2 900万条，组织线上培训7 945期，全平台线上学习学员超过43.5万人次，为稳粮保供提供了及时有效的技术支撑。

3. 农业科技服务供给持续优化。 推进基层农技推广体系改革与建设，支持农业科技社会化服务发展，遴选100个星级农业科技服务组织，树立引领典型。遴选发布10项重大引领性技术和114项主推技术，支持建设110个国家级和6 000多个区域农业科技示范展示基地，招募1.2万多名特聘农技员（防疫员），不断满足产业发展的技术需求。针对乡村振兴重点帮扶县选派科技特派团，遴选1 000多名专家开展科技帮扶。实施脱贫地区产业技术顾问制度，为脱贫地区、部定点帮扶县、新疆和西藏等地区开展定向帮扶和全产业链技术指导，助力打造特色支柱富民产业。

4. 产学研融合取得积极成效。 优化现代农业产业技术体系布局，增设40个科学家岗位，将猕猴桃、花卉、枣等特色农产品纳入体系；在中西部地区增设60个综合试验站，为脱贫地区发展提供稳定科技支持。组建种业创新、耕地资源利用与保护、绿色低碳等5个重要共性技术创新团队，解决行业重大关键技术问题。创建农业科技现代化先行县，遴选支持72个县与共建高校、省级农科院、部属有关单位等62家对口技术单位联合共建，探索县域农业科技现代化实现路径模式。继续打造农业科技创新联盟，整合企业、科研院校等优势科技资源，认定51个联盟，树立20个标杆联盟，推动16个联盟实体化运行。持续建设南京、太谷、成都、广州、武汉5个现代农业产业科技创新中心，推动关键技术集成、创新要素集聚、关联企业集中、优势产业集群，累计有389个高水平科研团队、420家高科技企业、30支高质量基金入驻，"农业硅谷"效应逐步显现。

5. 乡村振兴人才支撑不断巩固。 针对种养大户、家庭农场经营者、农民合作社带头人和返乡入乡创业人员等重点群体开展全产业链培训。2021年，共培训79.1万人，其中新型农业经营服务主体经营者36.8万人、专业种养加能手34万人、农村创新创业者3.4万人、乡村治理及社会事业发展带头人4.9万人。统筹推进农业职业教育，遴选推介百所乡村振兴人才培养优质校，深入实施百万高素质农民学历提升行动计划，为全面推进乡村振兴提供人才支持。

（二）深入开展乡村振兴科技支撑行动

深入贯彻落实习近平总书记关于农业科技创新的重要指示批示精神和党中央、国务院重大决策部署要求，将农业科技创新摆在更加突出的位置，围绕国家粮食安全和乡村振兴，坚持项目基地人才一体化部署，以高水平成果供给推动实现农业科技自立自强，支撑引领农业农村高质量发展。

1. 强化顶层设计，在推进原创性、引领性科技攻关上取得新突破。 聚焦国家使命，树立大食物观，统筹创新资源，抓住种子和耕地两大要害，系统部署种业科技创新、耕地质量提升、农业生物安全、智慧农业发展、乡村产业振兴等重大战略任务。突出主攻方向，加强农业生物重要性状解析、基因资源精准鉴定、多基因聚合等重大科学问题与关键核心技术攻关，实现原创性基因编辑工具重大突破。攻克细胞工厂等前沿技术，引领未来食品新业态。强化场景应用，开展典型区域中低产田改良与粮食丰产技术集成示范，构建农业生物安全综合防控技术体系，推进关键农机装备研发与场景应用，建设智慧农场、海洋牧场，加快实现专利自有、技术自主、产品自控。

2. 强化资源统筹，在打造农业国家战略科技力量上迈出新步伐。 落实党中央、国务院决策部署要求，扎实推进生物育种重大创新平台建设。重组农业领域全国重点实验室，对农业领域全国重点实验室进一步优化重组、强化实化。在高效育种、耕地保育、智能装备等领域，新增布局86个农业农村部重点实验室，实验室体系进一步优化、力量进一步增强，有力支撑农业科技创新。推进农业领域国家技术创新中心建设布局，全力支持玉米种业、

耐盐碱水稻、生猪、乳业4家国家技术创新中心加快建设，多出战略性标志性成果，有序推进国家技术创新中心批复建设。加快创建国家农业高新技术产业示范区，推进杨凌、黄河三角洲等9家国家农业高新技术产业示范区打造具有国际影响力的现代农业创新高地，力争到2025年建设30家国家农高区、300家国家农业科技园区、3 000家省级农业科技园区，形成梯次接续的农业科技园区体系，创新引领农业现代化。

3. 强化机制创新，在改革项目组织实施上走出新路子。 遵循农业产业特点和农业科研规律，探索农业科技新型举国体制，实施五大项目组织新机制。"揭榜挂帅"机制针对重大、紧迫、长期瓶颈制约"卡脖子"技术开展联合攻关。"部省联动"机制实现部省资源联动、人才联动、管理联动。青年科学家机制鼓励在基础研究领域自由探索，应用牵引推动青年科技人才脱颖而出。科技型中小企业机制择优支持农业企业科技创新，培育壮大农业高新技术企业。长周期支持机制对作物畜禽育种、耕地质量提升等实行长期稳定支持，久久为功。

4. 深入开展乡村振兴科技支撑行动，巩固拓展脱贫攻坚成果同乡村振兴有效衔接。 科技部印发《关于扎实推进科技帮扶 巩固拓展脱贫攻坚成果 助力乡村振兴的实施意见》，明确聚焦乡村产业振兴和人才振兴等重点任务，坚持和完善部际协调、部省市县科技管理部门四级联动、东西协作三项机制，在5年衔接过渡期内组织动员全国科技力量，面向脱贫地区扎实推进科技帮扶，强化政策、资金、项目、平台、人才等创新要素一体化配置，巩固拓展脱贫攻坚成果，助力乡村振兴。

5. 深入推行科技特派员制度，为乡村振兴提供人才支持。 实施革命老区、民族地区、边

疆地区人才支持计划科技人员专项计划，全年向中西部22个省（区、市）和新疆生产建设兵团选派科技人员18 072人，培训本土人员3 534人，支持经费3.2亿元。中央组织部统一部署赴甘肃、重庆、云南等地调研，系统梳理西部10省（区、市）160个国家乡村振兴重点帮扶县农业主导产业和科技特派员需求，提出重点帮扶县科技特派团全覆盖的建议。

（三）高校对乡村振兴的智力服务支持进一步加强

教育部充分发挥高校农业研究基础深厚、学科交叉融合的优势，引导高校科研与农村特色产业紧密结合，强化农业科技成果转化，协调高校精准对接地方需求，为乡村振兴战略提供有力的科技支撑。积极布局科研平台，针对种质创新开展有组织科研。在中国农业大学和华中农业大学建设培育2个前沿科学中心，面向育种前沿技术，聚焦家畜家禽和粮食作物开展分子设计育种研究工作。充分发挥高校新农院作用，积极推动39家高校新农院加强各类涉农人员培训，为农村发展和乡村振兴等重大战略的实施提供强有力的科技和人才支撑。精准对接基层需求，协调组织清华大学、华南理工大学、浙江大学等高校专家，围绕江西上犹重要产业高质量发展需求，积极对接玻纤复合材料、茶叶等相关产业，帮助破解产业转型发展急需解决的技术难题。协助推进科技特派员工作，汇总梳理相关高校选派科技特派员情况，推荐19所教育部直属高校和部省合建高校、8所地方高校的376名高校科技人员进入第一批特派团。按照中央组织部统一工作部署，积极配合出台《关于向国家乡村振兴重点帮扶县选派科技特派团的实施方案》，力争形成全面覆盖重点帮扶县的科技特派员体系，建立起科技人才服务乡村振兴的长效机制。

（四）数字农业建设加快推进

实施数字农业建设项目。2021年，农业农村部推动建设国家数字农业装备创新中心和小麦、近海养殖、海洋牧场、供应链与物流等4个创新分中心，加快相关领域关键核心技术攻关，合力解决"卡脖子"问题，加快研发推广一批性能稳定、操作简单、价格低廉、维护方便的实用信息技术产品；推动建设23个国家数字农业创新应用基地，促进新一代信息技术与农业生产经营深度融合，探索重点品种产业数字化转型路径，为全国提供可复制可推广的经验模式。

专栏7

现代农业产业技术体系

2007年以来，特别是党的十八大以来，围绕打造国家农业科技战略力量，推动产学研深度融合，财政部和农业农村部共同组织建设了现代农业产业技术体系。截至2021年，已建成50个产业技术体系，涵盖195个农产品，按照"从产地到餐桌"全产业链的关键环节，采用"1＋6＋N"的模式配置创新链、人才链、资金链。每个体系设置1个国家产业技术研发中心，设1个首席科学家岗位，实行首席科学家负责制，由首席科学家负责体系综合管理；研发中心下设育种、病虫害（疫病）防控、栽培（养殖）、机械装备、产后处理加工、产业经济等6个功能研究室，每个功能研究室设若干岗位科学家，从事产业技术发展需要的基础性工作，开展关键和共性技术攻关与集成；每个体系还在主产区设立若干综合试验站，每个试验站设1个站长岗位，开展产业综合集成技术的试验、示范，辐射带动周边5个县。

2021年，为进一步优化体系布局，提高建设成效，更好支撑乡村振兴和农业农村现代化发展，按照"巩固、提升、完善"总体思路，优化创新布局、补齐技术短板、完善运行机制，打造纵横交织、点线面结合、形成立体矩阵的现代农业产业技术体系升级版。聚焦种子和耕地两个要害，增设科学家岗位，加强科研力量布局。聚焦巩固脱贫攻坚成果和乡村产业振兴，优先支持有规模、有市场、科技需求强烈的特色农产品纳入体系，在中西部等欠发达地区增设综合试验站。保持纵向农产品体系数量不变，根据解决重大行业技术问题的需求，设立共性技术体系，巩固专家队伍，完善协作攻关机制，提升体系支撑和引领产业高质量发展能力。2021年调整后，现代农业产业技术体系共聘任专家2 883人，其中首席科学家50人、共性技术创新团队首席专家5人、岗位科学家1 490人、综合试验站站长1 338人，打造了一支国家农业产业科技战略力量。

2021年，体系在品种选育、产品研发和装备研制等方面，取得一批重大成果，为粮食安全和乡村振兴提供科技支撑。一是科技创新支撑粮食稳产，共培育动植物新品种1 531个，其中通过国审品种679个，研发新设备317台（套）、新产品545个、新技术1 240项，发布各类技术标准1 313项，获得省部级以上科技奖励1 000项，其中国家级奖励58项。二是科技助力县域经济发展，按照科技助力"一县一业"发展的工作思路，体系优化完善"科技＋政府＋企业＋农户（合作组织）"运行模式，持续推进服务县域经济和农业产业发展，促进县域特色产业提质增效。三是产业发展推动乡村振兴，围绕我国实现农业农村现代化的总体部署，做好巩固拓展脱贫攻坚成果同乡村振兴的有效衔接，体系积极开展新成果新技术的展示与集成示范，共组织各类培训班1.7万场次、召开现场会7 728场次、累计培训基层技术人员323.5万人次、种养大户等新型经营主体1 000万人次，发放培训技术资料1 272.5万份，进一步打通体系新知识、新产品、新成果快速应用到生产一线的通道，提升了科技迅速转化为生产力的效率。四是科学调研开展应急服务，以体系为依托的应急服务工作，最大限度降低了突发事件带来的社会、经济损失，有力保障了粮食安全、农产品有效供给、农产品质量安全以及社会和谐稳定。2021年体系累计向农业农村部和地方提供政策建议、调研报告、咨询报告3 914份，发布简报信息4 624次，开展应急技术服务5 035次。

九、农业机械化

2021年是"十四五"开局之年。各级农业农村部门认真贯彻落实党中央、国务院决策部署，按照保供固安全、振兴畅循环的工作定位，持续抓好保供、衔接、禁渔、建设、要害、改革重点任务，在新冠肺炎疫情防控常态化背景下，全力推进农业机械化全程全面和高质量发展。全国农作物耕种收综合机械化率达到72.03%，畜牧养殖、水产养殖、农产品初加工、设施农业等产业机械化率分别达到38.5%、33.5%、41.64%、42.05%，均提高2个百分点左右，农机安全生产形势平稳向好，农机装备支撑卡点破冰，农机作业服务提质扩面，为保障粮食等重要农产品有效供给、巩固拓展脱贫攻坚成果、全面推进乡村振兴、加快农业农村现代化提供了有力支撑。

（一）农机化稳产保供支撑能力得到新提升

各地聚焦粮食稳产增产，精心组织重要农时机械化生产，突出抓好机收减损，着力提升薄弱环节机械化水平，全力抗灾救灾。机收损失率平均降低1个百分点，挽回100亿斤损失；水稻机械种植、棉花机收、油菜机收、花生机收等薄弱环节机械化率分别达到59.11%、68.02%、50.97%、50.9%，同比分别提高2.81个、7.95个、2.42个、1.29个百分点；新创建了144个基本实现主要农作物生产全程机械化示范县，示范县总数达758个；小麦、水稻、玉米三大主粮耕种收综合机械化率再创新高，分别达到97.29%、85.59%、90%。2021年7月河南局部雨涝严重，中国农业机械化协会、农机工业协会、农机流通协会和浙江、湖南、重庆、天津、吉林、黑龙江、江苏、山东、湖北、陕西、宁夏、新疆等10余省（区、市）紧急捐赠2 264台（套）水泵及其他物资，千里驰援，展现了农机系统团结一心、攻坚克难的责任与担当。

（二）农机装备补短板实现新突破

农业农村部与工业和信息化部联合召开农机装备补短板工作推进会，有效推动相关各方凝心聚力；与国机集团签署合作框架协议，多次召开重点农机企业座谈会，组织动员各方力量梳理出主要农作物、丘陵山区、重要零部件等领域300多个短板弱项，加大政策支持引导；与工业和信息化部积极沟通，谋划推动大型大马力高端智能农机装备和丘陵山区适用小型机械推广应用先导区建设；优化完善"现代农业装备""设施农业工程"学科群重点实验室等，立项建设制种玉米等7个全程机械化科研基地和西北农业装备等4个农机化领域重点实验室，提升关键核心技术装备研发攻关能力。江苏实施"农业生产全程全面机械化推进行动""农机装备智能化绿色化提升行动",安排专项经费4 550万元实施农机装备与技术研发创新"揭榜挂帅";山东、河北、重庆等地推动短板农机研发立项实施,产学研推用一体推进农机装备和农业机械化发展。潍柴雷沃、中联重机、一拖等一些头部企业显著加大研发投入。

(三)农机化重大政策实施取得新进展

农业农村部会同财政部启动实施了新一轮农机购置补贴政策,中央财政安排190亿元资金,各地加快推进政策实施,做优管理服务细节,扶持179万名农民和农业生产经营组织购置机具209万台(套),其中畜禽水产养殖、设施农业等机械超过26万台(套)。农机报废更新补贴扩面增量,支持报废更新机具3.04万台,报废旧机数量和受益农户数量均为上年的3倍。扎实推进东北黑土地保护性耕作行动计划,实施面积达7 200万亩,较上年增加2 500万亩。实施农机深松整地补助,作业面积超过1亿亩。推动落实14亿元专项资金重点支持灾区排涝、抢收、播前整地等重点环节农机服务。生态环境部与国家市场监督管理总局联合发布《非道路移动机械用柴油机排气污染物排放限值及测量方法(中国第三、四阶段)》(GB 20891—2014)修改单,并发布了配套技术规范《非道路柴油移动机械污染物排放控制技术要求》(HJ 1014—2020);修订及实施第四阶段的非道路移动机械排放标准,明确相关要求,有助于机械、柴油机及相关零部件企业做好产品规划和技术升级,从而为农机产业的绿色低碳发展提供有力支撑。多地立足加快农业机械化全程全面发展,因地制宜创设政策。山西建设设施农业、果业、畜牧业、中药材等非粮类农机新技术示范点14个,打造高标准农产品产后处理及加工装备技术示范点29个。宁夏

实施农机综合保险保费补贴,参保农机达7万余台。江西、云南等地以指定方式扩充农机鉴定机构数量,增强鉴定工作力量,农机鉴定产品种类和数量大幅增长。

(四)农机社会化服务提档升级

全国乡村农机从业人员4 957.36万人、农机服务组织19.34万个,其中农机专业合作社7.61万个。以农机为载体的农业生产托管广泛开展,跨区作业和"互联网+农机作业""全程机械化+综合农事"等服务业态蓬勃发展,农机作业领域全方位拓展,全年完成机耕、机播、机收、机电灌溉、机械植保五项作业面积达到71.29亿亩次,同比增长1.7%。农机服务收入4 816.21亿元,其中农机作业服务收入3 675.92亿元。部省两级分层分类搭建农机化生产数字化监测平台,提高了重要农时关键环节农机作业管理服务效率。部省协作共同推出1 000多名农机使用一线"土专家",启动了专业农机手培训行动,农机化实用人才队伍进一步壮大。安徽列项支持71个县(市、区)建设全程机械化综合农事服务中心144家。吉林投入财政资金1亿元,在全省10个产粮大县开展全程机械化新型农业经营主体农机装备建设。甘肃持续开展"一乡一农机合作社"建设试点,合作社完成的机械化作业面积占全省的40%。

(五)农业机械化发展的氛围更加浓厚

农业农村部组织制定印发了《"十四五"全国农业机械化发展规划》,凝聚全行业的智慧,明确了新时期农业机械化高质量发展的思路、目标、举措。各地分区域、分产业、分品种、分环节确定"十四五"及2035年农业机械化发展目标任务,梳理短板弱项,探索解决路径。各有关部委、金融机构出台了一系列促进农业机械化的务实管用举措。地方党委政府

高度重视农业机械化发展，不少地方主要领导亲自抓，支持举措日益丰富、力度逐渐加大。浙江省委省政府启动实施"机械强农"行动，省政府办公厅印发《先进适用农机具研制推广行动计划》，省财政安排专门经费，从研发制造、试验示范、推广应用三方面全产业链推进"机器换人"。四川将现代农业装备纳入省委省政府现代农业"10+3"产业体系，设立薄弱环节机械化技术研发攻关专项，启动实施"五良"融合产业宜机化改造项目，投入资金1.1亿元。湖南布局建设智慧智能农机产业链发展高地，实施"千社工程"，开展"以机宜地"和果菜茶园宜机化改造试点，投入资金近1.5亿元。

十、风险防控

（一）农业生产防灾减灾

2021年，农业农村部坚决贯彻落实党中央、国务院决策部署，积极有效应对，科学抗灾救灾，全力减轻灾害损失。

一是及早部署安排。2021年初，农业农村部针对拉尼娜影响制定应对预案，主汛期又针对旱涝灾情，会同水利部、应急管理部、中国气象局联合制定印发《农业防灾减灾保丰收预案》，分区域、分灾种、分作物提出防灾减灾措施。在防灾减灾关键时点，多次召开部党组会、常务会、专题会、调度会，对农业防灾减灾保丰收进行安排部署。会同应急、水利、气象等部门3次召开视频会，聚合部门力量合力推动农业防灾减灾工作。

二是加强监测调度。农业农村部完善部门信息共享和会商机制，每月开展定期会商、重大天气实时会商，每周召开分区域农情调度会、重大灾情实行日报制度，密切跟踪监测雨情、水情、灾情发展动态，及时分析评估灾害对苗情、墒情的影响，及时发布预警信息90多期，提前安排落实防御措施，做到预判在前、防控在前。

三是精准指导服务。农业农村部组织开展"奋战100天夺夏粮丰收行动""奋战100天抗灾夺秋粮丰收行动"，根据作物生长发育进程和受灾情况，制定下发40多个分区域、分作物技术指导意见。实行农业防灾减灾夺丰收部领导包省包片督导联系机制，先后派出70多个工作组和专家小分队，分赴重灾区和粮食主产区，包县包乡、进村入户，落细落实指导服务。

四是加大支持力度。2021年，中央财政累计安排农业生产救灾资金45亿元，支持华南受旱地区、河南等洪涝重灾区、西北夏伏旱和北方严重秋汛地区抗灾救灾和灾后生产恢复。

此外，针对河南严重洪涝灾害，组织相关协会累计捐赠化肥9 200吨、农药460多吨、消毒剂3.16万件（箱），援助抽排设备2700多台，协调交通运输部给予救灾农资车辆往返免费通行政策。通过"买一批、调一批、改一批"，指导各地调剂调运、紧急购置1.65万台履带式收割机，投入各类小麦播种机105万台，开展机收机播作业。

（二）农作物病虫害防治取得明显成效

农作物病虫害是影响粮食稳产增产的关键因素，防控农作物病虫危害是减灾保丰收的关键举措。2021年小麦条锈病、赤霉病、水稻"两迁"害虫、草地贪夜蛾、黏虫、玉米螟等重大病虫害呈重发态势，特别是小麦条锈病是近10年来第二重发年份，直接威胁粮食生产安全。各地按照农业农村部部署，广泛动员发动，加强督查指导，强化监测预警，大力推进专业化统防统治、绿色防控、科学用药，有力保障了国家粮食安全和农业生产稳定发展。

一是加强防控组织领导。农业农村部制定印发《2021年全国"虫口夺粮"保丰收行动方案》，及早部署防控工作。3月，召开全国农作物病虫害防控工作推进落实视频会进行再次动员部署，指导各地科学开展防控。召开2021年度蝗虫可持续治理研讨会和秋粮重大病虫害防控现场会，及时推进小麦、水稻等作物绿色防控、统防统治工作。组织召开2021年全国农业植物检疫性有害生物联合监测与防控协作组会，动员部署红火蚁联防联控，推进春秋季关键时期统防统治，指导各地科学开展植物疫情阻截防控。

二是加密病虫监测预警。加强病虫监测预警能力建设，继续实施植物保护工程，完善重大病虫田间监测网点，加密监测分析，适时启动周报、日报制度，做到准确预报、及时预警、快速反应。全年召开趋势会商会5次，发布25期农作物重大病虫害趋势预报，制作CCTV-1电视预报4期、CCTV-7"三农早报"广播25期，及时报送植物疫情年报1期、月报12期，为科学指导防控、实现"虫口夺粮"保丰收目标提供了重要技术支撑。

三是大力推进统防统治。开展病虫害"统防统治百县"创建活动，提高统防统治覆盖率。在防控关键时期，积极推行政府购买服务方式，扶持专业防治组织开展统防统治，推进区域间联防联控和应急防治，提高病虫防治效果。充分发挥中央财政病虫害防控10亿元专项资金作用，引导地方投入近22亿元，大力推进统防统治，提高防治效率和效果。据统计，三大粮食作物病虫草害统防统治面积24.68亿亩次，覆盖率达42.4%、同比提高0.5个百分点。

四是加强法规制度建设。制定发布《农作物病虫害监测与预报管理办法》部令，病虫害监测预报部门规章取得零的突破；发布《农作物病虫害专业化防治服务管理办法》公告，规范专业化服务组织发展和防治服务行为。举办全国植保植检法律法规宣贯视频培训班，重点宣贯《中华人民共和国生物安全法》《农作物病虫害防治条例》等法律法规及部门规章。据统计，全国共设立1796个分会场，培训总人数达1.3万人。

由于预防控制措施到位，全年病虫防控成效显著。据统计，2021年全国农作物病虫草鼠害实际发生61.1亿亩次，累计防治78.4亿亩次。经各地试验和专家分析测算，"虫口夺粮"挽回三大粮食作物产量损失2858亿斤、占总产量的22.87%，实际产量损失仅为4.19%。

（三）畜牧业疫病防治工作稳步推进

我国畜牧业自然灾害主要有洪涝、台风、低温雨雪冰冻灾害及地震等。其中，洪涝、台风常发生于夏季和秋季，低温雨雪冰冻灾害常发生于冬季及早春，以北方和牧区最为常见，地震为局部偶发性灾害。各类自然灾害对我国畜牧业带来了一定的损失。据全国畜牧业灾情统计，2021年，因河南等地洪涝，辽宁、河北等地低温雨雪冰冻，以及青海、云南等地地震灾害等，造成畜牧业直接经济损失100亿元，损失大于常年。农业农村部会同各地各有关部门，及时采取有力措施，切实做好畜牧业防灾减灾工作。

一是加强组织领导，强化责任落实。农业农村部由司局级领导带队深入往年灾情较重地区开展畜牧业防灾减灾检查工作。针对不同风险的特点，及时印发年度性畜牧业防汛抗旱防台风工作的通知和做好畜牧业防范应对寒潮低温天气工作的通知。指导和督促各省（区、市）成立畜牧业防灾救灾工作领导小组或专项工作组，统筹抓好责任落实，抓好生产恢复和动物防疫物资储备，抓好队伍建设，确保组织有序、物资充足、队伍可靠，有力应对畜牧业防灾减灾工作。

二是强化监测预警，完善应急预案。农业农村部先后制定印发了汛期、洪涝灾害灾后动物防疫技术指南，完善了防汛抗旱防台风应急预案，强化灾害应急响应和灾情上报。根据2021年度气候特点，指导相关省份做好应急准备、抓好动物疫情防控工作、加强畜产品产销衔接，积极做好畜牧业防灾减灾工作。

三是加强灾情调度，帮助灾后重建。农业农村部按照工作预案和地方实际需要，在跟踪调度灾情的同时，适时派出工作组赴一线指导。2021年8月初，农业农村部派出工作组赴河南省鹤壁市、新乡市等畜牧业受灾较重地区，指导当地切实做好洪涝灾害溺亡畜禽打捞收集、无害化处理和动物防疫工作。11月上旬，北方部分地区经历了一轮强降雪天气后，第一时间指导辽宁等相关省份农业农村部门加强灾情调度核查，抓好相关抗灾救灾工作，并及时向国务院总值班室和中办值班室报告有关情况。同时，中央财政安排农业生产救灾资金5亿元，用于支持雪灾灾区购买仔畜禽苗、修复受损畜禽圈舍、调运以及补助牧区省份储备饲草料。

四是加强部门合作，抓好饲草料和防疫物资供应。农业农村部积极协调饲料生产企业、交通运输等有关部门，协助养殖场（户）加强饲草料、兽药、消毒药等重点投入品物资储备，避免因灾造成饲料和消毒防疫品短缺，确保饲草料调入、畜禽出栏等运输渠道畅通。指导新疆在2021年春季新建和维修暖棚圈968座；转场期间，在重点转场牧道沿途设立必要的草料供应点，共设立19个牲畜转场应急草料供应点，储备转场应急饲草料6.47万吨。向河南等地调拨动物防疫应急物资，组织中国兽医药品监察所、中国兽药协会倡议兽药企业向河南捐赠防疫物资特别是消杀用品，支持地方做好防疫工作。共有211家兽药企业捐赠了兽用疫苗、检测试剂盒、消毒剂、防护服及口罩等防疫物资，共计5 531万元。

五是强化重要动物疫病综合防控技术体系建设。科技部实施国家重点研发计划"动物疫病综合防控关键技术研发与应用"重点专项。针对非洲猪瘟、动物流感、口蹄疫等畜禽重大疫病、人畜共患病、新发与外来动物疫病，通过疫病流行传播规律与病原感染致病机制的理论创新和疫苗设计、药物研发、诊断制剂与设备创制等关键技术的突破，创制新型疫苗、诊断试剂、原创兽药、生物治疗制剂等重大战略产品，开展多技术集成与示范应用，构建动物疫病综合防控与净化根除技术体系，支撑畜牧业安全生产。

六是加强重点人畜共患病防控。农业农村部组织召开人畜共患病防控专题会议，研究部署防控工作。继续实施布鲁氏菌病分区防治，以县为基本单元确定布病免疫区域，推进强制免疫，全面开展布病净化场、无疫小区和无疫区创建工作。加强炭疽防控指导，召开专题视频会、院士专家座谈会和重点省份工作布置会，研判疫情形势，部署针对性防控工作。继续在包虫病疫区开展羊免疫、犬驱虫、病变脏器无害化处理工作，在四川、西藏、甘肃、青海等省份的包虫病高发地区，试点开展牦牛包虫病强制免疫。指导高风险地区做好马传贫和马鼻疽监测工作，制定印发新阶段《马鼻疽消灭考核验收办法》，加快推进马鼻疽再消灭进程。全面总结《"十三五"全国血吸虫病防治规划》成效，在疫区省份继续实施以传染源控制为主的血吸虫病综合防治策略，组织疫区省份和相关实验室开展家畜血吸虫和野粪监测。加强动物狂犬病和牛结核病监测，准确掌握相关疫病流行情况和传播风险。

七是推进动物疫病区域化管理。一是全面推开非洲猪瘟等重大动物疫病分区防控。总结提炼中南区试点工作经验做法和制度性成果，2021年4月，农业农村部组织制定《非洲猪瘟等重大动物疫病分区防控工作方案（试行）》，印发至各省级人民政府实施。指导各大区建立联席会议制度，共同签署框架合作协议，制定印发实施方案，设立联席会议办公室，明确组成人员，建立沟通联络机制。强化正面宣传引导，多渠道开展分区防控政策解读，主动回应社会关切。累计举办20多次线上线下专题培训或论坛，积极营造良好舆论氛围。二是稳步推进无规定动物疫病区和无规定动物疫病小区建设评估。公布山东等25个省份的62家非洲猪瘟无疫小区。53个非洲猪瘟无疫小区、6个布鲁氏菌病无疫小区、1个牛结核病无疫小区和杭州桐庐无规定马属动物疫病区通过国家评估。全国累计已建成7个口蹄疫等动物疫病免疫无疫区、115个非洲猪瘟无疫小区、6个高致病性禽流感无疫小区、3个新城疫无疫小区、6

个布鲁氏菌病无疫小区和1个牛结核病无疫小区。三是加强已建成无疫区和无疫小区跟踪评估。对海南、广东、山东、吉林等已通过国家评估的无规定动物疫病区开展监督检查和评估，督促落实管理技术措施，扎实推进疫病监测、免疫、检疫等工作，确保维持无疫状态。

（四）检疫防疫工作取得积极进展

一是完善检疫防疫工作制度建设。完善配套规章制度。农业农村部组织修订《动物检疫管理办法》和《动物防疫条件审查办法》。为进一步规范动物卫生监督证章标志使用管理，组织修订检疫证章标志管理制度。与国家林业和草原局有关司局建立野生动物检疫制度建设沟通协作机制，开展野生动物检疫相关调研，起草野生动物检疫管理规定及技术规程。开展动物检疫监督能力提升行动。农业农村部办公厅印发《关于开展动物检疫监督能力提升行动的通知》，完善动物检疫监督工作机制，强化官方兽医队伍建设，提升智慧监管能力。指导各地印发实施方案、统计动物卫生监督机构改革情况，及时调度各地能力提升行动进展情况。加强跨省份道路运输动物指定通道建设管理。农业农村部办公厅印发《关于做好跨省份道路运输动物指定通道有关工作的通知》，指导各地完善指定通道布局，规范指定通道监管，完善信息管理机制，强化工作条件保障，降低非洲猪瘟等重大动物疫病跨区域传播风险。依据《全国动植物保护能力提升工程建设规划（2017—2025年）》，继续支持有关省份开展指定通道更新改造。强化动物卫生信息化建设。编制《动物检疫证明电子证照标准》。组织专家对河北、江苏、山东、湖北、广东、宁夏等6个省份无纸化出具动物检疫合格证明（B证）工作成效开展评估。农业农村部印发《关于进一步推进无纸化出具动物检疫合格证明（B证）试点工作的通知》，新增吉林、浙江、青海、广西等11个试点省份。与山西、湖南、广西、海南、西藏、青海等6个省份签订了《"牧运通"软件授权使用协议》，加强"牧运通"软件推广使用管理。召开动物检疫信息化现场会，在《农民日报》刊发部分地区推进无纸化出具检疫证明经验做法，广泛宣传信息化建设典型经验。

二是严防重大动植物疫病传入传出。2021年，海关总署持续加强境外非洲猪瘟、非洲马瘟、高致病性禽流感、红火蚁、松材线虫等重大动植物疫情防控，严格口岸检疫查验。全年截获有害生物59.08万种次、检疫性有害生物6.51万种次。全国海关从进境动物中检出43种动物疫病，检出种类同比增长1.3倍。全国首次检出禽白血病、猪戊型肝炎、猪圆环病毒Ⅱ型，首次在进口粮食中检出玉米矮花叶病毒，首次发现致死粒线虫。采集进境动物样本49.1万个，对137种动物疫病、673类监测项目实施监测，检出阳性动物2 832头（只）。全国布点1.34万个诱捕器，开展了15万次监测调查，监测到近700种植物有害生物。因多次检出检疫性有害生物和违禁药物等，暂停台湾地区3种水果和2家石斑鱼养殖场产品进口，对6批2.1万立方米澳大利亚原木作退回处理。全年退回、销毁不合格农产品584批，涉及44个国家（地区）。

三是防范新冠肺炎疫情随进口货物输入风险。海关总署严密防范新冠病毒随农产品传入，科学调整农产品抽检和预防性消毒布控规则，在水果、板材等外包装上检出5批7个阳性样本，均依法严格处置。强化源头管控，加大对境外冷链食品生产企业的检查力度，对发生员工聚集性感染的企业暂停进口，2021年共视频检查39个国家（地区）、446家境外农产品输华企业，暂停3 016家企业输华资质。严格做好进口冷链食品新冠病毒监测检测和预防性消毒监督工作。对检出核酸阳性的境外生产企业按规定采取紧急预防性措施，对涉及企业的输华冷链食品提高抽样检测比例，并按要求做好阳性货物的分级分类处置工作。严格执行海关系统进口冷链食品安全监管人员封闭管理制度。

四是抓好非洲猪瘟等重大动物疫病防控。2021年，农业农村部落实常态化防控各项措施，坚持不懈抓好非洲猪瘟等重大动物疫病防控。一是优化防控措施。制定印发第五版《非洲猪瘟疫情应急实施方案》，进一步优化疫情和监测阳性处置措施。二是管控疫情风险。持续开展包村包场排查、重点区域和场点入场采样检测，加强全链条监测监管。三是加强督导检查。组织赴有关省份开展专项调查，掌握病毒污染和变异情况，及时研判疫情风险。四是加强科技支撑。组织进行抗体检测试剂盒评价，筛选公布了一批优质试剂盒。2021年，全国报告发生非洲猪瘟疫情15起、扑杀生猪0.45万头，报告发生口蹄疫疫情3起、高致病性禽流感疫情8起、小反刍兽疫疫情14起，均已得到有效处置，重大动物疫病防控形势总体平稳。

五是做好重大植物疫情防控行动。组织制定重大植物疫情阻截防控技术方案，农业农村部会同住房和城乡建设部、海关总署、林草局等九部门联合印发《关于加强红火蚁阻截防控工作的通知》，举办红火蚁联合防控行动启动仪式、秋季红火蚁集中防控现场会。为支持做好农区红火蚁防控工作，中央财政安排农业生产救灾资金2.08亿元，地方财政投入1.9亿元，有效遏制了农区红火蚁快速扩散蔓延势头。据统计，累计实施防治1 200万亩次，是发生面积的1.68倍。经防控，大部区域蚁巢密度明显下降，部分零星发生区基本铲除。派出4批专家分区分类指导各地开展疫情防控，组织开展水稻制种区专题调查，有效阻截梨火疫病菌、马铃薯甲虫、苹果蠹蛾等重大疫情扩散蔓延。此外，修订发布《全国农业植物检疫性有害生物分布行政区名录》。

（五）动植物防疫体系建设得到加强

在农作物病虫害防治方面，植物保护体系（以下简称植保体系）是重要的农业防灾减灾体系，也是种植业领域应对生物安全风险的专业体系，对保障国家粮食安全、农产品质量安全和生态环境安全作用重大。农业农村部高度重视植物保护体系建设，2021年在全面摸底调查、组派8个调研组分赴16个重点省份实地调研基础上，形成植保体系问题及加强建设的报告，系统梳理了植保体系发展历史与现状，深入分析当前存在的问题，研究提出加强体系建设的对策建议。据全国植保体系摸底调查，全国现有植保机构1 026个，县级以上植保机构总人数1.56万人、专业技术人员1.17万人。其中，省级专业植保机构21个（含2个单列的检疫站）、专业技术人员674人，地市级专业植保机构150个、专业技术人员1 765人，县级专业植保机构855个、专业技术人员9 296人。

兽医行政管理机构方面，农业农村部内设畜牧兽医局，具体负责起草畜牧业、饲料业、畜禽屠宰行业、兽医事业发展政策和规划，监督管理兽医医政、兽药及兽医器械，指导畜禽粪污资源化利用，监督管理畜禽屠宰、饲料及其添加剂、生鲜乳生产收购环节质量安全，组织实施国内动物防疫检疫，承担兽医国际事务、兽用生物制品安全管理和出入境动物检疫等有关工作。全国各省（区、市）、市、县设有兽医行政管理机构（部门）2 849个，负责辖区动物防疫、屠宰监管、兽医医政和兽医药政等兽医行政管理工作。

动物疫病防控职能机构方面，全国共有省、市、县三级涉及动物疫病防控职能的机构4 678个，其中省级机构50个、市级机构477个、县级机构4 151个，主要包括动物疫病预防控制中心、动物防疫站等动物疫病预防控制机构2 211个，畜牧兽医服务中心、农业发展中心等兽医或综合服务（畜牧水产）机构1 608个，动物卫生监督所、动物检疫中心等动物卫生监督机构638个，其他机构221个。农业农村部在全国设立了304个国家动物疫情测报站（县级动物疫病预防控制中心），在边境地区设立了146个动物疫情监测站（县级动物疫病预防控制中心），开展指定区域内的疫情监测和流行病学调查等工作。

检疫和行政监督职能机构方面，全国共有省、市、县三级涉及检疫和行政监督职能机构4 660个，其中省级机构39个、市级机构439个、县级机构4 182个，主要包括动物卫生监督机构1 300个，农业综合执法大队、农业综合执法局等农业综合执法机构994个，动物疫病预防控制机构703个，兽医或综合服务（畜牧水产）机构1 371个，其他机构292个。

动物疫病防控标准体系建设方面，国家市场监管总局（标准委）以《一、二、三类动物疫病病种名录》和《世界动物卫生组织疫病名录》为重点，不断加大标准制定修订工作力度，截至2021年底，累计发布《非洲猪瘟诊断技术》《高致病性禽流感诊断技术》《口蹄疫诊断技术》等153项动物疫病防控领域国家标准，指导全国动物卫生标准化技术委员会（TC181）逐步将同一动物疫病的不同检测标准整合成包括临床诊断、实验室检测以及动物疫病疑似、确诊等内容的综合性诊断标准，增强标准实用性和可操作性，便于各级兽医实验室使用，构建系统完善、科学合理的动物疫病诊断标准体系，成为我国科学防控动物疫病的重要抓手和依据，有力地支撑我国动物防疫体系建设工作。

（六）渔业渔政管理风险防控能力持续提升

1. 提升渔业防灾减灾和应急处置能力。 渔业安全生产事故起数和人数"双下降"，重特大事故"零发生"。据统计，2021年全国共发生渔船安全生产事故120起、死亡失踪135人，同比分别减少21起、42人。应急管理能力建设进一步强化，启用"一网一号一中心"，实现险情事故第一时间接警、第一时间处置、第一时间上报，险情事故处置效率不断提高。全年救助渔船险情事故871起、救起渔民7 065人，挽回直接经济损失4亿元。部门合作进一步推进，农业农村部联合交通运输部开展"商渔共治2021"专项行动，推动水上安全共管共治。全年商渔船碰撞事故18起、死亡失踪渔民38人，同比下降6起、36人。

2. 加强水生动物疫病风险预警和防控能力。 2021年，农业农村部实施《2021年国家水生动物疫病监测计划》，在全国范围监测鲤春病毒血症、白斑综合征等14种重大水生动物疫病，监测样品1 947个，阳性样品检出率6.5%，对突发疫情和阳性场均及时进行了应急处置。全面实施水产苗种产地检疫制度，累计确认渔业官方兽医超过8 000名，2021年全年检疫水产苗种737亿余尾，开具检疫合格证近2万份（同比增加约3倍），查处违法案件19起。加强水生动物疫病防控支撑能力建设，组织开展全国防疫体系实验室能力验证，举办全国水产苗种产地检疫培训班和全国水生动物防疫系统实验室技术培训班。加大水生动物疫病防控宣传指导，出版水生动物防疫系列宣传图册《水产养殖生物安保知识问答》，印发《冬季恶劣天气水产养殖灾害预防指引》。国家市场监管总局（标准委）累计发布《水生动物病原DNA检测参考物质制备和质量控制规范 质粒》等28项水生动物疫病防控领域国家标准，为水生动物疫病防控提供抓手。

十一、现代农业经营体系建设

党中央、国务院高度重视新型农业经营体系构建问题。习近平总书记指出，大国小农是我们的基本国情农情，要加快构建以农户家庭经营为基础、合作与联合为纽带、社会化服务为支撑的立体式复合型现代农业经营体系，实现小农户和现代农业有机衔接。中央农办、农业农村部认真贯彻落实党中央、国务院决策部署，把促进小农户和现代农业有机衔接作为创新农业经营体制机制的主要着眼点，围绕组织小农户、服务小农户、提升小农户的目标导向，突出抓好农民合作社和家庭农场两类农业经营主体，大力发展农业社会化服务，强化体制机制保障，初步形成了以家庭农场为基础、农民合作社为中坚、农业社会化服务为支撑的立体式复合型现代农业经营体系。

（一）培育发展家庭农场、促进农民合作社规范提升

1.健全法律和政策体系。不断完善法律规定和扶持政策，为构建现代农业经营体系提供了有力保障。加强顶层设计。连续多年的中央1号文件和政府工作报告对促进小农户和现代农业有机衔接提出明确要求。中共中央、国务院先后印发《关于保持土地承包关系稳定并长久不变的意见》《关于稳步推进农村集体产权制度改革的意见》《关于加快构建政策体系培育新型农业经营主体的意见》《关于促进小农户和现代农业发展有机衔接的意见》等一系列指导意见，明确了坚持家庭经营基础性地位、支持保护小农户发展的思路方法和政策举措。强化法治保障。全国人大常委会审议通过《中华人民共和国乡村振兴促进法》，修订《中华人民共和国农民专业合作社法》《中华人民共和国农村土地承包法》《中华人民共和国土地管理法》，为维护农民主体地位提供了坚实的法律保障。出台支持政策。有关部门根据职责分工就培育家庭农场、促进农民合作社规范提升、扶持壮大集体经济、加快发展农业社会化服务、培育高素质农民、促进农业产业化龙头企业和联合体发展、金融支持新型农业经营主体、加快农业保险高质量发展、保障和规范农村一二三产业融合发展用地等出台了政策文件，印发新型农业经营主体和服务主体高质量发展规划，基本形成了小农户家庭经营与合作经营、集体经营、企业经营等共同发展的政策支持体系。

2.加快培育新型农业经营主体。充分发挥各类新型农业经营主体组织、服务、带动农民的不同优势，在各自的适应领域引领小农户发展。实施家庭农场培育计划，通过强化培训、

加强基础设施建设、建立社会保障等举措，引导有长期稳定务农意愿的小农户根据产业特点和自身能力发展成为适度规模经营的家庭农场。截至2021年底，全国家庭农场超过390万个，经营土地达6.7亿亩，平均经营规模172.1亩。开展农民合作社规范提升行动，坚持农户成员在合作社中的主体地位，以内强素质、外强能力为重点，建立健全农民合作社规范管理长效机制，引导农民合作社建立健全规范管理制度，提升运行质量。在406个县（市、区）实施农民合作社质量提升整县推进试点，打造农民合作社高质量发展县域样板。引导农民合作社兴办公司企业，建立66个部级农民合作社（联合社）办公司观察点，探索整合资源要素、延长产业链条、创新运营机制、加强规范管理的路径方法。截至2021年底，全国依法登记的农民合作社221.6万家，组建联合社1.4万家，辐射带动全国近一半农户。脱贫地区共培育72万家农民合作社，吸纳带动630万脱贫户、2 200万脱贫人口。强化典型示范引领。积极开展示范家庭农场、农民合作社示范社创建活动，截至2021年底，全国县级以上示范家庭农场超过11万个、示范社达16.7万家。连续三批遴选推介246个全国家庭农场、农民合作社典型案例，形成了一大批带动小农户发展的成熟模式和机制。

（二）大力发展龙头企业

2021年，龙头企业积极应对新冠肺炎疫情、暴雨洪涝灾害等不利影响，攻坚克难、稳产保供。据对6万家市级以上重点龙头企业年度调查显示，龙头企业发展速度较2020年明显回升，为带动农民就业增收、促进乡村产业高质量发展提供了有力支撑。

1.龙头企业生产稳步恢复。2021年，农业产业化国家重点龙头企业采购经理指数（PMI）

均值为56%，高于2020年均值1.3个百分点，高于同期制造业PMI均值5.5个百分点。其中，生产指数、新订单指数均值分别为60.6%和59.7%，均保持在60%左右的较高水平。特别是2021年下半年，在新冠肺炎疫情多点散发的不利影响下，龙头企业新订单指数均值仍然达60.8%，较同期制造业新订单指数均值高出11.2个百分点。从季度走势来看，龙头企业一至四季度采购量指数均值分别为55.6%、56.3%、57.4%和60.2%，呈稳步上升趋势，表明产业链供应链稳定性有所增强。

2. **龙头企业规模实力不断增长。** 龙头企业主动融入乡村产业振兴大潮，聚焦主导产业，聚集资源要素，规模稳步增长。2021年，市级以上重点龙头企业平均资产规模、营业收入分别为2.2亿元和1.9亿元，同比分别增长5.2%和7.9%。国家重点龙头企业平均资产规模、营业收入分别为30.5亿元和25.3亿元，同比分别增长11.3%和11.9%。营业收入超100亿元的大型龙头企业，平均资产规模、营业收入分别为354亿元和378亿元，同比分别增长13.3%和14.9%。2021年，我国产业链和供应链率先恢复，有效填补了国内外供需缺口，市级以上重点龙头企业出口总额665亿美元，同比增长0.2%。分行业看，蛋品类和花卉类企业出口额显著增加，同比分别增长39.2%和27.2%。

3. **促进产业融合速度较快。** 龙头企业立足区域资源禀赋，主动践行产业融合发展理念，因地制宜发展农产品加工业、乡村新型服务业、乡村休闲旅游业、农村电子商务等多种业态，有效拓展了乡村产业发展空间。2021年，36.3%的市级以上重点龙头企业通过互联网开展农产品销售，较上年提高3.3个百分点。应用电子商务进行销售的农产品加工企业营业收入同比增长10.8%。以种养业为主业的龙头企业中，有10%开拓了休闲农业和乡村旅游业

务，平均利润增速达18.6%，远高于企业平均水平。

4. **科技创新能力持续增强。** 作为发展乡村产业最具创新实力的主体，龙头企业抢抓产业转型带来的机遇，不断加大研发投入力度，占领产业发展制高点。2021年，市级以上重点龙头企业平均拥有科技研发人员8人，平均科技研发投入218.7万元、同比增加4.5万元，平均研发投入强度1.15%。在政策支持和抗击新冠肺炎疫情等因素作用下，2021年中药类龙头企业研发投入同比增长14.4%，研发投入强度达2.65%。围绕自身优势和市场需求，龙头企业加强与科研院所联合建立研发机构，2021年平均每百家企业建有省级以上研发机构17.4个，较上年增加1个；16.7%的企业2021年获得了实用新型专利或发明专利，较上年提高1.3个百分点。

5. **联农带农作用凸显。** 龙头企业适应新的发展形势，不断创新完善与农户的利益联结机制，通过自建基地、订单采购和吸纳农户就业等多种方式，带动产业发展和农民增收。2021年，市级以上重点龙头企业平均自建基地面积2 600多亩，平均带动订单基地面积1万亩；企业从订单基地采购的比例达55.6%，较上年提高0.6个百分点。龙头企业平均吸纳就业229人，同比增长9.0%，其中66.8%为农村户籍劳动力。通过原料收购、支付土地租金、发放工资、分红等多种方式，平均每家市级以上重点龙头企业对农户支出3 012.6万元，有效带动农民就业增收致富。

6. **带动脱贫户就业增收效果明显。** 龙头企业积极履行社会责任，带动脱贫户深度参与产业发展，以产业发展巩固拓展脱贫攻坚成果，助力乡村振兴和共同富裕。2021年，市级以上重点龙头企业平均负责脱贫户93户，较上年增加7户。其中，832个脱贫县的龙头企业平均负责脱

贫户149户，户均从企业获得收入1.06万元，同比增长8.2%；脱贫县企业雇佣的农村户籍劳动力占比达77.6%，有效促进了农民就业增收。

（三）加快发展农业社会化服务

农业社会化服务是实现小农户和现代农业发展有机衔接的基本途径和主要机制，是激发农民生产积极性、发展农业生产力的重要经营方式，是构建现代农业经营体系、转变农业发展方式、推动农业现代化的重大战略举措。2021年，农业社会化服务继续保持加快发展态势，各类服务组织总数达到104.1万个，服务营业收入总额达到1 738.3亿元，服务小农户数量达到8 939.1万户，服务总面积达到18.7亿亩次，其中服务粮食作物面积13.5亿亩次，对保障国家粮食安全和重要农产品有效供给、促进小农户和现代农业发展有机衔接、推动农业现代化发展发挥出越来越重要的引领支撑作用。

1．政策体系日益完善。 2017年以来，《农业部 国家发展和改革委员会 财政部关于加快发展农业生产性服务业的指导意见》《农业部办公厅关于大力推进农业生产托管的指导意见》《农业部办公厅 财政部办公厅关于支持农业生产社会化服务工作的通知》《农业农村部办公厅 财政部办公厅关于进一步做好农业生产社会化服务工作的通知》《农业生产托管服务合同示范文本》及服务标准指引等一系列指导性文件先后制定印发，推动各地大力发展农业社会化服务。2021年，农业农村部研究制定《关于加快发展农业社会化服务的指导意见》，明确了当前和今后一个时期发展的总体思路、基本目标、重点任务和工作方法，在全系统进一步统一了思想、达成了共识。各地高度重视，通过会议部署、转发文件、制定实施方案、开展宣传培训等方式，积极推动文件落实。河北、安徽、广东等省专门印发贯彻意见，山西制定全国首个地方法规《农业生产托管服务条例》。为深入贯彻落实文件精神，农业农村部组织召开全国农业社会化服务工作座谈会，认真总结发展成效，交流学习经验做法，全面部署重点工作，进一步凝聚了全系统共识、明确了工作方向。在各级各部门的引导推动下，农业社会化服务蓬勃发展，保障粮食安全作用不断凸显。2021年，农业生产托管服务粮食作物面积达13.5亿亩次，占全国托管服务总面积的72.2%。黑龙江、内蒙古、河南作为粮食主产省份，粮食作物托管服务面积占本省份托管服务总面积的比重分别高达92.9%、83.1%和78.8%。2021年，国家市场监管总局（标准委）成立了全国农业社会化服务标准化工作组（SWG23），负责农业投入品供应服务、种子繁育推广服务、农业生产服务、农业技术推广服务、动植物疫病防控服务、农产品质量安全服务、农产品流通服务、农业信息服务、农村产权管理等领域标准制定修订工作，累计发布28项农业社会化服务领域国家标准，指导和规范各地农业社会化服务有效开展。

2．服务组织共同发展。 各地按照主体多元、形式多样、服务专业、竞争充分的要求，大力培育农业服务企业、农民合作社、供销合作社、农村集体经济组织、服务专业户等各类服务组织，呈现出各尽其能、竞相发展、稳步壮大的良好势头。农民合作社是社会化服务的主力军，服务对象和服务小农户数量最多。2021年，开展社会化服务的农民合作社达到32.4万家，服务营业收入745.0亿元，服务对象数量4 300多万个，其中小农户占比约86.5%。农村集体经济组织以提供"居间"服务为主，是联系广大小农户与各类服务组织的桥梁纽带。2021年，开展社会化服务的集体经济组织达到7.1万个，服务营业收入84.7亿元。

专业服务公司单体服务能力最强，服务范围最广，专业化程度最高，服务营业收入最高。2021年，专业服务公司达到4.0万个，服务营业收入514.6亿元，平均服务对象数量483个，平均营业收入129.9万元。服务专业户数量超过总数的一半，具有贴近小农户的优势，重点为周边小散农户提供服务，可以有效弥补其他服务主体的不足，是农业社会化服务重要的补充力量。2021年，服务专业户达到55.2万个，服务营业收入316.5亿元。

3. 服务机制不断创新。 各类服务主体积极创新服务模式和组织形式，大力发展多层次、多类型的专业化服务。各地把农业生产托管作为推进农业社会化服务、发展服务带动型规模经营的重要方式，因地制宜发展单环节、多环节、全程生产托管等服务模式。同时，大力推广行之有效的"服务主体+农村集体经济组织+农户""服务主体+各类新型经营主体+农户"等组织形式，促进各主体紧密联结，形成利益共享、风险共担的利益共同体。很多市场主体看到商机，纷纷进入农业服务领域，一些大型农资农化企业、金融保险机构，积极探索社会化服务的不同模式，推动了农业生产的专业化、标准化和集约化。比如，湖南、陕西、甘肃等地充分发挥农民合作社、服务公司优势，大力发展"公司+合作社+村级组织+小农户"的多元主体服务模式；中化农业在全国建成531个MAP农业全产业链综合服务平台，采取线上线下相结合的方式，直接服务1 912万亩耕地，联农带农210万户；建行黑龙江分行依托农业金融服务平台，创新开发农业生产托管贷等产品，为农户和服务组织解决融资难题；太平洋财险山西分公司探索形成了"政府+服务主体+农户+保险+担保+银行"的六位一体新型农村综合金融服务模式，实现农户和服务主体开展托管零风险。

4. 资源整合加快推进。 鼓励各地按照资源共享、填平补齐的原则，把盘活存量设施、装备、技术、人才及各类主体作为重点，探索建设多种类型的农业综合服务平台，围绕农业全产业链，提供集农资供应、技术集成、农机作业、仓储物流、农产品营销等服务于一体的农业生产经营综合解决方案，破解农业生产主体做不了、做不好的共性难题，实现更大范围的服务资源整合、供需有效对接。比如，山西省长治市屯留区依托农民合作社、农业服务企业、服务专业户等主体，组建农业生产托管服务联盟，通过联盟向银行和农担公司推荐服务主体申请批量授信，有效解决了服务主体"融资难""融资贵"的问题。同时，联盟通过制定生产托管地方标准和服务流程等行业制度，实现了农业生产托管服务零投诉、农户服务满意度90%以上。广东省探索建设农业生产托管服务三级协办体系，遴选有实力的农民合作社、农业企业承接县级服务中心，选聘农民合作社理事长、家庭农场主、农机手、乡土专家、村组干部担任镇、村托管员，共同协调服务资源、组织供需对接、推动服务落地，同时为服务主体提供业务推广、广告宣传、代收款等服务，既服务了农业生产主体，又为服务主体降低了组织成本、提高了经营效益。为促进服务供需有效对接，加快推进中国农业社会化服务平台试点和全面应用，不断完善平台功能，推动服务线上对接、线下落地。

5. 示范引领效果显著。 充分发挥典型引路、试点示范的重要作用，通过开展典型推介和创新试点，引导各地加快推进农业社会化服务发展。组织开展农业社会化服务典型遴选，2021年择优确定了30个全国农业社会化服务典型。典型主体既有专业服务公司、农民合作社、农村集体经济组织等各类服务组织，也有地方政府或农业农村部门，还有金融保险机构；服务领域既突出了以粮食作物为主，又兼顾果菜茶、中药材和其他经济作物；服务环节既聚焦农业生产的关键薄弱点，又在贯通全产业链服务上有创新、有突破，对各地推动工作发挥了显著的示范引导作用。为进一步探索农业社会化服务引领支撑农业现代化发展的有效路径，审核批复100个县（市、区）和100个服务组织开展农业社会化服务创新试点，重点探索9个方面的试点任务，着力打造一批创新基地、培育一批创新组织、形成一批创新模式，树立发展农业社会化服务的行业标杆和县域样板，以点带面、示范引领农业社会化服务加快发展。

（四）持续深化供销合作社综合改革

供销合作社是为农服务的合作经济组织，是党和政府做好"三农"工作的重要载体。近年来，各地深入贯彻《中共中央 国务院关于深化供销合作社综合改革的决定》（中发〔2015〕11号）精神，紧紧围绕服务全面推进乡村振兴，深化供销合作社综合改革，加强统筹指导，推进改革落实落细。中华全国供销合作总社印发《2021年深化供销合作社综合改革重点工作任务书》，锚定重点，精准发力；召开综合改革领导小组会、专题调度会、全面从严治社电视电话会，专题研究布置改革工作；完善班子成员定点联系工作机制，定期调研督导综合改革进展情况。推动"深化供销合作社综合改革"纳入国家"十四五"规划、"供销合作社参与促进村级集体经济发展试点"纳入全国农村改革试验任务，《中华人民共和国乡村振兴促进法》就深化供销合作社综合改革单写一条，改革环境进一步优化。一年来，改革的系统性、整体性、协同性得到进一步增强。

1.双线运行机制初步建立。联合社治理机制不断完善，26个省级社设立合作发展基金，市县两级联合社监事会机构覆盖面分别达到93%、84%。社有企业改革不断深化，中华全国供销合作总社印发《关于持续深化社有企业改革的指导意见》，完成公司制改革的社有企业比例达到67%，营业总收入超百亿元的企业达到22家。2021年，全系统社有全资、控股企业实现营业总收入1.3万亿元、利润总额297.9亿元。

2.社资社企监管不断加强。社有资产监管体制不断完善，30个省级社建立社有资产管理委员会，中华全国供销合作总社制定《供销合作社社有资产监督管理办法》，19个省级社出台实施细则。企业风险防控机制不断强化，全系统加大长期亏损企业和低效无效资产处置力度，社有企业资产负债率70.7%，"两金"占比降至35.3%，累计化解历史债务近551.6亿元。

3.为农服务能力明显提升。流通服务网络功能不断提升，推动实施"县域流通服务网络建设提升行动"，出台供销合作社参与农村寄递物流体系建设的实施方案，推进"供销系统农产品冷链物流体系建设工程"，2021年全系统实现农产品销售额27 591亿元、日用品销售额14 925亿元，同比分别增长24.3%和17.1%。农资保供稳价积极开展，承担国家储备钾肥线上竞拍任务，累计向市场投放22批，全系统肥料市场份额约70%。农业生产社会化服务快速发展，农资企业加快向综合服务商转型，2021年全系统配方施肥、统防统治、农机作业等服务规模达4.8亿亩次。

4.基层基础不断夯实。出台《基层供销合作社建设工作手册（试行）》，加大基层指导帮扶力度，基层组织建设取得新进展。基层社改造持续推进，安排中华全国供销合作总社合作发展基金3 000万元支持60个基层社改造项目，全系统改造薄弱基层社2 248家。农村综合服务社服务功能有效拓展，加快设施改造，优化服务环境，逐步充实农产品收购、代理代办、快递收发等服务内容，农村综合服务社发展到46.9万家。

5.助力巩固拓展脱贫攻坚成果同乡村振兴有效衔接。举办"2021脱贫地区农副产品产销对接会",2021年"832平台"交易额达115亿元。召开巩固拓展脱贫攻坚成果同乡村振兴有效衔接现场会,建立供销合作社系统对口援疆援藏工作机制,举办援藏工作座谈会和专题培训班。2021年,全系统从脱贫地区购进农产品3 310.6亿元。

专栏8

创新线上互动场景 助力产品品牌升级——蚂蚁科技电商助农实践探索

习近平总书记指出,电商作为新兴业态,既可以推销农副产品、帮助群众脱贫致富,又可以推动乡村振兴,是大有可为的。为积极响应国家乡村振兴战略,蚂蚁集团于2021年启动"百县百品"线上助农公益项目,积极发挥平台优势,以流量、声量、销量支持农村产业,带动亿万网友参与,计划3年共助力100个县域农产品区域公共品牌升级,助力乡村振兴。

（一）创新互动场景,开辟线上助农主题阵地

蚂蚁集团"百县百品"线上助农公益项目,主要依托支付宝芭芭农场、蚂蚁庄园等线上阵地,开办线上助农主题会场,通过肥料奖励、互动答题、种果树得水果等互动场景,吸引网友参与消费助农,打造助农主题阵地。2021年互动助农活动页面全年累计访问量超6.2亿人次,"丰收节田间课堂"互动答题栏目累计参与达6 672万人次。截至2022年11月,支付宝"百县百品"助农项目已完成17站主题活动,助力全国21个省份138个县（市、区）317个特色农产品,品牌曝光量超26.8亿人次,累计带动471多万人次网友通过消费助农,助销农产品超1 160万斤,总销售额8 300多万元。

（二）整合流量优势,打通电商发展最后一环

蚂蚁集团针对当前农产品电商平台准入门槛较高、管理和运营经验缺乏、品牌打造意识和能力不足等问题,直击农产品电商流量缺失这一痛点,依托支付宝助农频道,发挥技术和流量优势,对选定农产品免费提供流量支持,助力农产品销售。例如,蚂蚁集团通过两次"百县百品"活动,对江西省石城县的赣南脐橙、土蜂蜜、荷花粉、莲子等10个特色农产品实行线上销售,活动期间累计曝光量超过2亿人次、销售量超过146吨,助力石城农人创收320万元。

（三）发挥技术优势,打好农业品牌化组合拳

蚂蚁集团将农产品品牌服务作为"百县百品"活动的重要内容与核心目标,通过品牌孵化、培育、提升等多种方式,全方位助力项目地农产品品牌"树起来"和"走出去"。以江西省石城县"百县百品"项目为例:在品牌孵化方面,蚂蚁集团联合中国乡村发展基金会旗下电商平台"善品公社",将水南村的白莲和莲子加工品进行包装,借助流量优势,实现"石城白莲"品牌从无到有的突破;在品牌培育方面,蚂蚁集团立足当地优势特色产业,助力打造"石城脐橙""石城白莲"等农产品区域公用品牌,提高农产品整体竞争力;在品牌提升方面,蚂蚁集团借助技术优势,使用蚂蚁区块链溯源技术为石城县的脐橙、白莲、蜂蜜等特色农产品贴上溯源码,让农产品从此有了"数字身份证"。

（四）加强政企联动,创新公益助农合作模式

助农项目的实施离不开政府的支持,蚂蚁集团"百县百品"项目分别与河南省乡村振兴局、河

北省农业农村厅、四川省乡村振兴局、陕西省农业农村厅、宜昌市商务局、宜君县人民政府等省市县政府部门合作，聚焦中西部区域、农产品滞销及受灾地区，精准帮扶开展活动。此外，针对部分文旅资源丰富的县，"百县百品"项目还打造了"蚂上出发"助农体验活动，通过招募网友及达人到线下体验，创作图文视频等优质内容，创设新媒体话题，构建线上线下结合模式，为帮扶县进行文旅品牌宣传推广。

蚂蚁集团践行公益助农理念，通过"百县百品"项目的实施及推广，有效推动了农业增效、农民增收、农村增值。一是促进了合作社增效和农民增收。蚂蚁集团"百县百品"项目为具有地方特色的县域农产品带来了流量与机会，合作社和农民收入实现了同步增长，如在助农帮扶专场期间，"一品优"赣南脐橙合作社滞销产品全部售出，销售量相当于全年总销售量的15%，产品复购率高达60%，同步实现了农民持续增收。二是推动了线上消费帮扶助农。蚂蚁集团"百县百品"项目聚焦中西部欠发达地区，坚持"雪中送炭"，带动广大网友参与消费助农、互动助农。相继打造了湖北秭归伦晚脐橙、河北青龙板栗、四川石棉黄果柑、广西东兰海鸭蛋等多个百万级爆款单品。三是助力了县域农产品品牌推广。蚂蚁集团"百县百品"。项目借助支付宝芭芭农场及微博等社交媒体，通过拍摄专题助农宣传片、挖掘新农人故事、创设新媒体话题等方式，为打造县域公共品牌助力。四是提升了县域电商发展能力。承接"百县百品"项目之后，订单数量的攀升倒逼电商平台自运营能力优化，产品运营、服务营销、问题诊断等能力得到全面提升。同时，农产品订单的持续增长，带动了当地物流、仓储等电商基础设施发展，也让当地电商企业在备货、包装、发货及售后等方面经历了一次"大练兵"，运营能力迈上新台阶。

十二、乡村特色产业

乡村振兴，产业兴旺是基础。乡村振兴要靠产业，产业发展要有特色。习近平总书记在广西壮族自治区考察时强调，全面推进乡村振兴，要立足特色资源，坚持科技兴农，因地制宜发展乡村旅游、休闲农业等新产业新业态，贯通产加销，融合农文旅，推动乡村产业发展壮大，让农民更多分享产业增值收益。近年来，各地紧扣乡村振兴目标，立足资源优势和区域特点，深挖乡村特色资源，广推"特"字产品。通过加大政策扶持、强化创新引领，延伸产业链条、拓展产业功能，加快培育优势特色产业，打造高品质、有口碑的农业金字招牌。

（一）推动"一村一品"发展

发展"一村一品"是推动乡村产业集聚化、规模化、标准化、品牌化发展的重要途径，是提高农产品附加值、拓宽农民增收渠道的重要举措。近年来，农业农村部持续加强"一村一品"发展的规划引导、政策扶持、宣传推介等工作，深度发掘乡村产业功能价值，开发特色产品，促进一二三产业融合发展，打造产村、产镇深度融合的发展格局。2021年，农业农村部办公厅印发《全国"一村一品"示范村镇认定监测管理办法（试行）》，进一步规范"一村一品"示范村镇认定、监测、标识使用等工作。同时，通过村镇申报、县市省遴选推荐，农业农村部新认定399个全国"一村一品"示范村镇，推介全国乡村特色产业十亿元镇174个、亿元村249个。举办了全国"一村一品"示范村镇培训班，强化对各地"一村一品"发展的指导服务。建立了全国"一村一品"示范村镇管理信息系统，通过信息化手段，对已认定的3 274个全国"一村一品"示范村镇开展动态监测，了解产业发展新情况，引导乡村产业布局不断优化，乡村资源优势尽快向产业优势、经济优势转变。

（二）推介一批乡村特色产品和乡村工匠

为深入贯彻《国务院关于促进乡村产业振兴的指导意见》，挖掘农村各类非物质文化遗产资源，保护传统工艺，发展乡村特色产业，创响"土字号""乡字号"特色品牌，自2019年起，农业农村部已连续两年组织开展全国乡村特色产品和乡村工匠遴选推介工作，共推介乡村特色产品和乡村工匠项目2 100项。2021年，经各省推荐、专家审核，遴选推介乡村特色产品708个和乡村工匠292名。特色产品历史底蕴深厚、乡土气息浓郁，符合了城乡居民回归乡村本位、品尝山野之香、体验乡土风情的需求。乡村工匠手工技艺精湛，在创新中发展传统手工技艺，代表乡土工艺的较高水平，在行业内有较大影响，是带动乡土文化产业发展和农民增收致富的"领头雁"。

十三、农产品加工

2021年，农产品加工业经受了复杂严峻发展环境、国内新冠肺炎疫情散发等多重考验，总体运行保持平稳态势，实现了"十四五"良好开局。随着农产品加工业发展领域不断拓宽，其产业结构继续优化，纵向贯通产加销的核心作用充分发挥，为拓展农业多种功能、促进乡村产业高质量发展提供了有力支撑。

（一）规划引领发展

2021年，国务院印发《"十四五"推进农业农村现代化规划》，强调开发农业多种功能和乡村多元价值，推动农业从种养环节向农产品加工流通等二三产业延伸，提出在农牧渔业大县（市）建设一批农产品加工园，支持农产品加工业向县域布局，引导农产品加工企业在有条件镇（乡）所在地建设加工园区。以"十四五"规划为指引，农业农村部印发《关于加快农业全产业链培育发展的指导意见》《关于拓展农业多种功能 促进乡村产业高质量发展的指导意见》，提出打造创新能力强、产业链条全、绿色底色足、安全可控、联农带农紧的农业全产业链，强调做大做强农产品加工业，构建高效加工体系。

（二）产能下沉县域

2021年，支持建设298个农业产业强镇、50个国家现代农业产业园和50个优势特色产业集群，引导或培育农产品加工企业在县域、乡镇建设加工生产基地，统筹发展初加工、精深加工，鼓励农民合作社、家庭农场发展预冷、冷藏、清选、烘干等初加工。各地已培育市级以上从事农产品加工的龙头企业约3万家。新认定412家农业产业化国家重点龙头企业，从事农产品加工的比例超过45%。

（三）产业拓宽领域

随着消费需求日趋多元化，加工企业不断细分产品品类和市场，推进农产品加工业产业链的纵向延伸和横向拓展。一方面，向产业链上下游延伸。新冠肺炎疫情防控期间消费者对健康、快捷食品需求程度提高，促进立足农产品加工，贯穿农业生产、流通、营销等上下游环节的预制菜产业蓬勃发展，2021年产值超过3 000亿元。另一方面，跨界融合实现多元发展。推动加工业与文化、旅游等产业融合，70%的加工龙头企业开发中央厨房、净菜

加工、现场制作、观光工厂、网络直播等新业态，30%的加工企业发展"生鲜加工中心+前置仓+即时配送"，开发自热米饭、自热火锅等新产品。

（四）推进减损增效

通过修订完善行业标准、推行绿色生产，引导企业合理确定加工精度，综合利用加工副产物，促进节粮减损。一是开展覆盖粮食生产、储藏、运输、加工等环节的粮食全产业链标准体系构建研究，大力推进符合节粮减损要求的粮食全产业链标准体系建设工作。发布《小麦粉》等一批节粮减损国家标准，修订后的《小麦粉》将原标准按加工精度划分的四个等级调整为以加工精度和灰分含量作为分类指标划分的"精制粉""标准粉""普通粉"三个类别。类别主要与加工程度有关，与产品质量好坏无关，从而引导适度加工。以普通粉为例，总出粉率将提高0.5%～3%，以2020年小麦粉加工处理小麦10 054.8万吨测算，相当于增加小麦粉产量50万～300万吨，对于推动粮食行业适度加工、节粮减损有重要的作用。二是注重减损减排。农产品加工企业改进加工技术装备，促进资源高值利用。稻米加工企业采用低温碾米工艺，整体碎米率可降低5%，把稻壳加工成活性炭、白炭黑等高附加值产品，利用米糠加工米糠油、米糠蜡，可基本实现零排放，提高稻谷的综合利用率。

（五）产业稳中有进

2021年，规模以上农产品加工企业营业收入超过18.1万亿元，同比增长12.1%。其中，粮食加工与制造、植物油加工、肉类加工和果蔬加工业营业收入同比分别增长6.2%、18.4%、6.7%和7.4%，增速分别比2020年提高7.3个、7.2个、3.8个和18.3个百分点。规模以上农产品加工企业实

现利润总额约1.1万亿元，同比下降1.6%。其中，粮食原料酒制造、棉麻加工和中药制造加工企业利润总额增长较快，同比分别增长31.7%、47.5%和36.5%，增速分别比2020年提高18.6个、67.7个和38.1个百分点。规模以上农产品加工企业出口交货值约1.05万亿元，同比增长9.1%，增速由负转正，较2020年提高21.1个百分点。

（六）促进助农增收

2021年，农产品加工转化率达70.6%，进一步提升农产品附加值。一是补贴农产品初加工机具。农机购置补贴将碾米、果蔬加工、茶叶加工、剥壳（去皮）等农产品初加工所需主要机具列入补贴范围，共扶持13.66万农民和农业生产经营组织购置各类农产品初加工机具15.57万台（套），支持农民就地就近就业和致富增收。二是建设产地仓储保鲜设施。支持家庭农场、农民合作社、农村集体经济组织等共1.6万个主体建设超过3万个农产品产地冷藏保鲜设施，新增库容超过700万吨，加快补齐产地冷藏保鲜设施短板，促进农业减损、农民增收。三是推进农业全产业链建设。依托优势特色农业产业，建设以农产品加工为核心的31个全产业链重点链和63个全产业链典型县，让农民更多分享产业链增值收益，农民收入提高约15%。

十四、新产业新业态

从实践来看，随着"互联网+""旅游+"等深度渗透并融入农业农村发展的各领域、各环节，诸多新业态和新的经营模式不断涌现，成为增加农民收入、繁荣农村经济的重要支撑。

（一）乡村休闲旅游发展稳中有进

2021年，农业农村部持续实施乡村休闲旅游精品工程，注重政策扶持，推进休闲农业创新发展和提质升级。虽受新冠肺炎疫情散发影响，但整体来看，乡村休闲旅游行业运行良好，全年实现营业收入7 130亿元，同比增长17.9%，恢复至2019年的八成以上。

1. 推动政策落实。 2021年，农业农村部印发《关于拓展农业多种功能 促进乡村产业高质量发展的指导意见》，提出"做精做优乡村休闲旅游业"，联合中国农业银行印发《关于加强金融支持乡村休闲旅游业发展的通知》，明确金融支持乡村休闲旅游业总体要求和发展目标，加大信贷投放力度，提升金融服务水平，打造乡村休闲旅游精品工程。同时，加强指导各省细化落实金融支持政策，截至2021年底，江苏、广东、山西等地已出台省级政策文件。

2. 加强典型引领。 2021年，启动首批全国休闲农业重点县建设，围绕农业高质高效、乡村宜居宜业、农民富裕富足等目标，认定60个县域资源特色鲜明、业态丰富集聚分布、带动增收效果显著、政策创新先行探索的全国休闲农业重点县，以县域为单元整体推进休闲农业发展；新推介254个特色优势明显、服务设施完善、乡风民俗良好、品牌效应明显的中国美丽休闲乡村，通过动态监测，中国美丽休闲乡村累计达到1 442个；举办3场中国美丽乡村休闲旅游行精品线路推介活动，共发布精品景点线路160条，激活乡村休闲游市场。

3.文化赋能乡村产业发展。 各地在文化产业赋能乡村振兴方面积极开展探索，形成典型经验做法，如河南修武县的"美学经济"、江西浮梁县的"乡创特派员"制度、山东诸城市蔡家沟村的"艺术试验场"、浙江松阳县的"传统村落的保护发展"等。实施文化和旅游创客行动，培育新业态新模式。在河南、浙江、广西、福建等地举办乡村文旅创客大会，开展乡村创客人才培养等活动。深入挖掘当地文化和旅游资源，加强乡村原创IP的培育、开发和转化，推动文化产业与农业、旅游业等融合发展。

4.联农带农作用显现。 各地通过发展休闲农业和乡村旅游，打造了一批以田园观光、民俗风情、农事体验等为特色的休闲农业，进一步调整和优化了农业产业结构，促进农村一二三产业融合发展，带活了一方经济，带富了一方百姓，成为经济社会发展的新业态、新亮点。休闲农业通过带动餐饮住宿、农产品加工和文化体验等关联产业，有力促进了农民就业增收。2021年休闲农业带动受益农户近900万户，同比增长6%。

（二）农村电子商务蓬勃发展

电子商务是数字经济最活跃的领域，是数字经济重要的组成部分。实践证明，农村电商是发展数字经济、乡村振兴和数字乡村建设的有力抓手。2021年印发的《"十四五"电子商务发展规划》突出电子商务与一二三产业的融合，推动乡村产业振兴、数字乡村建设，大力实施"数商兴农"行动，加快完善农村电商生态体系。

2021年，我国农村电子商务保持良好发展势头。农村电商规模持续扩大。全国农村网络零售额2.05万亿元，同比增长11.3%，增速比上年加快2.4%。全国农产品网络零售额4 221亿元，同比增长2.8%。国家邮政局数据显示，2021年，农村地区收投快递包裹总量370亿件，带动农产品出村进城和工业品下乡进村超1.85万亿元。通过整合和优化各类物流资源，县乡村三级物流体系建设进一步完善，已基本形成"两中心一站点"农村电商物流运营体系。2021年累计改造县级物流配送中心1 212个、村级电商快递服务站14.8万个。全国98%的乡镇实现品牌快递直通，80%以上的行政村实现快递直达。新业态新模式加速应用。手机成为新农具、直播成为新农活、数据成为新农资。越来越多的农民尝试农产品直播，带货规模迅速扩大。

十五、农村创业创新

农村创业创新是增加农民收入、繁荣乡村产业的重要途径。各级农业农村部门大力贯彻落实相关政策措施，推动农村创业环境持续改善，吸引一大批农民工、中高等院校毕业生、退役军人、科技人员和农村能人等返乡入乡创业。

（一）多措并举全面推进农村创业创新

1. 推动政策落实。 2021年，农业农村部联合退役军人事务部、全国妇联共同召开全国推动返乡入乡创业就业工作视频会，从强产业、育主体、固脱贫、搭平台、优服务、落政策等方面对返乡入乡创业就业工作进行部署。吉林、黑龙江、山东等25个省份建立多部门协调推进机制，制定工作方案，建立工作台账。2020年至2021年，2/3的省份制定了实施农村创业创新带头人培育行动、推进返乡入乡创业园区建设等文件，为返乡创业园提供"人、地、钱、物"等要素保障。为吸引农民工等人员返乡入乡创业，农业农村部开展全国返乡入乡创业创新政策宣传周活动，组织各地举办现场和线上活动，现场发布、集中宣传农村创业创新发展报告、政策汇编、典型案例等内容。

2. 壮大创业队伍。 农业农村部深入实施农村创业创新带头人培育行动，加强农村创业创新主体培育。开展全国农村创业创新优秀带头人典型案例推介活动，发挥榜样示范带动作用。组织开展农村创业创新带头人线上交流活动，交流各地破解农村创业难题的经验做法，分享创业故事和创业体会。开展农村创业创新（视频）培训，邀请专家、企业家、创业导师讲解创业政策、分享创业经验、分析创业形势，超50万人次观看。举办第五届全国农村创业创新项目创意大赛，遴选推介44项优质创业项目，宣传激励优秀创业者，吸引更多人才返乡入乡创业。

3. 搭建平台载体。 按照党中央、国务院部署，农业农村部顺应全面推进乡村振兴、大众创业万众创新向农村延伸的趋势，依托现有农村各类产业园区、物流节点、名村名镇、农业企业和种养基地等场所，积极搭建返乡创业载体。组织更新《全国农村创业园区（基地）目录（2021）》，向社会推介2 210家基础设施好、带动能力强、服务质量优的农村创业园区（基地）。开展全国农村创业园区（基地）观摩交流活动，邀请农村创业园区（基地）代表、国家双创示范基地分享园区建设、运营管理经验，提高园区（基地）服务能力，提升园区（基地）负责人管理水平。各级农业农村部门依托当地资源，结合本地产业发展特点，建设了一批以"太行山农业创新驿站""一主多附"

返乡创业平台模式为代表具有区域特色的返乡创业园，发展了产业、带动了就业。

（二）农村创业创新取得显著成效

1. 发展势头良好。农业农村部门大力发展乡村产业，落实就业帮扶政策，促进返乡农民工就地就近就业。截至2021年底，全国返乡入乡创业人员数量累计达到1 120万人，较2020年底增加110万人，增速约为10.9%。其中，在返乡入乡创业人员中，70%是返乡创业农民工，为农村带来了人气、增添了活力。

2. 收入门路拓宽。在返乡入乡创业就业群体中：一部分人员回归种养业；一部分人员临时兼业，多是做小买卖、办小生意、打小短工；其余人员主要在拓展乡村功能和价值方面寻找创业就业机会，例如创办家庭工场、手工作坊、乡村车间和小微企业，或发展餐饮民宿、农产品初加工、特色工艺、乡土文化等。返乡入乡创业就业人员从业方向多样化，进一步拓宽了农民增收门路。

3. 创业层次提高。返乡入乡创业人员的学历水平持续提升，2021年大专及以上学历的返乡入乡创业人员占比达到15.7%，同比提高1.5个百分点。同时，在返乡入乡创业项目中，55%运用信息技术，60%以上融入新兴时尚元素和现代产业要素，如生产智创、文创、农创产品，85%以上属于一二三产业融合类型，广泛涵盖产加销服、农文旅教等领域，实现了创业创新领域由最初的种养业向农产品初加工、农村电商等方向转变。

4. 带农效果明显。深入实施农村创业创新带头人培育行动，以创业带动就业。据测算，一个返乡创业项目平均可吸纳6～7人稳定就业，带动17人灵活就业，并通过契约式、分红式、股份式联结方式，带动农民增收。在这样的背景下，农村创业创新带农富农效应越来越显著，为全面推动乡村振兴、加快农业农村现代化做出有力支撑。

十六、产业融合发展平台

党中央、国务院高度重视农村产业融合发展。习近平总书记指出，要坚持精准发力，立足特色资源，关注市场需求，发展优势产业，促进一二三产业融合发展，更多更好惠及农村农民。近年来，通过一系列产业融合发展平台的建设，推动要素跨界配置和产业有机融合，延伸产业链、提升价值链、畅通供应链，示范带动乡村新产业新业态蓬勃发展。

（一）现代农业产业园建设

2017年以来，农业农村部、财政部认真贯彻落实党中央、国务院决策部署，坚持姓农、务农、为农、兴农宗旨，加大政策扶持，加强指导服务，健全管理机制，推进政策集成、要素集聚、企业集中、产业集群，高起点高标准高水平建设产业园，打造现代农业高质量发展引领区。截至2021年底，中央财政累计安排131亿元，支持创建200个国家现代农业产业园（以下简称产业园），其中已认定130个，带动各地建设7 000多个省、市、县现代农业产业园，初步形成了以园区化引领驱动农业现代化的格局。

一是强化规划引领。根据产业基础、产业规模、产业竞争力，加强规划统筹，科学布局产业园建设。推进规划衔接。《中华人民共和国国民经济和社会发展第十四个五年规划和2035年远景目标纲要》《"十四五"推进农业农村现代化规划》均部署建设现代农业产业园，《全国乡村产业发展规划（2020—2025年）》谋划建设300个国家现代农业产业园，2021年中央1号文件提出立足县域布局特色农产品产地初加工和精深加工，建设现代农业产业园。指导规划编制。指导各省将产业园建设纳入推进农业现代化规划，推动广东、山西、河南等14个省编制了省级产业园建设规划并印发创建导则、验收办法等文件，优化特色优势产业空间布局。各省农业农村、财政部门联合审定批复产业园创建实施方案。推动规划落实。指导产业园制定5年建设规划并经县级政府审批，依规划统筹建设生产、加工、物流、研发、示范、服务等功能板块，分年度推进规划任务落实。

二是壮大主导产业。推进产业立园，做优做强优势主导产业，培育乡村产业增长极。做强产业基础。支持产业园建设高标准农田，完善温室大棚、工厂化育苗、养殖小区等种养设施，引导园内新型经营主体、农业企业按标生产，建设标准化规模化种养基地。截至2021年底，200个产业园高标准农田面积达3 000多万亩，园内高标准农田占耕地总面积70%，平均每个产业园建成标准化种植基地5 000亩以上。延伸产业链条。指导产业园聚焦产业链供应链短板弱项，建设精深加工、仓储流通等重大项目，2021年农产品加工提升、农产品仓储保险冷链物流设施建设基本实现产业园全覆盖。200个产业园农产品加工业产值与农业总产值比值平均为3.39∶1。拓展产业业态。支持产业园深入实施电子商务进农村综合示范项目和休闲农业、乡村旅游精品工程，建设电商园文创园、发展直播带货，发展田园观光、农耕体验、文化休闲、健康养生、定制农业等新产业新业态。200个产业园休闲农业和乡村旅游营业收入达到689亿元。

三是推进要素集聚。坚持集聚建园，创新政策供给，吸引现代要素向产业园集中。创新投入方式。中央财政以"以奖代补"方式，推动地方加大财政投入力度，带动广东、河南、四川等10多个省份设立农业供给侧结构性改革基金、现代农业产业园基础设施建设和产业投资基金。加强与金融机构对接，推动国家开发银行、中国农业发展银行、中国农业银行等设立"园区贷"，发展农业设施和土地经营权抵押融资、肉牛奶牛等动产抵押融资和农产品质押融资，会同中国工商银行举办"兴农撮合"活动。拓展用地渠道。鼓励产业园创新灵活多样的供地方式，既在存量上整合，通过村庄整治、土地整理、退出部分宅基地等方式，增加产业园建设用地，也在增量上倾斜支持，土地年度利用指标优先保障园内精深加工、仓储物流、数字农业等建设项目用地需求。创新人才入园机制。鼓励产业园制定扶持政策措施，引进产业技术体系首席专家、行业学术带头人等领军人才。建设产业研究院、产业联盟等平台，筑巢引凤、聚才入园。建设田间学校、农技讲堂，邀请专家讲课，培育种养能手和"土秀才""田专家"。

四是强化技术支撑。坚持科技兴园，强化创新驱动，构建全产业链技术支撑。加快育种创新。支持创建21个以种业为主导产业的产业园，加大种业振兴行动实施力度，建设一批种质资源圃（场），挖掘传统品种、复壮老品种、培育新品种。湖南省长沙市芙蓉区产业园杂交水稻供种量占全国的35%，甘肃省酒泉市肃州区产业园玉米、蔬菜等制种品种达到5 000多个。推进工艺创新。推进农产品加工技术集成基地和深加工示范基地、农村一二三产业融合先导区项目倾斜支持产业园，以农产品加工关键环节和瓶颈制约为重点，强化精准控制、智能操作、品质调控、清洁生产的新型实用技术应用。据统计，产业园平均每两年更新一遍加工工艺，创建期累计投入和创制加工生产线3 000多条，成为工艺技术创新的标杆。集成应用先进适用技术。推动产业园组建全产业链专家技术团队，制定技术方案和技术清单，开展技术培训。支持产业技术体系、科技创新联盟在产业园设立试验站、中试基地，引进新品种新技术新装备。引导产业园率先开展农产品"三品一标"行动，构建绿色产业链，建设绿色低碳园区。

五是开展监测评价。坚持管理强园，创新监测评价机制，优化评价办法，探索形成一套行之有效的监测评价制度体系。完善监测评价制度。制定产业园监测评价办法，全过程监测主导产业综合效益、一二三产业融合发展、科技装备支撑等6大类42项指标，及时发现问题，督促整改落实。编制年度发展报告。总结产业园建设总体成效，梳理产业立园、科技兴园、绿色强园、品牌富园、机制活园等共15个典型案例。开展创建绩效中期评估。组织对2021年批准创建的产业园开展创建绩效中期评估，约谈综合得分排名靠后的产业园，通报未通过中期评估的产业园。

（二）农业现代化示范区建设

建设农业现代化示范区是推进农业现代化的重要抓手。党的十九届五中全会提出，建设农业现代化示范区。2021年中央1号文件提出，围绕提高农业产业体系、生产体系、经营体系现代化水平，建立指标体系，加强资源整合、政策集成，以县（市、区）为单位开展创建，到2025年创建500个左右示范区，形成梯次推进农业现代化的格局。为贯彻落实党中央、国务院决策部署，2021年农业农村部、财政部、国家发展和改革委员会启动农业现代化示范区创建工作，首批将北京市平谷区等100个县（市、区）纳入农业现代化示范区（以下简称示范区）创建名单。一年来，各地各部门强化政策扶持，加强指导服务，加快推动农业设施化、园区化、融合化、绿色化、数字化建设，积极探索差异化、特色化农业现代化发展模式，务实推进示范区建设取得积极进展。

一是聚焦设施装备提档升级，重要农产品产能加快提升。设施装备先进是农业现代化的鲜明标志。首批承担示范区创建任务的各县（市、区）把提高农业综合生产能力摆在更加突出位置，夯实设施基础，补齐装备短板，用现代设施装备弥补水土资源禀赋的先天不足，支撑粮食等重要农产品生产能力稳步提升。2021年，各县（市、区）粮食播种面积9 120万亩、比上年增加1.6%，肉蛋奶产量1 143.8万吨、比上年增加2.3%，水果蔬菜产量6 670.1万吨、比上年增加2.6%，主要农作物耕种收综合机械化率达78.5%、比全国平均水平高6.2个百分点。贵州省贵定县探索开展山地水稻机播、机插、机防、机收全程机械化作业，推动主要农作物耕种收综合机械化率达60%以上、比丘陵山区县（市、区）2025年目标值高5个百分点。

二是聚焦功能价值拓展，新产业新业态加快发展。各县（市、区）围绕农业多种功能、乡村多元价值做文章，积极推进农村一二三产业融合发展，统筹推进农产品初加工、精深加工和副产物综合利用加工，发展农耕体验、田园养生、科普研学、民俗康养等休闲农业新业态，吸引农民工、大中专毕业生、科技人员、退役军人等返乡回乡创新创业，创新联农带农机制，把产业链主体更多留在县域，把产业增值收益更多留给农民。2021年，各县（市、区）共接待游客2.2亿人次，与上年基本持平。江苏省宜兴市依托山区景观和特色产业优势，建成雅达康养小镇、美栖玫瑰小镇等特色镇和白塔村、省庄村等5个"中国美丽休闲乡村"。

三是聚焦现代农业园区建设，资源要素加快集聚。各县（市、区）坚持农业园区化集群发展的理念，立足优势特色产业，加快县域现代农业园区建设，推动科技研发、加工物流、营销服务等市场主体向园区集中，资本、科技、人才等要素向园区集聚。首批100个承担示范区创建任务的县（市、区）中，45个纳入建设优势特色产业集群，29个已创建国家现代农业产业园。培育农作物和畜牧新品种242个，示范农业主推技术462项。北京市平谷区自主培育3个白羽肉鸡新品种并通过国家审定。培育省级以上农业产业化龙头企业526家，其中国家级龙头企业202家。湖北省潜江市培育龙虾加工企业13家，年加工能力达35万吨，打造潜江虾稻加工"航母"。

四是聚焦农业生产绿色转型，资源环境加快改善。各县（市、区）积极推进农业发展方式绿色转型，打造绿色低碳农业产业链。突出环境友好，加强农业面源污染治理，在科学使用农业投入品、推进化肥农药减量增效、循环利用农业废弃物等方面创新示范。突出生态保护，加强农业生态保护修复，建设田园生态，推动农业减排固碳，培育绿色低碳农业产业链，提升农业生态产品价值。突出质量安全，推进品种培优、品质提升、品牌打造和标准化生产，强化农产品质量安全监管，增加绿色优质农产品供给。2021年，各县（市、区）化肥施用强度506公斤/公顷、比上年降低6公斤/公顷，农药施用强度32.6公斤/公顷、比上年降低2.1公斤/公顷。秸秆综合利用率、废旧农膜回收率分别达到87.3%、78.7%，比上年分别提高0.1个和1.2百分点。累计认证"两品一标"农产品5 068个，认证面积8.5万亩，农产品质量安全例行监测总体合格率达到98.3%。

五是聚焦农业数字化改造，智慧农业建设加快推进。数字化是农业现代化的制高点和发展方向。各县（市、区）积极推动数字技术与现代农业深度融合，发展智慧农业。加强信息设施建设，合理布局5G、移动互联网等，推进农业水利、物流、加工等设施智能化转型。创新应用数字化技术，推进农业生产、加工、运输、仓储、交易等全产业链数字化建设。搭建数字化应用场景，探索建设智能畜牧业、智慧渔业、数字田园等，推进农业生产经营与信息化融合。2021年，各县（市、区）信息化技术农业生产覆盖率33.3%、比上年提高1.8个百分点，农产品网络销售零售额180亿元、比上年增长4%。湖南省浏阳市推进全链条数字化改造，强化农产品溯源管理，促进品牌农产品优质优价，2021年农产品电商销售额15亿元、占销售总额的30%。

（三）国家农村产业融合发展示范园建设

截至2021年底，国家已累计认定两批200个示范园。相关部门不断加大支持力度，出台规范和保障建设用地政策，综合运用中央预算内投资、地方政府专项债券、企业债券等，加强示范园基础设施建设。同时，因地制宜探索建立"示范园＋龙头企业＋合作社＋农户""示范园＋行业协会＋大户"等联农带农模式，建立健全与农民的利益联结机制，让农民分享产业融合发展的红利。初步统计，示范园创建认定以来，园区平均生产总值由40.4亿元增至48.6亿元，年均增长9.7%；农产品销售额超过2 000亿元，年均增长近30%；园区省级以上名牌产品、地理标志产品达到千余个，涌现出潜江小龙虾、苍溪猕猴桃等一批知名品牌；示范园农民人均年收入从18 300元增至22 540元，年均增长11%。国家农村产业融合发展示范园已成为培育农村经济新动能、推动乡村产业振兴、促进农民就近就业增收、巩固拓展脱贫攻坚成果的重要平台载体。

（四）优势特色产业集群建设

2020年，按照中央1号文件、《国务院关于促进乡村产业振兴的指导意见》部署，农业农村部会同财政部启动优势特色产业集群建设工作，支持各省聚焦省域优势特色产业，补短板强弱项，推动全产业链开发，促进一二三产业融合，打造综合竞争力强、示范带动作用大的产业集群。截至2021年，中央财政累计投资112.5亿元分两批支持建设100个优势特色产业集群，取得初步成效。一是初步构建了现代乡村产业体系。100个优势特色产业集群覆盖735个县（市、区），产业规模化、集聚化发展趋势明显，主导产业产值超过100亿元产业集群达到78个。二是有效提升了重要农产品供给能力。据调度，52个重要农产品产业集群项目引进种畜种禽超56万头（只），建设标准化生产基地超800万亩，增加加工产能超1 300万吨，增加储藏交易能力超4 200万吨，建设各类数据信息平台超90个。三是促进了农民增收。吸引了1 300家省级以上农业产业化龙头企业、2.3万家农民合作社抱团发展，辐射带动680万户农户从事相关产业，产业集群建设区农民人均可支配收入平均提高3461元。优势特色产业集群建设已经成为推动乡村产业发展的重要抓手，对重要农产品供给保障和乡村全面振兴提供了重要支撑。

（五）农业产业强镇建设

2021年，安排中央财政资金8.94亿元，支持31个省（区、市）、新疆生产建设兵团、广东省农垦总局和北大荒农垦集团有限公司建设298个农业产业强镇。各省（区、市）高度重视农业产业强镇建设工作，积极健全项目监督管理制度、做好业务指导、开展调度督导。建设乡镇在提升主导产业、培育经营主体、推进品牌建设、推广科技应用、完善联农带农机制等方面取得了较为显著的阶段性成效，初步发挥了农业产业强镇在培育壮大乡村优势主导产业中的作用。一是发展一批优势特色主导产业。各建设乡镇聚焦水稻、玉米、生猪、肉牛等主导产业，强优势、补短板，形成一批规模化、标准化、绿色化生产基地，发展加工流通、社会化服务、电子商务等，提升全产业链产值。2021年，主导产业全产业链产值超过10亿元的建设乡镇超过40个，5亿～10亿元的乡镇超过35个。如辽宁省沈阳市辽中区肖寨门镇肉牛饲养量超过9万头，年出栏肉牛5万余头，肉牛产业全产业链产值达到17亿元。二是壮大一批主导产业经营主体。各建设乡镇立足主导产业，鼓励农民合作社、家庭农场等新型经营主体发展，引进和培育龙头企业，形成一批龙头企业牵头、家庭农场和农民合作社跟进、广大小农户参与的农业产业化联合体，打造乡村产业发展"新雁阵"。参与298个农业产业强镇建设的农业企业近1 000家，其中国家级重点龙头企业28家、省级龙头企业200多家。如河北省2021年农业产业强镇直接支持了31个新型农业经营主体壮大提升，带动镇域内新增投资5亿元以上。12个乡镇共计有市级以上龙头企业59家，其中省级龙头企业14家。三是应用科技创新成果助力产业升级。建设乡镇与农科院、农业大学及其他科研院所的交流合作日益密切，开展产学研基地建设，形成一批校地共建新技术示范园、新模式新机制推进点、数字农业示范区等，引入种植、加工、数字化领域等科技新成果，为主导产业振兴提供战略性、基础性、前瞻性技术支撑。如北京市怀柔区渤海镇以科技助力板栗生产，镇域内全面推广繁育结果枝能力强、出实率高优新品种；充分利用北京科技资源优势，推广实施板栗疏雄醇、板栗早果丰产栽培精细控量修剪、配方施肥等多项技术。四是创响一批乡土特色知名品牌。2021年项目建设乡镇推动主导产业品种培优、品质提升、品牌打造和标准化生产，积极构建"区域公用品牌＋企业商标品牌"的品牌培育体系，不断扩大品牌知名度、美誉度及市场价值。如湖南省2021年农业产业强镇项目共新增"三品一标"农产品45个。湘潭市雨湖区姜畲镇围绕蔬菜产业，着力打造地理标志产品"九华红菜薹""湘潭矮脚白"，积极推广"雨·湖蔬鲜"区域公用品牌，全镇现有"三品一标"农产品25个。五是促进农民就近就业兴业。农业产业强镇建设进一步提升主导产业增收潜力，通过培育产业经营主体，打造农业产业化联合体，进一步完善联农带农利益联结机制，为农民提供更多就业机会，实现多环节增收、多方面收益。如山西省怀仁市海北头乡肉羊主导产业产值26.8亿元，从业农民人均年收入4.4万元，是怀仁市农村居民人均可支配收入的2倍以上。

（六）现代林业产业示范区建设

国家林业和草原局扎实推动江西、广西现代林业产业示范省（区）建设工作，加大两省（区）协调力度，加快相关工作进展，制定《江西现代林业产业示范省实施方案》《广西现代林业产业示范区实施方案》，充分发挥两省（区）优质森林资源富集、森林生态功能优厚、林业产业集中的优势，坚持生态与产业、绿色与富民、创新与服务、发展与市场相融合，做优特色产业、做强优势产业、做精新兴产业，打造林业产业高质量发展高地、林业创新绿色发展标杆、林业促进乡村振兴样板、林业开放合作发展典范。组织编制两省（区）现代林业产业示范省监测评估方案。

十七、质量兴农、绿色兴农

（一）保障农产品质量安全

2021年，各级农业农村部门深入贯彻落实习近平总书记"四个最严""产出来""管出来"等重要指示批示精神，坚持统筹发展和安全，"守底线""拉高线"同步推，"保安全""提品质"一起抓，严厉打击禁限用药物违法使用行为，严格管控常规农兽药残留超标问题。主要农产品例行监测合格率连续多年保持在97%以上，禁限用药物检出率连续3年下降，未发生重大农产品质量安全事件。为推动农业绿色发展、促进农业提质增效，守住了农产品质量安全底线。

1.强化农产品质量安全监测监管。农业农村部定期开展国家农产品质量安全例行监测，涵盖了蔬菜、水果、茶叶、畜禽产品和水产品五大类产品、114个品种、130项参数、2.2万个样品，并提高豇豆、韭菜等问题突出品种抽样数量。对未监测过的"菜篮子"小宗品种、专项整治的11个重点品种及粮油产品，组织开展专项监测，抽取样品9 817个，在130项例行监测参数基础上增加了169项新参数，更全面掌握农产品质量安全状况。深入推进监管工作。贯彻落实习近平总书记关于农兽药残留超标问题重要批示精神，农业农村部会同国家市场监管总局、公安部等六部门印发《食用农产品

"治违禁 控药残 促提升"三年行动方案》，聚焦问题较为突出的豇豆、韭菜、芹菜、鸡蛋、乌鸡、肉牛、肉羊、大口黑鲈、乌鳢、鳊鱼、大黄鱼等11个重点品种，采取"一个问题品种、一张整治清单、一套攻坚方案、一批管控措施"的精准治理。严厉打击禁用药物违法使用，农业农村部组织开展豇豆、韭菜风险隐患排查，委托第三方暗查暗访，着力加大监督抽查、从严惩处和公开曝光力度，全国累计出动执法人员157.8万人次，检查生产主体106.6万家次，办理行政处罚案件3 900起。严格管控常规农兽药残留超标，在加强指导服务的基础上，规范常规农药残留速测结果出具，按照"检测什么参数就标注什么参数"原则，准确表述、规范出具速测打印单，推广应用快速检测技术，强化上市前抽检把关。扎实推进农资打假。严格落实农资事前审批备案、日常巡查检查和产品监督抽查等监管措施，共抽检种子、肥料、农药、兽药、饲料添加剂8万批次，出动监管执法人员95.6万人次，查办农资质量违法案件2.5万件，有力保障了粮食等重要农产品稳产保供。推动各地采取多种方式开展大宣传、大培训，全年各级农业农村部门开展农资巡查检查30余万次，查处问题1.2万个，举办各类活动近6 000场次，发放材料600余万份。

2.稳步推进承诺达标合格证制度试行。为

准确体现"达标"内涵、突出"承诺"要义，农业农村部将合格证的名称调整为"承诺达标合格证"，同时优化了参考样式和内容，印发《农业农村部办公厅关于加快推进承诺达标合格证制度试行工作的通知》，坚持"谁生产、谁用药、谁承诺"的原则，由生产者在自控自检的基础上自我承诺、自主开具承诺达标合格证，要求各地农业农村部门做好规范开具、加大推广应用、强化监督管理。截至2021年底，全国2 806个县均开展了承诺达标合格证试行工作，试行范围内38万多家新型农业生产经营主体实现了常态化开具，占试行主体的65%。积极推进乡镇网格化管理。印发《农业农村部关于加强乡镇农产品质量安全网格化管理的意见》，制定乡镇监管机构日常巡查工作规范，推动构建"区域定格、网格定人、人员定责"管理机制，建立健全农产品质量安全信息员协管员队伍，夯实农产品质量安全监管"最初一公里"。截至2021年底，所有省份均已出台乡镇农产品质量安全网格化管理的具体实施方案，落实乡镇监管人员7.6万人。深化国家农安县创建。认定国家农产品质量安全县（市）318个，第三批119个县（市）正在创建，打造了一批"产""管"并举、全程控制的县域质量安全监管示范典型，有效落实了监管责任和属地责任。推进农安信用体系建设和"阳光农安"智慧监管试点。指导浙江、江苏等地开展规模经营主体"信用+监管+信贷"场景应用和动态分等分级评价，推进生产记录、巡查检查的信息化、便捷化、电子化。落实追溯管理要求。推动国家农产品质量安全追溯平台顺利通过验收，并与所有省份实现平台对接、信息共享。督促落实追溯"四挂钩"要求，提升监管信息化水平。强化考核。充分发挥考核"指挥棒"作用，用好国务院食品安全工作评议考核、质量工作考核、"菜篮子"市长负责制考核等手段，推动地方党委

政府进一步重视农产品质量安全工作，逐级压实地方属地管理责任。

3.推进农业标准化。 加快标准制定修订。落实"最严谨的标准"要求，加快构建以安全、绿色、优质、营养为梯次的高质量发展标准体系。2021年，《市场监管总局 农业农村部等部门关于印发〈贯彻实施《关于加强农业农村标准化工作的指导意见》行动计划〉的通知》（国市监标技发〔2021〕77号），进一步明确现代农业全产业链安全、服务、质量、支撑四个标准子体系涵盖的具体内容，围绕农业投入品质量安全风险评估、种子种苗、动植物疫病防控、农产品质量分级、农产品追溯等重点，发布《苯氧羧酸类除草剂中游离酚限量及检测方法》《肥料标识 内容和要求》《主要农作物品种真实性和纯度SSR分子标记检测 稻》《动物饲养场防疫准则》《果品质量分级导则》《畜禽肉追溯要求》等212项农业全产业链领域国家标准。截至2021年12月底，已累计发布农业全产业链领域国家标准3 773项，累计备案农业行业标准1万多项、地方标准3万多项，构建现代农业全产业链标准体系，推动新型农业经营主体按标生产。组织制定"十四五"农药和兽药残留标准体系建设方案，发布新版农药残留国家标准，2021年制定修订农兽药残留标准1 214项，我国农兽药残留食品安全国家标准超过1.3万项，基本覆盖主要食用农产品和主要农兽药品种，基本解决"有药物登记、无限量标准"问题。推进全产业链标准化。遴选11个农产品、109个基地开展试点，推动现代农业全产业链标准化示范基地纳入全国创建示范活动保留目录，推动稻谷种植等11个农业领域列入国家企业标准"领跑者"实施重点领域。加强国际合作。健全官方评议体制机制和专家队伍，规范国际食品法典委员会（CAC）联络处工作流程，提升中国在CAC的影响力。

提出对外评议意见30项，向国内相关行业和产业提出贸易壁垒预警信息和管理建议74项。

4. 开展肥料质量监督抽查。为加强肥料监督管理，提高肥料产品质量，切实保障农业生产和农产品质量安全，农业农村部开展肥料质量监督抽查工作。2021年累计抽查有机肥料、复合肥料和微生物肥料样品272个，涉及河北、辽宁、吉林等25个省（区、市）的238家生产企业、56家经销企业和个体商户。抽查的272个肥料样品中，合格样品238个，合格率为87.5%。开展提质保供稳价专项行动。为保障化肥产品质量安全、市场供应和价格稳定，规范化肥行业市场秩序，维护广大农民群众根本利益，按照"双随机、一公开"要求，在生产和流通领域开展化肥产品质量监督抽查。针对舆情反映问题比较突出的广东、广西、云南、海南等地区，围绕养分含量是否符合标准、是否存在名实不符等问题，重点抽查了群众投诉多、媒体曝光多、问题隐患多的化肥产品和生产企业。

5. 加强兽药产品质量监管。2021年，农业农村部在严格实施兽药生产、研发、经营等环节质量管理规范的基础上，突出用好兽药二维码追溯监管、质量监督抽检、飞行检查等监管措施，切实保障兽药产品质量。加快新版兽药GMP实施步伐。印发《兽药生产许可管理和兽药GMP检查验收有关细化要求》，进一步明确了兽药生产许可管理和兽药GMP检查验收总体要求、厂房布局、车间布局、设施设备、制度实施等5方面的具体做法和要求。组织中国兽药协会编写新版兽药GMP实施指南，全面解读了新版兽药GMP机构人员、产品销售与召回等10个章节的含义、内容和实施要点，推动行业内外准确理解新版兽药GMP基本内涵和精神实质，掌握重点内容、提高实际操作能力。强化兽药二维码追溯监管。通过法规政策

培训班、专项通知等方式，要求各地加强专项检查和日常巡查，督促生产环节的所有产品全部赋码上市、入库出库追溯数据全部上传至国家兽药产品追溯系统，督促所有的兽药经营企业注册入网、实施追溯。截至2021年12月，追溯系统涵盖兽药生产企业1 656家、经营企业5.2万家、监管单位3 108个，保持生产企业入网、产品出入库以及经营企业入网"3个100%"，企业累计申请追溯码265亿个。强化兽药质量监督检查和处罚工作。制定印发并组织实施《2021年兽药质量监督抽检和风险监测计划》，组织开展两次全国交叉跟踪抽检，对抽检不合格产品，实施一地抽检、多地追查、全国通报。2021年共抽检兽药产品10 320批次，合格率98.0%；发布4期兽药质量监督抽检结果通报，将21家兽药生产企业纳入重点监控，并首次重点监控外国企业。组织中国兽医药品监察所对群众举报情况开展飞行检查，全年对6家兽药生产企业飞行检查情况进行了通报，注销了77家企业的1 436个兽药产品批准文号，形成较好震慑。发布2018—2021年度兽药违法行为查处典型案例，并对监督执法有力、成效显著的省份和单位进行通报表扬。

6. 加强生鲜乳质量安全监管。2021年，农业农村部印发并组织实施《2021年生鲜乳质量安全监测计划》，指导各地严格落实生鲜乳质量安全监管责任，确保生鲜乳收购站监管监测全覆盖，全年开展现场检查生鲜乳收购站4 854个次、生鲜乳运输车4 811辆次，达标率分别达到99.71%和100%。抽检生鲜乳样品10 650批次，抽检合格率达到99.9%，其中，三聚氰胺、碱类物质、硫氰酸钠、黄曲霉毒素M_1等指标抽检合格率均为100%。每100克生鲜乳中乳蛋白和乳脂肪含量分别为3.32克和3.80克，达到奶业发达国家水平。组织开展生鲜乳专项整治行动。全年各地累计出动执法人

员3.9万人次，限期整改生鲜乳收购站255家、运输车53辆，取缔生鲜乳收购站38个、运输车7辆，吊销生鲜乳收购站32个，注销运输车27辆。全面推行使用"奶业监管工作平台"，将全国4 200余个生鲜乳收购站和5 300余辆运输车纳入监管监测信息系统，实时掌握生鲜乳和运输车运行变化情况；在河南、宁夏开展"生鲜乳和运输车电子交接单"应用试点，提高监管信息化、精准化水平。

7. 加强饲料质量安全监管。2021年，农业农村部印发《2021年饲料质量安全监管工作方案》，组织开展饲料质量安全监督抽查、饲料和饲料添加剂产品风险监测和风险预警，对100家饲料和饲料添加剂生产企业开展现场检查，实施饲料标签专项检查，全年饲料产品抽检合格率达到98.2%，饲料质量安全保持较高水平。开展"瘦肉精"专项整治行动，组织各地对辖区内肉牛肉羊养殖场（户）、贩运经营者和屠宰企业进行全面排查。设立公布举报电话，受理群众举报，将举报线索移交相关省份核查办理。组织工作组赴重点省份开展飞行检查，督促地方落实属地责任，严厉打击"瘦肉精"违法行为。

8. 加强畜禽屠宰质量安全管理。配合全国人大农业农村委推进畜牧法修订，增加畜禽屠宰一章，明确畜禽屠宰管理基本制度，对畜禽屠宰的行业发展规划、企业条件要求、质量安全管理和风险监测制度、无害化处理及补助等作出规定。前后历时七年半修订《生猪屠宰管理条例》，2021年5月19日经国务院第136次常务会议审议通过，签署发布国务院令第742号。编印《生猪屠宰管理条例理解与适用》1.5万册，系列宣传挂图海报12 500套，分发各地，推动《条例》贯彻落实。加强对地方性法规建设的支持指导。天津、浙江、安徽、广东等省市在动物防疫地方性法规中明确了

牛、羊、禽屠宰管理的具体规定，吉林、黑龙江省根据修订后的《生猪屠宰管理条例》对本省的畜禽屠宰管理条例及时进行了修订。印发《2021年屠宰环节质量安全风险监测计划》，强化屠宰环节违法添加物、微生物等风险监测。2021年部级监测样品1 912份，样品阳性率3.97%；各省对省内流通畜禽产品监测样品19 683份，不合格率0.5%。针对央视"3·15"晚会曝光河北青县"瘦肉精"事件，组织力量对肉牛肉羊主产区和"瘦肉精"问题多发的河北、吉林、黑龙江等8个省81家猪、牛、羊屠宰企业开展了飞行检查，采集样品3 800份，阳性样品26份。

9. 加大对水产养殖用投入品监管力度。为规范水产养殖用投入品生产、经营和使用行为，农业农村部于2021年印发《关于加强水产养殖用投入品监管的通知》《实施水产养殖用投入品使用白名单制度工作规范（试行）》，指导地方严厉打击投入品使用环节相关违法行为，部署开展水产养殖用投入品规范使用专项执法行动和水产养殖用兽药、饲料和饲料添加剂相关违法行为三年专项整治。加强水产养殖用投入品规范使用宣传，组织开展规范用药科普下乡。开展水产养殖用投入品安全隐患排查，对未经依法审批的非规范投入品进行抽检，风险物质检出率为10%。开展水产养殖业执法交叉检查活动，各地出动执法人员12万余人，检查各类生产经营主体8万余家，行政处罚659起，罚款361万元，印发宣传材料125万余份。

（二）增加绿色、有机、地理标志农产品供给

1. 稳步发展绿色有机地标农产品。发展绿色食品、有机农产品、地理标志农产品是贯彻落实中央决策部署、深化农业供给侧结构性改

革的必然要求，是提升农业质量效益竞争力、实现农业高质量发展的有效途径，是顺应消费升级、培育绿色消费市场的有力举措。截至2021年底，绿色有机农产品获证单位总数达到2.3万家、产品总数达5.5万个，绿色食品原料标准化生产基地729个，全国绿色食品（有机农业）一二三产业融合发展园区36个，获证单位全年提供直接消费的农产品产量超过1.6亿吨。持续实施审查工作规范、规程进企入户、规范用标、品牌宣传月、队伍能力提升"五大行动"，控速度、提质量，控风险、提效益，助力农业绿色发展。农业农村部与青海省和江西省深化合作，推动青海绿色有机农畜产品输出地、江西绿色有机农产品基地试点省建设。

2. 深入实施地理标志农产品保护工程。安排中央财政转移支付资金支持245个地理标志农产品发展。将保护工程写入由中办、国办印发的《知识产权强国建设纲要》。围绕地理标志农产品的独特地域、独特生产方式、独特品质和独特历史文化的"四特"特性，强化产品特性保持和特色产业培育，取得了积极成效。一是标准强农，地理标志农产品综合生产能力显著提升。获得支持的245个实施产品均制定或完善了质量控制及生产技术规程，全年按规培训超17.46万人次，保护范围内产品的标准化、绿色化生产稳步推进。全年支持新建或完善特色品种繁育基地280个，加强了地理标志农产品特色品种保存、选育繁育、提纯复壮；支持新建或改善核心生产基地421个，改善了生产设施条件，提高了收获后处理能力，改进了加工工艺，延长了产业链。相关产品覆盖种植、养殖和采集规模2356万亩，实现产值约1658亿元。二是政策惠农，保护工程政策效益持续增强。多地结合地方特色，多渠道给予配套支持，全力推动地理标志农产品发展，将可追溯体系和规范用标作为项目实施内容，将

保护工程支持的产品全部纳入国家农产品质量安全追溯管理信息平台，实现产品可追溯管理。三是品牌兴农，地理标志农产品打造乡村振兴名片。强化宣传推介，《人民日报》10月、11月连续报道地理标志农产品保护工程实施成效；指导拍摄《源味中国》第二季专题纪录片；9月在宁夏启动"地标农品中国行"活动；举办线上公益培训活动，超10万人次参加。全年共举办以地理标志农产品为主题的文化节、采摘节、丰收节、旅游节等活动340场次，举办省级以上或跨省举办地理标志农产品推介活动697场次，2021年授权企业产品销售额超过430亿元。四是品质富农，产品品质提升与特色保护助力富民增收。2021年，各地大力支持科研机构和生产经营主体开展特色品质评价和特性生产技术研发，提高特性保持技术水平。加强营养品质标准制定修订，推动分等分级管理，全年共带动约95.4万户农户增收约72亿元。各地积极将国家乡村振兴重点县作为项目优先支持对象，全年共支持了53个国家乡村振兴重点县的产品。

（三）推进农业生产"三品一标"

推动品种培优、品质提升、品牌打造和标准化生产，是习近平总书记提出的新要求，也是2021年中央1号文件作出的部署。农业农村部认真贯彻落实中央部署，制定《农业生产"三品一标"提升行动实施方案》，细化措施，落实责任，推动各项工作有序开展，取得了积极进展。

1. 聚焦重点发力，推进农业生产"三品一标"稳步开局。

初步构建了一套推进机制。部内协同推进。部内建立1个综合协调组，种植、畜牧、渔业3个行业组，种业、品牌、农产品"三品一标"3个领域组，部内各司其职、密切配合，

形成"1+3+3"部内协同推进工作格局。部省联动推进。指导31个省（区、市）建立由省级农业农村部门负责同志任组长、规划或监管处室牵头、相关处室参与的推进机制，制定实施方案，细化任务清单，形成部省目标同向、措施同力、衔接紧密的工作体系。市县具体推进。督促市、县两级成立由政府主要负责同志任组长的工作推进小组，织牢织密工作网络。

初步探索了一批发展模式。技术支撑更加有力。福建省集成推广应用"无化学肥料、无化学农药"生态技术，有效提升茶叶、蔬菜等农产品品质。北京市加大基因组学、生物信息等新技术应用，全市5%的农作物完成全基因组深度鉴定，24%以上的农作物构建了DNA指纹数据库，农作物性状在短期内得到快速改良。金融带动势头良好。山东省创新"强村贷""惠农e贷"等金融产品，借助"信贷直通车"活动，推动资金投向农业生产"三品一标"关键领域和薄弱环节。品牌引领作用明显。甘肃省探索创新"省级'甘味'公用品牌+市县区域公用品牌+企业商标品牌"品牌营销模式，推广数字化营销，扩大"甘味"系列农产品品牌影响力，引领农业生产"三品一标"在全省铺开。

初步打造了一批平台载体。标准化生产基地加快建设，遴选确定11个品种109个现代农业全产业链标准化试点基地，推动新型农业经营主体按标生产。建设100个绿色生产标准化基地、150个标准化养殖示范场、65个国家级水产健康养殖和生态养殖示范区。全产业链综合园区逐步培育，在国家农业现代化示范区、农业绿色发展先行区、现代农业产业园等，率先选用新品种新技术，全域推进农业生产"三品一标"，全年共打造697个各类综合示范样板。

培育壮大了一批知名品牌。区域公用品牌更亮。2021年，农业农村部推动发布首个品牌行业标准——《农产品区域公用品牌建设指南》，组织实施地理标志农产品保护工程，中央财政投入7.8亿元，打造245个地理标志农产品品牌。企业品牌更响。引导新认定的413家农业产业化龙头企业打造企业品牌，"北大荒""五常大米""金华火腿"等企业品牌家喻户晓，享誉海内外。产品品牌更优。以全国绿色食品原料标准化生产基地为主体，新认证绿色、有机等农产品2.3万个，总数达到5.9万个。

2. 聚合力量推进，扎实开展农业生产"三品一标"提升行动。

加强顶层设计。规划引领明确方向。将实施农业生产"三品一标"行动纳入《"十四五"全国农业绿色发展规划》重点任务，明确增加绿色优质农产品供给的实现路径，提升农产品绿色化、特色化和品牌化水平。建立清单细化任务。农业农村部印发《农业生产"三品一标"提升行动实施方案》，建立重点任务清单，明确职责分工，细化到相关司局，落地到重点区域，逐项逐区推进落实。健全机制压实责任。制定《农业生产"三品一标"提升行动推进方案》，召开全国农业生产"三品一标"提升行动现场会，发挥行政推动作用，层层落实责任，有力有序推进。

推进育种创新。组织开展四大粮食作物育种联合攻关。认真落实四大作物良种联合攻关，细化年度任务，不断完善育种联合攻关机制。创制一批籼粳交、巨型稻等优异新种质，育成水稻新品种520多个。新育成高抗赤霉病品种"扬麦33"等23个小麦品种，"烟农1212"等10个新品种创造亩产超过800公斤纪录。19个玉米机收籽粒品种通过国家初审，120个大豆新品种通过审定，耐盐大豆品种"齐黄34"在东营盐碱地实收亩产达302.6公斤。组织开展特色作物自主品种选育。育成新品种马铃薯99个、油菜30个、高油酸花生6个、食用菌24个、甘薯14个、甘蔗10个、火龙果3个等。2021年国内自育甘蔗品种面积占比88.42%，实现甘蔗品种更新换代。自主育成的羊肚菌新品种居国际领先地位，金针菇、真姬菇新品种质量与国外相当。"豫花37号"2021年种植面积超过300万亩，成为我国种植面积最大的高油酸花生品种。组织开展畜禽良种选育。发布《全国畜禽遗传改良计划（2021—2035年）》，明确未来15年我国主要畜禽遗传改良的目标任务和技术路线。举行新一轮畜禽遗传改良计划有关情况新闻发布会，介绍新一轮畜禽遗传改良计划有关情况。遴选新一批国家畜禽核心育种场、良种扩繁推广基地和国家核心种公猪，对满5年的核心育种场开展核验，加强动态管理。开展瘦肉型猪、地方猪、奶牛、肉牛、湖羊和白羽肉鸡育种攻关，扩大基因组选择育种参考群规模，新增基因组检测瘦肉型猪10 000头、地方猪600头、奶牛3 000头、肉牛200头、湖羊300只。

聚集资源要素。加大财政支持。协调绿色发展、乡村产业、良种繁育、质量安全等项目资金，对推行农业生产"三品一标"的重点区域和经营主体予以倾斜支持。创新金融服务。加强与银行、保险等金融机构合作，指导各地探索新型农业经营主体信用贷款、首贷、无还本续贷，探索"银保农互动"，拓宽抵（质）押物范围。引导社会投入。农业农村部联合国家乡村振兴局印发《社会资本投资农业农村指引（2021年）》，将优良品种选育、标准化基地建设、绿色优质农产品开发、知名品牌创建等纳入社会资本投资13个重点产业和领域，推动构建农业生产"三品一标"多元化投入格局。

强化主体带动。培育龙头企业带动。推动新认定一批重点推行农业生产"三品一标"的农业产业化国家重点龙头企业，指导各省扶持一批龙头企业与农民合作社、家庭农场共建全国绿色食品原料标准化生产基地，建立健全质量标准体系，提升农产品质量水平和品牌效益。突出合作社和家庭农场带动。推动将标准化生产作为示范家庭农场、示范合作社创建条件，引导新评定的1 836家示范社选用优质品种、应用先进技术、提升品牌意识，带动小农户按标生产。加强社会化服务组织带动。以良种统种统收、绿色生产全程托管等为重点，发展壮大专业服务公司、服务型农民合作社等社会化服务组织。

突出示范引领。点上突破。在标准化试点基地和示范园区开展农业生产"三品一标"试验示范，严格产地环境、投入品使用、产品加工、储运保鲜等环节管理，大力推广绿色食品原料标准化生产。线上推动。围绕稻谷、小麦、玉米、大豆等11种重要农产品，打造31条农业全产业链重点链，逐个产业、逐个环节推进，全产业链推动农业生产"三品一标"。面上示范。加强部省战略合作，先后与广西、安徽、江西、青海等省（区）签署框架协议，率先全省（区）推进农业生产"三品一标"，共建区域性绿色农产品生产加工供应基地。项目带动。国家市场监管总局（标准委）围绕提高农业产业体系、生产体系、经营体系现代化水平，开展109个国家农业标准化示范区项目建设，不断建立健全现代农业标准化示范推广体系，指导示范区项目承担单位建立标准体系，推进标准的集成应用，充分发挥农业标准化示范的典型示范和辐射带动作用，促进农业产前、产中、产后各个环节规范化管理。同时，加强国家农业标准化示范区建设经验的总结提炼和宣传推广，指导各地区因地制宜探索形成符合本地实际的农业标准化工作模式，发挥标准化示范项目的引领带动作用。

推进体系建设。国家市场监管总局（标准

委）围绕农作物种质资源保护与利用、黑土地保护与利用、农业区域品牌培育、灌排农业、农业废弃物资源利用、优质特色农产品认证评价以及水稻、大豆、茶叶、棉花、咖啡等地方特色农产品标准化生产技术推广等重点，下达25个国家农业标准化区域服务与推广平台建设项目。截至2021年12月底，已累计在29个省（区、市）开展了75个国家农业标准化区域服务与推广平台项目建设工作，指导平台项目承担单位结合当地区域优势和产业特色因地制宜提供标准化服务，推广标准化理念和方法，助推各地农业标准化整体水平提升。

（四）深入实施品牌强农战略

2021年以来，各级农业农村部门夯实国家粮食安全基础，深入推进农业供给侧结构性改革，以提高农业质量效益和竞争力为目标，深入实施品牌强农战略，健全品牌培育机制，壮大品牌发展体系，创新品牌营销模式，持续打造农业金字招牌，农业品牌建设步伐稳健有力。

1.加强政策扶持，深入推进品牌建设。农业农村部在"十四五"时期农业农村发展领域重点规划中，对农业品牌打造提出明确要求。《"十四五"推进农业农村现代化规划》强调，推动品种培优、品质提升、品牌打造和标准化生产，提升农业质量效益和竞争力，为推动"十四五"农业品牌建设提供了政策依据。《"十四五"全国种植业发展规划》《"十四五"全国畜牧兽医行业发展规划》《"十四五"全国渔业发展规划》《"十四五"全国农产品产地市场体系发展规划》《"十四五"全国农产品仓储保鲜冷链物流建设规划》《"十四五"全国农产品质量安全提升规划》《"十四五"农业农村国际合作规划》《农业农村部关于拓展农业多种功能 促进乡村产业高质量发展的指导意见》等

一系列政策文件，均提出农业品牌打造的任务目标。农业农村部印发《农业生产"三品一标"提升行动实施方案》，从全产业链角度，系统谋划品种、品质、品牌和标准化生产，明确提出了农业品牌打造的重点任务和主要目标。指导发布《农业生产"三品一标"提升行动产学研联合宣言》，推动科研院校、涉农企业、电商平台等发挥各自优势，开展人才培养、科技研发、战略咨询等合作。

2.强化标准建设，推动品牌规范发展。2021年，农业农村部积极推进农业品牌标准建设，设立农业品牌标准专家组，研究农业品牌标准理论框架，制定农业品牌标准体系。启动农业品牌行业标准建设，率先建立农产品区域公用品牌建设标准，制定《农产品区域公用品牌建设指南》。组织召开全国品牌农产品追溯管理经验交流活动，深入研讨品牌农产品追溯管理技术、标准制度等问题。

3.塑强区域品牌，带动品牌协同发展。在农业农村部统筹推动下，各地依托特色产业和资源优势，积极打造提升农产品区域公用品牌，构建农业品牌发展体系，带动企业品牌和产品品牌协同发展。2021年农业品牌摸底调研数据显示，全国省级农业农村部门重点培育的农业品牌中，农产品区域公用品牌约3 000个、企业品牌约5 100个、产品品牌约6 500个。

4.实施营销组合，促进品牌产品消费。各级农业农村部门将品牌营销作为农业品牌打造的重要一环，积极创新营销模式，将传统媒介与新型社会化媒介相结合、传统营销渠道与现代营销渠道相融合，强化现代信息技术应用，突出品牌文化塑造，形成"传媒＋科技＋文化＋渠道"相结合的农业品牌营销格局。充分利用中国国际茶叶博览会、中国农民丰收节等展会节庆活动，加大品牌营销推介力度，线上线下联动，将农耕文化、饮食文化、节庆文化、茶

文化等与农业品牌营销推广结合，为推动品牌营销创新提供了有效借鉴。

5．开展公益帮扶，助力实现有效衔接。2021年，启动脱贫地区农业品牌公益帮扶，重点聚焦乡村振兴重点帮扶县和农业农村部帮扶县，支持开展农业品牌创建。首批选择四川雷波、贵州剑河、湖北咸丰、重庆巫溪、西藏当雄等11个县，组织部属单位、行业协会、科研院所、市场主体等，共同支持帮扶县开展品牌规划制定、产品认证和商标注册、产销对接、品牌营销、宣传推广、品牌保护等工作，探索脱贫地区农业品牌创建机制和发展路径。

6．深化基础研究，赋能品牌创新发展。农业农村部指导举办中国农业品牌政策研讨会，发布《中国农业品牌发展报告（2021）》，面向全国征集农业品牌创新发展典型案例，促进各方交流互鉴，有力激发了农业品牌研究热情。持续跟踪全国农产品区域公用品牌建设，开展脱贫地区品牌帮扶机制、农业品牌溢价等专题研究。

专栏9

农业生产和农产品"三品一标"

2021年，农产品"三品一标"顶层设计不断强化，产品数量快速增加，全产业链标准化试点持续推进，品质评价创新开展，带证产品覆盖率有所提高，推广模式持续创新，标准体系加快完善，农产品"三品一标"推进取得积极成效。

案例1：狠抓射阳大米品质，擦亮金字招牌

射阳县是全国农业大县，也是全国超级产粮大县，先后获评全国农业（水稻）标准化示范县等各类国家级荣誉50多项，所产"射阳大米"驰名全国，品质指标远超国家优质米标准，2020年品牌价值评估达245.32亿元，列江苏稻米品牌首位。

（一）主要做法

一是培优品种提品质。射阳大米集团与江苏省农科院合作共建射阳大米产业研究院，建立射阳大米新品种"育、繁、推"一体化示范基地、繁育基地，开展高品质优良食味专用品种培育，已成功筛选出"鹤香粳1号""鹤香粳2号""鹤香粳3号"等3个射阳大米专属香型优质稻米品种，射阳大米品质进一步提升。

二是规范管理强品质。2001年在全国率先成立县级大米协会，先后制定了江苏省地方标准《地理标志产品 射阳大米》、团体标准《射阳大米稻谷栽培技术规程》等高于国家标准的稻米生产加工各环节标准化技术规程。建立"五统一"标准化生产模式，明确申请使用"射阳大米"商标必须符合产地、品质、质量、安全要求。截至2021年底，射阳大米地理标志生产规模达161万亩。

三是培育品牌促品质。2018年投入30亿元，组建江苏射阳大米集团（国家级农业龙头企业），积极参与射阳大米品牌建设工作。强化推介宣传，每年在北京、上海、南京等地召开新闻发布会、产销对接会。布展800平方米的射阳大米文化馆，讲述品牌故事，全方位多层次培育品牌。

四是净化市场保品质。射阳县政府先后制定出台《射阳优质稻米产业发展规划》《射阳大米产业健康发展实施意见》等政策文件，采用堵源头、净窗口、市场检查、司法维权等方式强化市场监管，遏制射阳大米制假售假。

（二）工作成效

一是绿色生态品质优。现有国家级绿色食品原料（水稻）标准化生产基地37万亩、江苏绿色优质农产品（水稻）基地43万亩、绿色食品（大米）认证面积13.8万亩，产出的射阳大米的胶稠度、食味评分、直链淀粉、每百克蛋白质含量、一二三级垩白度、碎米率等品质指标水平远超国家优质米。

二是富民增收效益高。射阳大米价格高出周边县市区0.1～0.2元/斤。全县现有62家大米加工企业，其中国家级农业龙头企业2家、省级3家、市级8家，形成年加工能力超300万吨、粮食仓储能力150万吨、年产销量100万吨的粮食产业集群，年增加收入近2亿元，人均增收500元。

三是市场认可品牌响。射阳大米先后获评江苏省名牌产品、中国名牌产品，在7次中国农产品区域公用品牌价值评估中均排在江苏首位，获得十四届和十六届中国国际农产品交易会金奖。截至2021年底，在上海、广东、浙江、江苏等10多个省份设立600多个销售窗口，与3 000多个连锁超市经营门店合作供货，在天猫、京东、拼多多等电商平台开设网店12家，销售区域达22个省（区、市）。

案例2："三品一标"兴产业　白茶铸就致富路

湖北省咸丰县是茶产业发展优势区。近年来，咸丰县围绕茶产业发展，从引种试验入手培优品种，按标准化种植建设绿色基地，工业化生产提升品质，区域化创建"唐崖茶"公共品牌，破解茶产业"低产低效"问题，探索出一条茶树良种化、茶园生态化、生产标准化、产品品牌化的茶产业高质量发展新路子。建成茶园基地28.3万亩，年产干茶1.2万吨，实现产值18.5亿元。

（一）主要做法

一是"促"落实：聚焦政策促动，推进"三品一标"建设。组织成立咸丰县农业生产"三品一标"提升行动工作领导小组，印发《咸丰县农业生产"三品一标"提升行动实施方案》，发布《咸丰县茶叶产业发展"十四五"规划》《咸丰县茶叶特色优势区发展规划》《"咸丰唐崖茶"区域公共品牌推介方案》等政策方案，形成政府搭台，企业、农户参与，多方协调推动"三品一标"工作落实的格局。

二是"提"品质：聚焦绿色发展，加强科技创新。从2014年起，大力引进并不断改良适合当地气候条件的"白叶一号"，建成优质白茶基地13万亩。推广"茶—沼—畜""有机肥+测土配方肥""有机肥+水肥一体化""自然生草+绿肥""有机肥+机械深施"等模式，减少化肥用量30%以上，茶园有机质提升2.9%。全县茶叶基地实现绿色防控全覆盖。深入推广"去夏增春 提质增效"绿色集成生产模式，覆盖全县企业基地和70%农户，实现增收20%以上。

三是"壮"主体：聚焦主体培育，推动标准化生产。从技改扩能、市场拓展等多方面扶持培育龙头企业。全县共有茶叶加工企业125家，拥有先进茶类生产线23条、企业创新专利3项，新设备、新技术应用率达80%以上。采取"公司+基地+农户"模式，紧抓茶园标准化建设，带动农户标准化生产，按照唐崖白茶、绿茶、红茶团体标准和生产技术规程，统一进行茶园肥药管理、采摘，实现标准化生产、加工、营销。

四是"创"品牌：聚焦世遗文化，强化市场拉动。依托世界文化遗产唐崖土司城遗址，充分挖掘茶诗、茶歌、茶戏等茶文化，整合全县茶叶品牌和商标，打造"唐崖茶"区域公共品牌。相继通过CCTV-7、湖北广播电视台垄上频道、农民日报、农村工作通讯等媒体对"唐崖茶"进行宣传推介。积极组织企业参加农交会、茶博会、农博会等大型展销活动。建成集休闲和茶叶流通为一体的唐崖茶市，推动"唐崖茶"销售体系构建。在"唐崖茶"品牌加持下，茶产业综合产值超20亿元。

（二）工作成效

一是品种结构优化。通过引进与培优"白叶一号"，全县建成白茶基地13万亩，种植面积居湖北省第一位，富硒白茶质优价高，每斤批发价1000～1 200元，带动农户亩均增收近万元，实现年产值近12亿元，成功创建"中国白茶产业发展示范县""中国富硒白茶县"。

二是产业质效提升。全县80%茶叶基地、125家茶企按照唐崖白茶、绿茶、红茶团体标准和生产技术规程进行管理、生产，推动价格提升10%以上。建成茶叶有机肥替代化肥示范基地12万亩，认证绿色有机茶园12万亩，成功创建"国家级农产品（茶叶）质量安全出口示范区""全国有机农业（茶叶）示范基地""绿色食品原料（茶叶）标准化生产基地""中国茶业百强县"。

三是品牌带动增强。"唐崖茶"品牌被评为"湖北省20强农产品区域公共品牌"，获得国家农产品地理标志认证。"唐崖"系列农产品年销售额12亿元以上，品牌价值达5亿元。

十八、农业绿色发展

（一）推进化肥减量增效

建立健全以"高产、优质、经济、环保"为导向的现代科学施肥技术体系，完善肥效监测评价体系，探索建立公益性与市场化融合互补的"一主多元"科学施肥推广服务体系，加快构建完备的化肥减量增效制度标准和工作机制。2021年，全国农用化肥施用量5 191万吨（折纯），比2020年减少1.1%。一是实施转移支付项目。落实农业资源保护转移支付化肥减量增效资金，将取土化验、田间试验、农户施肥情况调查等任务分解到省。二是制定技术指导意见。农业农村部种植业管理司组织科学施肥专家指导组，在春耕、"三夏"生产、秋冬种等关键农时制定和发布《主要农作物科学施肥指导意见》。为在黑土地保护建设中落实农艺培肥措施、指导合理增施有机肥，印发《增施有机肥培肥黑土地基础地力技术指导意见》。三是完善基础技术支撑。国家市场监管总局（标准委）发布《肥料标识 内容和要求》《有机肥料中19种兽药残留量的测定 液相色谱串联质谱法》等9项肥料领域国家标准,截至2021年12月底,累计发布肥料领域国家标准111项,覆盖了肥料产品有效成分含量、检测、标识以及有毒有害物质限量等内容,规范肥料生产和产品监管。农业农村部修订并发布《有机肥料》《肥料合理使用准则 有机肥料》两个农业行业标准,规范有机肥料生产使用。组织开展长江经济带主要粮油作物施肥情况调查,摸清施肥结构、施肥品种等变化情况。四是用好专家技术力量。开展"百名专家联百县"科学施肥活动,动员各级专家100名,对接示范县100个,制定科学施肥方案100个,组织技术培训100场,开展技术指导和宣传100次,持续推进施肥精准化、智能化、绿色化。组织召开科学施肥座谈会,广泛听取地方行政主管部门、肥料技术推广机构,以及相关行业协会、院士专家代表的意见建议,改进科学施肥相关工作。

(二)推进农药减量增效、绿色防控

积极推进农药减量增效工作,2021年全国种植业农药使用折百量24.83万吨,与2020年基本持平,高毒农药占比小于1%,用药结构持续优化,为促进农业绿色发展和高质量发展做出积极贡献。一是开展绿色防控示范县创建。在组织各地大力推进绿色防控、促进绿色防控与统防统治融合发展的同时,经县级申报、省级推荐、专家评审,评选出109个绿色防控示范县,整县制推广绿色防控技术,提升农业绿色发展水平。二是大力推进专业化统防统治。组织各地扶持发展专业化防治服务组织,大力推进专业化统防统治,促进农药减量增效。据统计,2021年三大粮食作物统防统治覆盖率达到42.4%、比上年提高0.5个百分点。三是加强科学安全用药培训。继续组织开展"百万农民

科学安全用药培训活动",通过线上线下累计开展培训3.7万场次,培训人数912万人次,免费发放各类书籍和挂图约70万册(张)。

(三)推进秸秆资源化高效利用

坚持农用优先、多元利用的原则,全面实施秸秆综合利用行动。一是加强重点县建设。以肥料化、饲料化、能源化利用为主攻方向,在全国布局建设401个重点县。创新支持方式,围绕全量利用、产业化、区域补偿3个方向,打造了41个样板县。二是加强科技支撑。成立"十四五"全国秸秆综合利用专家指导组,强化政策咨询、技术指导和服务支撑。在春耕、"三夏"生产、秋收等关键农时,印发不同区域秸秆还田指导意见。农业农村部会同国家发展和改革委员会印发《秸秆综合利用技术目录(2021)》,指导各地因地制宜推广选用适宜技术。三是加强调查监测。完善秸秆资源台账,形成系统操作指南,切实掌握秸秆资源底数和利用方向。在全国布局13个监测点位,针对温室气体排放、病虫草害发生规律等开展秸秆还田监测调查。四是加强宣传引导。举办"三夏"秸秆综合利用现场交流活动。通过央视、新华社、农民日报等权威媒体,短视频、公众号等新媒体,宣传推介秸秆综合利用亮点成效和典型经验模式。

(四)推动畜禽粪污资源化利用

粪污资源化利用既关系农村居民生产生活环境,又关系土壤地力改善和农业面源污染防治。2021年,畜禽粪污资源化利用取得积极成效,全国畜禽粪污综合利用率超过76%,规模养殖场粪污处理设施装备配套率达到97%以上。农业农村部会同国家发展和改革委员会印发《"十四五"全国畜禽粪肥利用种养结合建设规划》,突出畜禽粪肥还田利用,分区域提

出重点任务和主要技术，明确支持内容和项目布局，全面指导"十四五"畜禽粪污资源化利用工作。中央财政安排27.4亿元支持274个试点县整县开展绿色种养循环农业试点，以县为单位构建粪肥还田组织运行模式，带动县域内粪污基本还田，促进农业绿色发展。印发《规范畜禽粪污处理降低养分损失技术指导意见》，指导畜禽养殖场规范开展畜禽粪污处理和利用，提高粪肥利用价值，协同推进氨气等臭气减排。组织编制《畜禽粪肥还田利用典型案例》，推介13个省份18个典型案例，供各地因地制宜参考借鉴。会同生态环境部印发《关于加强畜禽粪污资源化利用计划和台账管理的通知》，推动畜禽粪肥还田利用可追溯，进一步推动畜禽粪污由"治"向"用"转变。

（五）推进农膜回收利用

落实农用薄膜管理办法，加强农膜污染全链条监管，联合有关部门持续开展农资打假、塑料污染治理等专项行动，依法打击非标地膜生产、销售、使用。继续支持100个农膜回收重点县建设，整县推进废旧农膜回收利用，不断健全回收网络体系。在西北地区10个县开展区域农膜回收补贴制度试点，探索建立农膜回收利用与涉农补贴资金挂钩的激励约束机制。在甘肃、山东等19个全生物降解地膜评价应用基地持续开展产品对比试验，验证降解地膜规模应用可行性。全国农膜回收率达到80%以上，重点地区农田"白色污染"得到有效治理。

（六）加强农业面源污染综合治理

2021年3月，生态环境部、农业农村部联合印发《关于印发〈农业面源污染治理与监督指导实施方案（试行）〉的通知》，加强政策顶层设计，健全农业面源污染治理监督指导工作机制，明确2025年和2035年工作目标，提

出"抓重点、分区治、精细管"的总体思路和任务安排。联合农业农村部印发《关于同意开展农业面源污染治理与监督指导试点的通知》，探索建立"查、测、划、治、评"的农业面源污染治理和监督指导体系。以长江经济带、黄河流域为重点，选定26个地区开展农业面源污染治理与监督指导试点，主要是调查监测面源污染，测算面源污染负荷，划定面源污染治理重点区域，推动重点区域治理面源污染，评估治理绩效。以水质超标风险高、种植业污染物排放量多、化肥施用强度大的地区为重点，筛选一批化肥减量重点县。

农业农村部联合国家发展和改革委员会印发《"十四五"重点流域农业面源污染综合治理规划》，聚焦长江、黄河等重点流域，谋划建设200个综合治理项目县，因地制宜实施农田面源污染防治、畜禽粪污资源化利用、水产养殖尾水治理、农作物秸秆综合利用、农膜回收利用等工程，提升流域农业面源污染治理水平。组建农业面源污染防治专家指导组，分区域分专题开展技术培训指导。优化农业生态环境监测"一张网"，在241个农田氮磷流失、500个地膜残留国控点开展周年监测，掌握农业生态环境动态变化情况。

各地积极探索农业面源污染治理监督指导。截至2021年底，浙江、重庆、宁夏、甘肃等4个省（区、市）率先印发省级农业面源污染治理与监督指导实施方案，26个试点地区全部完成方案编制。北京市、重庆市出台地方农业面源污染防治技术规范，支持农业面源污染科学治理、精准治理；河南省、湖南省开展小流域农业面源污染监测，探索建立监督指导体系；内蒙古自治区、江苏省构建完善的农业面源污染和农田退水监测体系；广东省拓宽资金来源渠道，依托世界银行贷款项目开展农业面源污染综合防治。

（七）加强农药包装废弃物回收

组织各省制定农药包装废弃物回收处理指导意见或实施方案，开展专题培训。在黑龙江、广东等6个省开展农药包装废弃物监测统计、信息化建设和回收处理试点，探索建立押金返还、折价购买、以物换物、现金回收等回收模式，村组—经营门店—乡镇—区县的收集运转模式，存储站分拣—清洗—无害化处理—资源化利用的处理模式，以及推广使用大包装农药和包装物循环利用模式。据统计，2021年累计回收包装废弃物4.06万吨、同比增加41.5%，回收率达58.6%，处理3.05万吨、同比增加33.5%。黑龙江省回收率已达到84%。

十九、水资源保护

（一）推进大型灌区续建配套和现代化改造

2021年8月，水利部、国家发展和改革委员会联合印发《"十四五"重大农业节水供水工程实施方案》，将124处大型灌区纳入续建配套与现代化改造实施范围。2021年8月和11月，下达总投资104.2亿元，其中中央投资75.4亿元，分两批启动了89处大型灌区现代化改造项目，实施水源工程改造33处、干支渠整治衬砌2 008公里、渠系建筑物改造4 935座、泵站更新改造123座，新建改造量测水设施1 298处。预计可新增恢复灌溉面积98万亩、改善灌溉面积1 670万亩、新增粮食生产能力8.2亿公斤、新增节水能力7.69亿立方米。

（二）推进中型灌区续建配套和节水改造

2021年1月，水利部、财政部联合印发《全国中型灌区续建配套与节水改造实施方案（2021—2022年）》，将461处中型灌区纳入改造范围。2021年，财政部会同水利部安排65亿元，启动了431处中型灌区续建配套与节水改造，改造渠首工程724座、渠（沟）道工程6 190公里、渠系建筑物18 411座，建设或改造工程管护设施3 970处、计量设施4 443处。预计可新增恢复灌溉面积230多万亩，改善灌溉面积近950万亩，新增粮食生产能力约9.2亿公斤，新增节水能力约9.9亿立方米。

（三）强化大中型灌区和泵站管理

水利部探索建立了大中型灌区名录进入退出机制，并对6 700多处中型灌区名录进行确认，建立健全中型灌区台账，实施动态管理。开展大型灌区续建配套与节水改造项目稽查，指导督促加强问题整改，确保工程质量。2021年11月，水利部印发《中型灌区续建配套与节水改造项目建设管理办法（试行）》，开展2019—2020年度重点中型灌区项目评估，将评估结果作为2022年度中型灌区中央补助资金分配的重要因素。持续推进落实《关于加强大型灌区、灌排泵站标准化规范化管理的指导意见（试行）》，加快推进标准化规范化管理工作。截至2021年底，以黄河流域和粮食主产区为重点，18个省份颁布省级实施细则，220多处大型灌区、160多处泵站开展了标准化规范化管理建设工作，灌区泵站管理能力和服务水平得到稳步提升。

（四）加强地下水保护与超采治理

1. 强化地下水管理工作。 2021年，《地下水管理条例》颁布实施，这是我国第一部地下水管理的专门行政法规，标志着地下水迈入依法管理的新阶段。加快确定地下水管控指标，以县级行政区为单元，明确地下水取水总量、水位"双控"指标。截至2021年底，水利部审查通过了13个省（区、市）的地下水管控指标成果，重庆、广西、湖南等7个省（区、市）的管控指标已经省级人民政府批准印发实施。组织开展新一轮全国地下水超采区划定工作，推动存在超采问题省份划定地下水禁采区、限采区范围。严格地下水保护监管，建立地下水位变化通报机制，对108个浅层及37个深层存在超采问题的地级行政区的地下水水位同比变化情况按季度进行通报，先后与水位下降较大的14个地区进行了技术会商，压实地方人民政府超采治理责任。

2. 加强农村地下水污染防治工作。 为促进农村地下水污染防治工作，按照打牢基础、健全体系、严守底线、防控风险、改革创新的思路，生态环境部开展农村饮用水水源水质监测调查，积极探索地下水型饮用水水源环境整治技术模式，强化地下水型饮用水安全保障。2021年2月，生态环境部制定《2021年国家生态环境监测方案》，组织各地区开展农村"千吨万人"饮用水水源地（包括地表水和地下水）水质定期监测工作，基本实现全覆盖。开展地下水污染防治试点，积极探索农村地下水型饮用水水源环境整治技术模式，并取得阶段性进展。

3. 推进重点区域地下水保护与超采治理。 2014年以来，水利部推动开展了南水北调东中线一期工程受水区地下水压采工作，并取得了城区年压减地下水超采量30亿立方米、农村地区年压减37亿立方米的历史性成效。2019年，水利部会同有关部门和地方，以京津冀地区为治理重点，采取"节、控、换、补、管"等措施，大力实施华北地区地下水超采综合治理。节水控水取得突破性进展，地下水开采量由2018年的126.8亿立方米减少到2021年的90.3亿立方米。调水补水力度超出预期，实施河湖生态补水累计超过170亿立方米，回补地下水亏空近80亿立方米。2021年12月底，京津冀治理区浅层地下水水位较2018年同期总体上升1.89米。水生态环境改善成效明显，补水涉及的22条（个）河湖共计形成有水河长2 355公里，最大水面面积750平方公里。永定河、潮白河、大清河、滹沱河、南运河等多条河流均实现全线贯通。

（五）支持高效节水灌溉设施建设

农业农村部支持各地结合高标准农田建设，重点在地下水超采地区，以及水资源紧缺、灌溉利用效率不高或水资源时空分布不均、供需矛盾突出的地区，因地制宜开展田间输水管道、喷灌、微灌等高效节水灌溉设施建设，增加有效灌溉面积，提高水资源利用效率和灌溉保证率，促进水资源集约节约利用和农业绿色发展。2021年全国新增高效节水灌溉面积2 825万亩，超额完成当年1 500万亩的建设任务。

（六）开展京津冀水资源专项执法行动

2021年5月至11月，水利部组织海河水利委员会及北京、天津、河北三省市水行政主管部门集中开展京津冀水资源专项执法行动，主要采取摸排巡查、随机抽查、建立线索台账、挂牌督办、定期通报、强化监督等措施。行动期间，共查处各类水资源违法案件824件，罚款6 653万元，规范非法取水量200余万立方米，截至2021年底，办结819件，结案率99.4%。积极推动一批重大水资源案件查处，形成水资源管理与水行政执法良好衔接机制，有效维护水资源管理秩序。同时，进一步畅通举报渠道，增强社会监督，群众爱惜水资源意识明显增强。

二十、农业生物资源保护

（一）持续开展野生生物资源调查与保护

1. 完善顶层设计。 国家林业和草原局配合国家发展和改革委员会等有关部门，编制出台《国家公园等自然保护地建设及野生动植物保护重大工程建设规划（2021—2035年）》《生态保护和修复支撑体系重大工程建设规划（2021—2035年）》等"双重工程"的子规划。国家林业和草原局、国家发展和改革委员会联合印发《"十四五"林业草原保护发展规划纲要》，明确当前和今后一个时期全国野生动植物保护的主要目标和任务，着重推进48种极度濒危野生动物和50种极小种群野生植物专项拯救。

2. 健全法规政策。 经国务院批准，国家林业和草原局、农业农村部联合发布调整后的《国家重点保护野生植物名录》，其中明确由农业农村主管部门负责管理131种和15类野生植物。国家林业和草原局编制印发《野生动物保护领域标准体系》，指导林草系统科学有序地推进有关标准的制定修订工作。2021年10月，国家林业和草原局发布实施《野生动物人工繁育管理规范 金丝猴》行业标准。

3. 推动林草种质资源保护利用。 初步建成国家、省两级和原地、异地、设施三种保存方式相结合的林草种质资源保存体系，建成国家和省级林木种质资源原地、异地保存库393处，布局建设了山东、新疆、湖南、内蒙古等4个设施保存分库，各级各类种质资源库累计保存约10万余份资源。国家林业和草原局组织开展林草种质资源鉴定评价，对油茶、杜仲等近80个树种种质资源开展了表型和重要性状鉴定工作，完成杨树、毛竹等10余个物种的全基因组测序。并建立林草良种标准样本库，持续开展林草良种分子鉴定工作。

4. 开展珍稀野生动植物资源调查监测。 落实国家生物多样性保护战略，国家林业和草原局推动野生动植物资源调查完成第二次全国重点保护野生植物资源调查，掌握资源本底和主要受胁因素，摸清我国最受关注的283种野生植物的种群数量、分布情况、生境特征、受威胁程度和就地保护情况等信息。组织开展野生稻、野生大豆、小麦野生近缘植物等20余种农业野生植物资源常规调查，抢救性收集一批重要物种资源。持续开展野生兰科植物资源专项调查，累计调查7.9万个样方，野外记录兰科植物约13万次，记录物种约1 200种，发现新种30种、中国新记录种10种。据不完全统计，2021年全国高等植物共发表11个新属和289个新种，增加62个新记录种。持续开展海南长臂猿、东黑冠长臂猿、白头叶猴、滇金丝猴、亚洲象、雪豹、普氏原羚、东北虎、朱鹮、绿孔雀、鹤类、蓝冠噪鹛等极度濒危野生动物的专项调查或监测。

5. 推动珍稀物种保护恢复。加强野生动物栖息地保护和拯救繁育，推动珍稀濒危野生动植物种群恢复性增长。加大农业野生植物原生境保护力度，在河北、湖北、湖南、江西新建4处原生境保护区（点），促进野生茶、野生猕猴桃等物种生境保护。稳妥推进普氏野马、麋鹿、野骆驼等濒危动物和德保苏铁、杏黄兜兰、报春苣苔等濒危植物的人工繁育及野化放归。国家林业和草原局、农业农村部联合印发《关于加强野生植物保护的通知》《关于进一步强化珍稀濒危野生动物及其栖息地保护管理的通知》，部署开展春季和秋冬季候鸟"护飞"工作，督导各地加强野生动物及栖息地保护，科学规范开展珍稀濒危物种收容救护、迁地保护和野化放归。

6. 强化野生动植物保护执法。加大执法力度，严厉打击破坏野生动植物资源违法犯罪行为。发挥国务院打击野生动植物非法贸易部际联席会议机制作用，多部门联动组织开展代号为"清风行动"的专项执法活动。国家林业和草原局印发文件明确禁限售野生动植物种类和禁用猎具，配合有关部门强化行政执法和行刑衔接等工作，并修订了"平安中国建设"考评办法，考评各地打击整治野生动植物非法贸易工作。

7. 加强野生动植物疫害防治。开展重点野生动物疫病监测预警，国家林业和草原局印发《2021年重点野生动物疫病主动监测预警实施方案》，在全国野生动物集中分布区、生物安全高风险区、候鸟春秋集中迁徙期组织开展野鸟禽流感、非洲猪瘟等重点野生动物疫病监测预警。科学应对野鸟高致病性禽流感、岩羊小反刍兽疫等21起野生动物疫情。实施重大林业有害生物防治能力提升工程，林业鼠（兔）害治理区鼠（兔）口密度、被害株率、被害枯死率显著降低，红脂大小蠹、松毛虫、杨树天牛等虫害治理成效显著。

8. 稳妥回应群众关切。国家林业和草原局印发《关于妥善解决人工繁育鹦鹉有关问题的函》，开展4种鹦鹉的专用标识试点，解决鹦鹉繁育中普遍存在的无证养殖、无法交易和来源合法性难以认定等问题，推动鹦鹉人工繁育产业规范、健康、良性发展。印发《关于妥善解决蛇类有关问题的通知》，明确人工繁育乌梢蛇、尖吻蝮可用作保健食品原料，解决两种人工繁育蛇类利用出路问题。印发《关于切实加强人工繁育野生动物安全管理的紧急通知》和《关于开展野生动物收容救护排查整治和监督检查的通知》，加强野生动物人工繁育、收容救护行业安全管理。开展野猪等野生动物致害情况摸底调查，在14个省（区）部署开展防控野猪危害综合试点，持续探索群众生命财产安全保障有效路径。探索构建野生动物致害补偿和保险长效机制，在新修订的《中央财政农业保险保费补贴管理办法》中，将野生动物毁损风险纳入补贴险种的保险责任。妥善处置亚洲象群北移事件，成功引导15头北移亚洲象全部南归适宜栖息地，未发生人象伤亡事件，受到各方充分肯定和赞誉，全球180多个国家和地区3 000多家媒体报道，社交平台点击量超过110亿次。

（二）水生生物资源养护效果明显

1. 调整完善渔业资源保护管理制度。优化海洋伏季休渔制度，对闽粤交界海域休渔制度进行调整，统一了北纬26.5°以南海域休渔时间。稳步扩大伏休期间专项捕捞品种，新增口虾蛄、鱿鱼、毛虾为专项特许捕捞品种，执行效果良好。研究提出黄河水生生物资源养护对策措施。在2020年试行基础上，全面实施公海自主休渔，积极养护公海渔业资源。

2. 强化渔业资源环境保护措施。科学开展水生生物增殖放流，农业农村部共举办增殖放流活动2 700余次，放流各类水生生物苗种440余亿尾，对促进渔业高质量发展发挥了重要作用。推进现代化海洋牧场建设，创建17个国家级海洋牧场示范区，总数达到153个。开展近海渔业资源调查和环境监测，联合生态环境部发布《2020年中国渔业生态环境状况公报》。

3. 提升水生野生动物保护水平。完善政策措施，农业农村部积极配合全国人大修订野生动物保护法，联合国家林业和草原局发布新调整的《国家重点保护野生动物名录》，将水生物种由48种（类）提高至302种（类），并就贯彻落实名录、加强海洋哺乳动物保护管理、规范科研活动审批等出台政策。强化执法监管，联合多部门开展打击野生动物违规交易专项执法行动，对违法行为形成有力震慑。开展救护宣传，举行海龟放流活动，将160只罚没救护海龟放归大海。组织救治12头搁浅瓜头鲸，并成功将其中6头放归大海。

4. 强化渔政执法监管能力。农业农村部依托"中国渔政亮剑2021"系列专项执法行动，扎实做好长江流域重点水域全面禁捕、海洋伏季休渔、内陆重点河流禁渔、水生野生动物保护和规范利用等9个专项执法行动，严厉打击涉渔违法违规行为。据不完全统计，2021年全国累计查办违法违规案件4.7万件，移送司法案件4 253件，清理取缔涉渔"三无"船舶2.6万艘，清理整治违规网具103.8万张（顶），渔业资源恢复明显，渔区经济效益、社会效益同步上升。农业农村部会同公安部、中国海警局联合部署开展海洋伏季休渔执法行动。农业农村部联合公安部、中国海警局、海关总署等部门制发《"三无"船舶联合认定办法》等政策文件，强化部门联动，提升执法协作。发布2020年度涉渔违法违规典型案例、2021年度海洋伏季休渔十大典型案例，强化警示教育，提升法律震慑。

（三）长江禁渔成效显著

长江十年禁渔是党中央、国务院为全局计、为子孙谋而作出的重大决策。2021年，农业农村部将长江十年禁渔作为一项重大政治任务抓实抓紧，在长江水生生物保护暨长江禁捕工作协调机制（以下简称部际协调机制）成员单位和沿江省（市）共同努力下，扎实推进退捕渔民安置保障，基本实现应帮尽帮、应保尽保；保持禁渔执法高压严管态势，初步遏制了非法捕捞案件高发频发态势；畅通长江口江海洄游通道，水生生物资源恢复向好。长江十年禁渔第一年平稳起步，实现了良好开局。

1. 完善政策设计，压紧压实各方禁捕责任。一是完善顶层设计。国务院办公厅印发《关于切实做好长江流域禁捕有关工作的通知》

(国办发明电〔2020〕21号）及3个实施方案。2021年，农业农村部先后制定《长江水生生物保护管理规定》《长江生物多样性保护实施方案（2021—2025年)》《长江十年禁渔工作"三年强基础"重点任务实施方案》等部门规章和政策文件，基本搭建起十年禁渔的政策体系框架。二是健全考核体系。推动将长江十年禁渔工作纳入国务院真抓实干督查激励支持范围。建立问题通报约谈制度，开展暗查暗访、挂牌督办，结合媒体监督、公开曝光等，进一步压实地方政府的主体责任。农业农村部印发《2021年度长江流域重点水域禁捕退捕工作考核办法》，明确开展"回头看"和年度考核等各项重点工作安排，加强监督考核和结果评定运用。总体来看，禁捕水域管理秩序总体平稳，水生生物资源逐步呈现恢复向好态势，长江十年禁渔起步平稳推进有力。

2. 开展专项行动，稳步推进十年禁渔。农业农村部会同公安部、国家市场监管总局实施为期三年的非法捕捞销售长江野生渔获物专项打击整治行动，加强重点水域、重点时段巡查执法力度，开展非法捕捞重点地区挂牌整治，调度推进专题部署工作。2021年，农业农村部先后5次召开打击非法捕捞专项推进会，9次开展流域性同步执法行动。跨部门协调执法力量，加强暗查暗访力度，指导沿江15个省（市）省际交界水域执法监管合作全覆盖，禁捕工作合力不断壮大，形成有力震慑。公安部先后7次组织对有禁捕任务的15个省（市）涉渔重点区域场所进行暗访，对发现的涉渔问题线索及时部署核查。国家发展和改革委员会安排中央预算内投资用于支持船艇、监控等执法装备设施建设。生态环境部将长江十年禁渔制度落实情况纳入中央生态环境保护督察和长江经济带生态环境警示片现场调查拍摄范畴，反馈交办发现的突出问题，

起到了较好的警示作用。市场监管部门始终保持高压态势，持续推进"长江禁捕 打非断链"专项行动，强化线上线下一体化监管。沿江各地签署交界水域联合执法协议，建立网格化监管体系，加大非法捕捞和市场销售非法渔获物打击力度。

3. 以旗舰物种为抓手，加强生物多样性保护。农业农村部长江流域渔政监督管理办公室印发《关于进一步加强长江流域水生野生动物保护工作的通知》，要求系统保护，加强水生野生动物的调查摸排，掌握重要栖息生境状况。加强中华鲟物种保护，农业农村部长江流域渔政监督管理办公室同湖北省农业农村厅和荆州市政府签订三方协议，建设长久性保护基地，成立了荆州市中华鲟保护中心。组织实施长江江豚迁地保护，共迁出天鹅洲故道长江江豚19头至何王庙故道等5个迁入点，优化长江江豚群体结构，近亲繁殖和遗传退化的风险得到缓解。推动部省共建水生生物保护基地。发挥有关科研院所、高校、民间保护力量，挂牌成立中华鲟、长江江豚及其他珍稀特有鱼类人工繁育和科普教育基地，持续夯实水生生物保护基础能力。

4. 构建资源监测体系，全面掌握生态环境底数。一是大力构建长江水生生物监测体系。抓住宣贯长江保护法的关键契机，不断强化各级地方政府主体责任意识，农业农村部设立长江流域水生生物资源监测中心，推动建立15个长江流域水生生物资源监测省级站，完善地方层面监测网络体系，建立了700多个监测点位，科学系统全面监测长江流域水生生物资源和水域生态环境。二是加速建立长江水生生物监测标准规范。2021年6月，农业农村部办公厅印发《关于加强和规范长江流域水生生物资源监测的通知》。农业农村部长江流域渔政监督管理办公室发布《关于进一步加强长江水生生物

监测监管工作的紧急通知》《关于规范长江水生生物资源监测标识的通知》，组织有关科研院所编制出版《长江水生生物资源监测手册》。三是加强监测工作监管力度。举行监测能力提升培训，提高监测人员队伍能力，加强监测工作监管力度，强化数据质量管控，提高监测工作的科学性和规范化水平。四是开展水生生物完整性指数评价。落实长江保护法要求，农业农村部会同国务院有关部委、长江流域19个省级人民政府编制《长江流域水生生物完整性指数评价办法（试行）》，并于2021年12月正式发布。通过设定科学合理的评价指标，组织开展水生生物完整性评价，并将结果作为评估长江流域生态系统总体状况的重要依据。五是发布《长江流域水生生物资源及生境状况公报》。2021年12月，农业农村部联合长江流域有关流域管理机构共同发布《长江流域水生生物资源及生境状况公报（2020年）》，总结长江流域珍稀特有水生生物状况、重点水域渔业资源及其产卵场分布情况、栖息地生态状况、保护修复措施实施情况，不断提升长江水生生物资源状况发布的权威性，增强社会公众对长江的关注和保护意识，进一步营造共抓大保护的社会氛围。

5. 加强生态补偿修复，统筹开展栖息生境保护。一是严格审查涉渔工程环境影响评价。开展涉渔工程水生生物专题评价报告编制问题通报，提高涉渔工程水生生态环境专题影响评价报告质量，切实提高编制报告的科学性、合理性及生态补偿措施的有效性，降低涉渔工程对水生生物的不利影响。合理调整国家级水产种质资源保护区范围和功能分区，进一步优化和充分发挥国家级水产种质资源保护区功能。二是加大涉渔工程执法检查力度。开展长江流域重要水生生物栖息地涉渔工程专项执法检查行动，抽查完成11个省80个涉渔工程的核查

工作，实施长江流域重要水生生物栖息地涉渔工程生态补偿措施及经费落实情况督导，指导各地加强涉渔工程监管，利用涉渔工程生态补偿资金，实施水生生物资源保护和栖息生境修复工程。三是规范开展增殖放流活动。2021年11月，农业农村部长江流域渔政监督管理办公室印发《关于进一步规范长江禁渔后水生生物增殖放流工作的通知》，从规划编制、全程监管、苗种质量、科技攻关、严格执法、宣传教育等方面，提高禁捕后增殖放流工作的科学性和实效性。据统计，6月6日全国"放鱼日"前后，长江流域及以南内陆水域同步举办增殖放流活动150余场，放流各类水生生物苗种超过7.6亿尾（粒），大幅增加水生生物资源。7月30日，农业农村部与重庆市在三峡库区万州江段联合举办长江珍稀濒危水生生物增殖放流活动，放流中华鲟、长江鲟、胭脂鱼等国家重点保护水生野生动物和长江上游珍稀特有鱼类共计5万余尾。12月10日，农业农村部、安徽省人民政府在安徽芜湖联合举办长江水生生物科学增殖放流活动，放流中华鲟、胭脂鱼等共计10万余尾，农业农村部副部长马有祥出席活动并宣布活动开始。四是联合实施水库生态调度。农业农村部长江流域渔政监督管理办公室与水利部长江水利委员会、三峡集团等单位开展2021年三峡水库生态调度试验联合会商，并在水生态监测、生态调度效果评估、针对中华鲟等物种的生态调度需求研究、信息共享等方面加强合作。

通过实施长江禁捕、加强水生生物保护系列措施，长江水生生物资源量急剧下降的趋势得到初步遏制。在南京、武汉等长江干流江段，长江江豚出现频率显著提高，部分水域长江江豚单个聚集群体达到60多头。调查显示，2018年刀鲚专项（特许）捕捞取消后，2020年和2021年鄱阳湖刀鲚的资源量增加了数倍，

2021年监测到刀鲚已溯河洄游至历史上限洞庭湖水域。20年未见的鳡鱼在洞庭湖和长江中游再次出现。2017年赤水河率先试点全面禁捕后，资源量达到禁捕前的1.95倍，特有鱼类种数由32种上升至37种。这些都表明长江水生生物资源呈现逐步恢复向好趋势。

专栏10

长江十年禁渔

长江十年禁渔是党中央、国务院为全局计、为子孙谋的重要决策。农业农村部把长江十年禁渔作为"十四五"期间重点工作任务，列入"保供、衔接、禁渔、建设、要害、改革"6个关键词，提出了"一年起好步、管得住，三年强基础、顶得住，十年练内功、稳得住"的总体思路，会同11个部际协调机制成员单位和15个省（市）政府部门，完善政策措施，落实安置保障，加强执法监管，全面落实长江流域重点水域禁捕工作总体部署，努力保障水生生物休养生息和水域生态功能修复。

一是完善顶层设计，政策体系框架基本搭建。坚持中央统筹、部门协同、省负总责、市县抓落实的工作机制，强化考核检查和督促指导，压实相关部门行业责任和地方政府属地责任。2021年，农业农村部会同相关部门制定了《长江水生生物保护管理规定》《长江生物多样性保护实施方案（2021—2025年）》和《长江十年禁渔工作"三年强基础"重点任务实施方案》等系列文件，全面构建长江水生生物保护管理制度。

二是推进安置保障，退捕渔民生计水平改善。多措并举做好退捕渔民转产就业帮扶和社会保障工作，确保退捕渔民基本生活有保障、长远生计有出路。农业农村部开展长江退捕渔民就业帮扶"暖心行动"，累计培训近2万人。人力资源和社会保障部会同协调机制成员单位健全工作长效机制，实施动态精准帮扶，着力拓展渠道、优化就业服务、加强技能培训、防范风险隐患，巩固拓展安置保障成果。截至2021年底，沿江有退捕任务的10个省（市）有就业能力和意愿的16.45万名退捕渔民转产就业，实现应帮尽帮；符合条件的22.18万人参加基本养老保险，实现应保尽保。

三是加强涉渔执法监管，渔政执法能力增强。加强渔政执法队伍和装备能力建设，强化长江渔政特编执法船队作用，切实提升农业农村部直属执法机构能力水平。持续开展日常执法巡查监管和各类专项打击整治行动，依法惩治非法捕捞等破坏水生生物资源的行为，确保禁捕管理秩序总体平稳。2021年，农业农村部和公安部两个部门，月均查办非法捕捞行政案件和刑事案件分别为1 000多起和400多起，分别比2020年下半年月均减少约20%和约50%，非法捕捞高发频发态势得到初步遏制。市场监管部门开展"长江禁捕 打非断链"专项行动，加强市场监管执法，严厉打击市场销售长江流域非法渔获物行为，查处各类案件5 303件，市场销售长江非法渔获物势头得到有效遏制。

四是推进物种保护，生物资源逐步恢复向好。大力实施以中华鲟、长江鲟、长江江豚为代表的珍稀濒危物种拯救行动，加强水生生物资源调查监测，科学评价长江水生生物完整性指数，切实保护长江水生生物多样性。2021年，"微笑天使"长江江豚群体在鄱阳湖、洞庭湖、湖北宜昌和中下游江段出现的频率显著增加，20多年未见的鳤鱼在长江中游又重新出现，长江刀鲚时隔30年再次溯河洄游到达历史分布上限洞庭湖，水生生物资源恢复向好趋势逐步显现。

五是加强宣传引导，共抓大保护群众基础形成。各地各部门把长江十年禁渔工作作为重要政治任务来抓，地方政府主体责任进一步压实，部门协同配合进一步密切，广大退捕渔民充分理解支持，社会上形成了关心关注长江十年禁渔的良好氛围。

（四）加强外来入侵物种防治

1. 强化顶层设计，健全工作机制。2021年1月，经国务院同意，农业农村部会同自然资源部、生态环境部、海关总署、国家林业和草原局印发《进一步加强外来物种入侵防控工作方案》，明确总体要求和重点举措，全面部署推进防控工作。建立防控部际协调机制和专家委员会，加强部门协商与政策咨询。落实生物安全法规定，研究制定外来入侵物种名录和管理办法，明确重点管理物种，构建源头预防、监测预警、控制清除等全链条管理制度。国家林业和草原局推进有害生物防治标准化建设，施行国家及行业标准114项，基本形成林业生物灾害防治标准体系框架。海关总署成立三级外来入侵物种口岸防控工作领导小组，并将外来入侵物种口岸防控纳入国家"十四五"发展规划和海关"十四五"发展规划，研究出台加强"十四五"时期海关动植物检疫工作的指导意见，实施进一步加强国门生物安全建设的系统性工作方案。外来物种入侵防控法律法规和政策体系日益完善。

2. 强化普查监测，加强重点治理。2021年6月，农业农村部等七部门联合印发《外来物种普查总体方案》，启动普查工作，尽快摸清我国外来入侵物种的种类数量、分布区域、发生面积、危害程度等情况。国家林业和草原局印发《关于全国森林、草原、湿地生态系统外来入侵物种普查工作方案的通知》《全国森林、草原、湿地生态系统外来入侵物种普查技术规程》，推进林草外来入侵物种普查。强化进出境动植物监测预警能力建设和应急处置体系建设，拓宽口岸监测范围，将外来入侵物种列为国门生物安全监测重点对象。加强境外动植物疫情和外来入侵物种信息搜集，及时组织开展专项风险评估。强化"外防输入"，对从7个国家进口的松木采取更加严格的检疫措施。强化"内防扩散"，组织开展"绿剑""绿盾"和"全国松材线虫病疫木检疫执法"等专项行动。加强重大危害物种治理，加密草地贪夜蛾"三区四带"综合布防体系，抓住春秋两季实施红火蚁联合防控行动，在南方重点省份推进福寿螺阻截防控，指导地方开展加拿大一枝黄花等恶性入侵杂草系列灭除活动。

3. 强化风险研判，实现精准布控。加强境外入侵物种风险信息搜集，结合历史截获数据，开展安全准入风险研判。不断完善布控关键词库，研究布控规则，实现对旅客行李、寄递物等非贸渠道的精准布控。严格种质资源引入审批，完善和规范引进程序，强化引入后使用管控，督促特许审批申请单位落实防范和应急处置措施，防止引入物种逃逸、扩散。海关总署积极参与外来入侵物种部际协调机制，共同开展防控研讨和联合调研，完善检疫性有害生物名录，有效形成外来物种入侵防控合力。推动松材线虫病防治，2021年12月，国家林业和草原局印发《关于科学防控松材线虫病疫情的指导意见》，确定"十四五"防控目标任务和防控策略措施，全力推进松材线虫病防治五年攻坚行动计划。2021年底，松材线虫病发生面积和病死树数量首次实现"双下降"。

4.强化检疫查验，筑牢口岸防线。海关总署制定《海关有害生物和外来物种初筛鉴定室通用规范（试行）》，进一步加强口岸动植物检疫检查体系建设，提升口岸技术查发能力。同时，部署开展了打击非法引进外来物种和种子苗木的"国门绿盾2021"专项行动，2021年，全国海关累计从寄递物和旅客携带物中截获活体动植物8 473种次，同比增加98.4%。

二十一、乡村生态保护与修复

（一）农用地土壤污染治理

2021年，按照《中共中央 国务院关于深入打好污染防治攻坚战的意见》，生态环境部以"精准治污、科学治污、依法治污"为指导，实施农用地土壤镉等重金属污染源头防治行动，在受污染耕地集中的县级行政区开展污染溯源，深入推进农用地土壤污染防治。

1.实施农用地土壤镉重金属污染源头防治行动。在"十三五"涉镉等重金属重点行业企业排查整治基础上，生态环境部联合财政部、自然资源部、农业农村部、粮食和储备局印发《农用地土壤镉等重金属污染源头防治行动实施方案》，突出精准治污、科学治污、依法治污，保持力度、延伸深度、拓宽广度，坚持系统观念，以耕地污染突出地区为重点，将土壤污染防治与大气、水、固体废物污染防治统筹部署、综合施策、整体推进，集中解决了一批影响土壤环境质量的突出污染问题。

2.开展农用地重金属污染排查整治工作。截至2021年底，全国31个省（区、市）均印发省级工作方案，积极开展排查整治工作。一是严格涉重金属行业污染物排放管控。对纳入大气重点排污单位名录的涉镉等重金属排放企业，督促其按规定实现颗粒物在线自动监测，并与生态环境主管部门监控设备联网。河南、陕西、四川、重庆等省份在矿产资源开发活动集中区域、耕地安全利用和严格管控任务较重的地区，划定执行颗粒物和镉等重金属特别排放限值的地域范围，进一步减少镉等重金属排放。二是全面排查矿区历史遗留固体废物，分阶段治理，逐步消除存量。31个省（市、区）制定矿区历史遗留固体废物排查方案，涉及固体废物约387.6万吨，已完成治理固体废物约99.5万吨。同时，将农用地土壤镉等重金属污染源头防治作为打好土壤污染防治攻坚战的重要考核任务以及粮食安全责任制考核、食品安全工作评议等重要指标，推动地方进一步落实主体责任。

3.全面推进耕地土壤重金属污染成因排查。 按照精准治污要求，进一步摸清耕地土壤重金属污染成因。生态环境部总结"十三五"耕地土壤污染成因排查和分析试点工作经验，形成了耕地土壤重金属污染成因排查工作指南，以及耕地土壤重金属输入输出因素调查监测技术要求。在此基础上，贯彻落实《中共中央 国务院关于深入打好污染防治攻坚战的意见》关于"受污染耕地集中的县级行政区开展污染溯源"的要求，生态环境部在重点地区部署开展成因排查工作，要求聚焦污染溯源，以重金属镉为重点，对影响耕地土壤环境质量的输入因素和输出因素进行调查监测，识别污染源和污染途径，因地制宜采取污染源头治理措施，切断污染物进入农田的链条。

（二）乡村地区水环境治理

1.实施水土流失综合治理。 2021年，财政部通过水利发展资金安排45亿元，支持各地因地制宜开展水土保持工作。依据《黄河流域生态保护和高质量发展规划纲要》，立足黄河流域水土流失治理和农业农村现代化发展需要，2021年6月，水利部联合国家发展和改革委员会印发《黄河流域淤地坝建设和坡耕地水土流失综合治理"十四五"实施方案》，对"十四五"时期支持山西、内蒙古、山东、河南、陕西、甘肃、青海和宁夏等8个省份因地制宜实施坡耕地综合整治进行了部署，明确提出治理坡耕地407万亩的目标任务。2021年，共安排7个省份水土保持中央预算内水利投资13.5亿元，综合整治坡耕地86万亩，年可增收粮食近1.5亿斤，在防治水土流失、保护耕地资源、提高农业综合生产能力等方面发挥了重要作用。

2.推进水美乡村建设工作。 2021年，水利部会同财政部安排中央财政水利发展资金51.13亿元，支持地方开展85个水系连通及水美乡村试点县建设。地方各级各司其职、密切配合、同步发力，打破行业壁垒，引领治水、控污、护林、城乡环境整治等协同开展。累计治理河流945条、湖塘1 231处，新建连通通道406公里，新建改建生态护岸4 121公里，新建污水处理厂约300座，新建景观节点近500处。试点县建设区水安全保障能力明显提升，河湖生态功能和农村人居环境显著改善，乡村水特色产业蓬勃发展，涌现出一批县域治水样板，大大增强了试点县农村群众的获得感、幸福感、安全感。

3.强化河湖长制。 2021年，水利部组织建立长江、黄河流域省级河湖长联席会议机制，建立完善流域管理机构与省级河长办协作机制，进一步完善河湖长履职尽责、监督检查、考核问责、正向激励等制度。清理整治河湖乱占、乱采、乱堆、乱建问题2.9万个。指导各地在落实河湖管理保护单位日常管护责任的同时，因地制宜设置巡河员、护河员等岗位，优先吸纳满足岗位技能要求的当地脱贫人口和低收入人口就业，守护河湖"最后一公里"。2021年，全国各地共设置巡河员（护河员）80.8万人，其中聘用脱贫人口担任巡河员（护河员）共计22万人。

（三）乡村生态屏障保护修复

2021年，乡村生态保护修复持续开展，生态系统稳定性不断增强，乡村生态基础不断改善，生态安全防线进一步巩固。

1.有效推进荒漠化石漠化治理。 荒漠化石漠化治理形式进一步拓展。2021年1月，国家林业和草原局印发《全国沙产业发展指南》，科学保护修复荒漠生态系统，进一步引导合理适度利用沙资源，推动沙区人口资源环境可持续发展。制定《全国防沙治沙综合示范区建设方案（2021—2035年）》，组织指导地方推动示范项目建设。将荒漠生态保护补偿纳入《生态保护补偿条例》，并将荒漠化土地纳入补偿范围，中央财政安排1.1亿元用于开展荒漠生态保护补偿试点。推进沙漠公园建设，全面总结公园建设成效，积极做好沙漠公园优化调整工作，首次安排资金用于国家沙漠（石漠）公园项目。强化沙化土地封禁保护区项目建设，续建9个沙化土地封禁保护区。国家林业和草原局修订《国家沙化土地封禁保护区管理办法》，研发沙化土地封禁保护区建设管理系统，对封禁保护区范围内建设活动实施全面监管。荒漠化石漠化治理体系进一步完善。国家林业和草原局全面完成第六次荒漠化和沙化调查，区划和调查图斑5 721万个，建立现地调查图片库36.66万个，采集照片146.65万张。开展国家林草综合监测评价荒漠化、沙化、石漠化年度监测工作。组织开展石漠化综合治理工程成效总结和评估，开展防沙治沙综合示范区考核验收，通过科学评估加强对示范区的管理认定。荒漠化石漠化治理能力进一步增强。国家林业和草原局编制《北方防沙带防沙治沙技术指南》，加强对防沙治沙工作指导。成立全国荒漠化防治标准化技术委员会。国家林业和草原局编发《荒漠化防治领域标准体系》，开展系列标准制定工作，规范荒漠化防治工作。加强沙尘暴灾害应急能力建设，修订《重大沙尘暴灾害应急预案》，推进沙尘暴灾害应急处置管理平台建设，举办沙尘暴灾害监测应急能力提升培训班，提升防灾减灾知识和能力水平，积极应对春季8次沙尘天气。

2.国土绿化水平全面提升。 坚持规划引领。2021年8月，国家林业和草原局印发《"十四五"林业草原保护发展规划纲要》，根据《全国重要生态系统保护和修复重大工程总

体规划（2021—2035年）》，编制印发了东北森林带、北方防沙带、南方丘陵山地带、自然保护地建设及野生动植物保护重大工程建设等4个专项规划。注重因地制宜。28个省（区、市）印发主要乡土树种名录，全国人工造林基本实现全部使用乡土树种，主要造林树种良种使用率提高到65%。发布我国主要草种目录，在牧草的基础上增加了生态修复用草等草种类型。鼓励农村"四旁"（水旁、路旁、村旁、宅旁）种植乡土珍贵树种，新建乡土树种和珍贵树种采种基地62处、保障性苗圃基地641个，发布《全国苗木供需分析报告》，引导广大林农合理安排苗木生产。2021年，"三北"工程区灌木造林比例由过去的16.6%提高到20%，树种结构进一步优化。强调科学实践。2021年，国家将"十三五"期间全国每年造林任务666.67万公顷以上，调整为国土绿化任务666.67万公顷，其中造林360万公顷、种草改良306.67万公顷，并逐步提高封山育林、退化林修复任务比重。统筹推进山水林田湖草沙系统治理，推动实施71个重点区域生态保护修复项目和20个国土绿化试点示范项目。开展科学绿化试点示范省建设，支持地方创新方式方法，系统治理进程明显加快。2021年，国家林业和草原局制定《关于加强国土绿化作业设计管理的规定》，推进作业设计合理性评价，强化作业设计实施监管，进一步规范作业设计施工，提高国土绿化成效。2021年，国家林业和草原局修订《造林技术规程》《乡村绿化美化技术规程》，增加乡土树种、混交方式等技术要求，科学确定主要树种造林密度，提倡旱区低密度造林育林。提升管理水平。国家林业和草原局、自然资源部联合印发《造林绿化落地上图技术规范（试行）》，实行造林绿化任务直达到县、落地上图，开发落地上图管理系统，建立了国家、省、市、县四级上图技术和管理

体系。建设林草生态网络感知系统，构建了天空地一体化综合监测评价体系，运用国土"三调"、林草资源监测及年度更新成果，提升国土绿化成效监测水平。压实地方各级政府保护发展森林草原资源目标责任，将科学绿化确定为林长制考核重要内容，强化森林草原防火防虫督导检查。火灾、病虫害发生次数、受害面积明显下降。

3. 退耕还林还草成果持续巩固扩大。完善相关政策。国家林业和草原局系统总结2014年以来新一轮退耕还林还草各地出台的地方性政策，为进一步研究完善政策提供有力支撑。国家发展和改革委员会、国家林业和草原局等部门完成退耕还林还草实施情况评估。加强规范管理。根据国土"三调"数据，会商自然资源部向有关省（区）下发《自然资源部办公厅 国家林业和草原局办公室关于报送退耕还林还草任务需求的通知》，对各地新一轮退耕还林还草已实施地块上图入库、年度任务需求的图斑落实及带图斑申报退耕任务等工作进行安排部署，进一步规范工程管理。推进年度任务。2021年3月，国家林业和草原局印发《关于抢抓春季造林时机 加快退耕还林还草工程进度的通知》，截至2021年底，共完成退耕还林还草任务39.91万公顷。

4. 持续推动草原生态保护与修复。继续实施第三轮草原奖补政策。2021年8月，国家林业和草原局联合财政部、农业农村部印发《第三轮草原生态保护补助奖励政策实施指导意见》，加强草原保护管理，促进草原合理利用，改善草原生态状况，推动草原地区绿色发展，保持政策目标、实施范围、补助标准、补助对象"四稳定"，确保政策连贯、农牧民预期稳定。进一步明确财政部门、农业农村部门和林草部门的分工，理顺政策实施体制，完善部门协调机制，保障政策顺利实施。提高政策科学性，规定第三轮草原补奖政策资金主要用于支持实施草原禁牧、推动草畜平衡，适时推动符合标准的禁牧草原植被解禁，通过动态调整、草畜平衡实现草原科学有序利用。2021年12月，国家林业和草原局办公室、农业农村部办公厅联合印发《关于落实第三轮草原生态保护补助奖励政策切实做好草原禁牧和草畜平衡有关工作的通知》，指导和督促各地切实做好优化调整草原禁牧和草畜平衡区、认真做好草原禁牧管理、扎实推进草畜平衡制度落实、加强基础信息共享互通等四个方面的重点工作。全面推行草原禁牧轮牧休牧。国家林业和草原局印发《关于进一步加强草原禁牧休牧工作的通知》，要求各地积极完善草原禁牧休牧制度，科学组织实施禁牧休牧，不断提高禁牧休牧成效。切实加强监督管理。2021年5月，国家林业和草原局印发《关于组织开展2021年草原执法监管专项检查督查的通知》，要求各地加大对草原禁牧休牧轮牧制度落实情况的监督检查力度，严厉查处违反草原禁牧休牧制度等违法违规行为，切实有效保护草原资源。国家林业和草原局赴四川、甘肃、宁夏、新疆等四省（区）和新疆生产建设兵团开展抽查督查，督导地方加大执法监管力度，切实落实好草原禁牧轮牧休牧制度。加大草原鼠害防治力度。2021年，国家林业和草原局进一步开展草原鼠害防治工作，采取植物源杀鼠剂、天敌控鼠、物理器械及其他技术措施对鼠害进行防控，同步开展防控区块草原补播改良等生态修复措施，共完成草原鼠害综合防治面积1 019万公顷，同比增加90.31%，其中，绿色防治面积519.73万公顷，同比增加38.66%，绿色防治比例达到51%。大部分省份超额完成2021年草原鼠害防治任务，草原鼠害危害面积快速增长势头得到一定程度控制。稳步恢复草原生态环境。通过重点区域生态保护和修复专项安排中央预算内投资25亿元，支持有关省（区）开展人工种草20.93万公顷、草原改良60.73万公顷、围栏封育53.97万公顷、黑土滩和毒害草治理20.67万公顷。支持有关省份开展退化草原生态修复、草原有害生物防治、草种繁育和草原防火隔离带建设。加大草原生态保护修复力度，全年完成种草改良生态修复任务306.67万公顷。

5.稳步推进林长制建设。全面推行林长制。2021年9月，国家林业和草原局印发《贯彻落实〈关于全面推行林长制的意见〉实施方案》，成立国家林业和草原局林长制工作领导小组及其办公室，召开全面推行林长制工作会议，全面部署工作，指导各地建立健全林长制体系。认真贯彻落实习近平总书记重要指示精神，国家林业和草原局按照中央和国家机关督查检查考核计划及国务院激励事项有关要求，将原有林草综合督查、检查、考核整合为林长制督查考核，2021年3月，国家林业和草原局制定《林长制督查考核办法（试行）》和《林长制激励措施实施办法（试行）》，全面落实林草资源保护发展目标责任制，并通过激励措施充分调动各地林草资源保护的积极性、主动性。编发《林长制简报》31期，扎实开展业务培训9期，加强主流媒体宣传，总结推广安徽、江西等省先进经验做法。压实党政领导林草保护发展责任。以"长"为核心，明晰责任主体，划分责任权限，强化激励考核，不断压紧压实责任。制定林长责任清单，明确协作单位职责，初步建立横向到边、纵向到底、全域覆盖的责任网格。广西壮族自治区围绕下达市级林长年度任务清单62项内容，通过林长制解难题、办实事，建立信息公开、督查督办、考核问责机制，明确奖惩措施，推动履职担责；内蒙古自治区以总林长督查、林长办督查和成员单位督查3种方式督促责任落实；江西省九

江市试行林长制终身责任追究制；安徽省落实激励奖补资金5 000万元。构建林草资源保护发展新格局。国家林业和草原局以"制"为保障，形成林长统领、部门协作、社会参与的工作模式，构建齐抓共管、资源整合、同向发力的林草治理新格局。总林长统筹谋划，将生态文明建设融入经济社会发展大局。河北、安徽、湖北、江苏、山东、陕西等省将推行林长制纳入京津冀协同发展、长江经济带发展、黄河流域生态保护和高质量发展等重大战略区域生态系统保护和修复。福建、海南等省开展林业碳汇行动，助力"双碳"目标实现。部分省（区）建立部门协作机制，形成改革合力，着力解决制约林草发展的重点难点问题。浙江、广东两省提高生态效益补偿标准，安徽省将林区道路纳入"四好农村路"建设，林草保护发展投入不断加大。北京、重庆、安徽等9个省（市）建立"林长+检察长"协作机制，检察监督力度有效增强。山东、广西、贵州、福建等省（区）设立"民间林长""志愿林长""小林长""产业林长"，宣传培训、政策解读工作再上新台阶，爱绿植绿护绿氛围日渐浓厚。

（四）乡村地区生态系统综合治理

1.部署开展全域土地综合整治试点。2021年1月，经各省申报、复核、社会公示等程序，自然资源部印发了全域土地综合整治试点名单，部署了446个以乡镇为基本单元的全域土地综合整治试点，涉及28个省（区、市）。为探索不同模式的全域土地综合整治试点，又开展了宁波市域、广州市从化区、广西交通沿线三个全域土地综合整治试点。相继印发实施要点、实施方案编制大纲、备案材料要求等文件，初步建立了全域土地综合整治制度体系。要求试点各地构建政府主导、部门协同、上下联动、社会参与的统筹协调机制，探索"全域

规划、全域设计、全域整治"的实施模式，严把规划先行、保护耕地、维护群众利益等底线要求，确保风险总体可控。同时，全国25个省（区、市）陆续印发了省级全域土地综合整治指导意见或工作指南等政策标准，细化了工作流程、明确了工作要求，其中部分省份结合本省实际情况，因地制宜部署开展了832个以乡镇为基本单元的省级全域土地综合整治试点。

2. 农村人居环境整治取得积极成效。 2021年12月，中共中央办公厅、国务院办公厅印发《农村人居环境整治提升五年行动方案（2021—2025年）》，继续安排中央预算内投资30亿元，支持中西部省份农村厕所革命、农村生活垃圾污水治理、村容村貌提升等，改善农村人居环境。大力实施生态保护与修复重大工程，统筹山水林田湖草沙，开展系统保护和修复，完善重要生态系统保护制度，促进乡村生活环境稳步改善，自然生态系统功能和稳定性全面提升，生态产品供给能力进一步增强。

二十二、农业对外交流与合作

2021年，面对新冠肺炎疫情的持续蔓延和错综复杂的国际形势，农业外事与国际合作交流以习近平新时代中国特色社会主义思想为指导，全面落实开放发展理念，紧紧围绕实施乡村振兴战略和构建"双循环"新发展格局，积极推进农业"走出去"，深化农业对外合作与交流，开展农业对外援助，取得了明显成效，为"十四五"农业农村国际合作再上新台阶奠定了坚实基础。

（一）农业"走出去"

农业对外投资稳步增长。对外直接投资是中国农业企业"走出去"的一种主要模式，截至2020年底，我国农业对外投资存量302.2亿美元，投资范围覆盖六大洲（除南极洲外）的108个国家及地区，共在境外设立农业企业1 010个；其中，在"一带一路"共建国家投资存量175.0亿美元，占比57.9%。农业对外投资产业类别不断丰富，对外投资已涵盖粮、棉、油、糖、胶、畜、渔、农资农机八大领域，在丰富我国农产品来源、推动企业增强国际竞争力的同时，也为改善东道国农民生活、保障当地粮食安全作出重要贡献。

（二）对外合作

多双边农产品贸易合作持续深化。利用多双边经贸合作机制，加强多双边沟通协商，维护自由开放的农产品贸易环境，保障我国企业合法权益和利益。随着农业对外合作走深走实，农产品市场双向开放程度不断提高，我国深化以"一带一路"为重点的多双边合作，积极推进中国—海合会、中国—以色列、中国—

尼加拉瓜等涉农自贸协定谈判工作，深入参与降税模式设计和产品出要价等关键环节，最大限度争取农业出口利益。截至2021年底，我国已通过19个自由贸易协定与全球26个国家和地区建立了优惠贸易安排，与23个国家签署电子商务合作备忘录。2021年，我国与已生效的自贸伙伴间的农产品贸易额达到1 174.9亿美元，贸易伙伴已拓展到210多个国家和地区。坚定维护以世界贸易组织（WTO）为核心的多边贸易体系，办好中国国际进口博览会、中国进出口商品交易会、中国国际渔业博览会、中国国际食品博览会、中国国际薯业博览会等国际展会以及"国际茶日"，深入推进农业国际贸易高质量发展基地和国家进口贸易促进创新示范区建设，支持商协会和地方政府开展各种形式的农产品贸易促进活动，为"买全球、卖全球"搭建平台，为我国农业国际合作提供了发展空间。

（三）对外交流

对外交流"朋友圈"不断拓展。2021年，通过举办一系列线上线下农业国际交流会议，中国农业在交流品种、技术、资金、人才与经验等方面不断取得进展。成功举办第130届中国进出口商品交易会，线下展设立"乡村振兴特色产品展区"，线上展设立"乡村振兴专区"，为脱贫地区企业提供"零门槛、零费用"的国际贸易平台，共有883家次企业免费参展，上传展品3.96万件。在二十国集团（G20）框架下，举办国际粮食减损大会，习近平主席为大会致贺信，在国际社会引发热烈反响。我国参与G20农业部长会议、WTO G33部长级非正式会议、金砖国家农业部长会议、东盟与中日韩农林部长会议、中拉农业部长论坛等重大国际会议，分享中国维护粮食安全、减贫和推进

农业现代化等方面的重要举措和成功经验，推动农业交流合作向更广更深层次拓展。加强区域合作交流，举办中国—东盟农业合作论坛、澜湄合作农业联合工作组会、澜湄水果节，中欧农业农村发展对话会、第七届中德农业周系列活动及首届中德农业青年领军者论坛，中国—中东欧国家农市集活动等，推动农业农资产品、产能、经贸、技术对接交流。成功举办中国—太平洋岛国渔业发展论坛、全球水产养殖大会、中国国际渔业博览会，在远洋渔业、养殖技术、渔业设施和装备、水产品加工等领域开展交流与合作。

（四）对外援助

我国农业对外援助，以推动构建人类命运共同体为引领，因地制宜帮助其他发展中国家加快农业发展。组织实施了一批成套、技术、物资等农业领域各类型援助项目；在全球发展和南南合作基金项下与国际组织合作开展了农业援助，主要提供粮食援助；为广大发展中国家培训了农业官员、专家和技术人员，得到受援国政府和人民的广泛赞誉。2001年中国首个援外菌草技术示范基地在巴布亚新几内亚建成落地，截至2021年，这一技术已推广至全球一百多个国家。菌草在受援国当地被誉为"幸福草"。2006年10月至2021年5月，中国在莱索托顺利完成4期菌草技术援助项目。摸索出"基地+旗舰点+农户"推广模式，与当地农业部门的推广体系相结合，形成较为完整的菌草技术推广体系，中国专家组制定各项操作技术时尽量简便化，使莱农民"一看就懂、一学就会、一做就成"，加速中国援助菌草技术顺利进村入户，提高当地民众自身发展能力，促进脱贫致富，带动当地新兴产业发展，推动保护生态环境的良性发展。

第四章　实施乡村建设行动

一、乡村规划编制

在前期印发的《关于进一步加强村庄建设规划工作的通知》（建村〔2018〕89号）、《关于加强村庄规划促进乡村振兴的通知》（自然资办发〔2019〕35号）、《关于进一步做好村庄规划工作的意见》（自然资办发〔2020〕57号）等文件基础上，各地加快推进县级国土空间规划和村庄规划编制。指导地方科学编制村庄规划，明确在村庄规划中要统筹考虑产业空间布局，合理保障产业用地需求。利用农村闲置集体建设用地，推动存量建设用地盘活利用，提高节约集约用地水平，指导各地通过规划推动村庄建设，改善农民居住品质和生活环境，形成县域统筹、分区分类、以简化管用为导向的规划体系和方法，为农房和村庄建设发挥引导和支撑作用。

（一）夯实村庄规划的基础

在县域面上，基本完成县级国土空间总体规划编制，发挥规划的指导约束作用，坚持"先规划、后建设"，发挥好"多规合一"的国土空间规划的引领作用，推进乡村统筹集中建设。在县、乡镇国土空间规划和村庄规划编制中，根据村庄人口变化、区位条件和发展趋势等基本情况，按照尊重历史、顺应自然地理格局、保护历史文化、维护群众利益、因地制宜的原则，合理确定村庄分类和布局，明确撤并、保留、集聚等不同类型村庄的空间分布。在科学评估基础上，明确哪些村保留、哪些村整治、哪些村缩减、哪些村做大。

（二）保护乡村特色风貌

2021年中央1号文件提出，编制村庄规划要立足现有基础，保留乡村特色风貌。住房和城乡建设部会同农业农村部、国家乡村振兴局印发《关于加快农房和村庄建设现代化的指导意见》，在选址布局、农房设计建造、村庄环境、基础设施和公共服务设施配套、村容村貌提升等方面提出了12条基本要求，形成乡村建设"营建要点"，要求地方不挖山填湖、不破坏水系、不砍老树，顺应地形地貌。以农房为主体，利用古树、池塘等自然景观和牌坊、古祠等人文景观，营造具有本土特色的村容村貌。尊重乡土风貌和地域特色，精心打造农房的形体、色彩、屋顶、墙体、门窗和装饰等关键要素。建立村庄历史文化遗产调查评估机制，充分挖掘和保护传承村庄物质和非物质文化遗存，保护并改善村落的历史环境和生态环境、营造留住"乡愁"的环境。

（三）坚持资源节约原则

优先利用村庄内部闲置和空闲土地安排村

民住宅，尽可能减少宅基地占用农用地和生态用地，严格落实"一户一宅"。城乡统筹布局基础设施和公共设施，强化县城综合服务能力，把乡镇建成服务农民的区域中心，提高资源利用节约集约水平。

（四）坚持共建共治共享

完善规划编制机制，支持自下而上编制规划，运用共建共治共享的理念，推动建立政府组织领导、村民发挥主体作用、专业人员开展技术指导的规划编制方法。通过座谈走访、入户调研、工作坊等方式，了解农民需求，共同发现需要解决的乡村建设突出问题、研究解决方案、确定建设目标和内容，编制实施村庄建设规划，指导农房和村庄建设。

（五）坚持积极有序原则

在村庄点上，积极有序推进村庄规划编制。我国村庄数量多、区域差异大、发展阶段不同、类型复杂，自然资源禀赋、文化传统等各有特点。在加快推进村庄规划工作的同时，应充分认识村庄规划工作的复杂性、艰巨性，保证规划管用、能用、好用。对暂时没有条件编制村庄规划的，在县、乡镇国土空间规划中做好安排，明确国土空间用途管制规则和村庄建设管控要求，据此进行用地审批和规划许可，确保乡村建设有规可依。

截至2021年底，90%以上的县形成了规划初步方案，全国计划编制实用性村庄规划约20万个，形成待批成果约7万个、在编约5万个，已编数和在编数占计划编制数的60%。

二、乡村基础设施建设和管护

各部门各地区认真落实党中央、国务院决策部署，把农房和基础设施建设重点放在农村，持续改善农村生产生活条件，推动乡村面貌发生新变化。2021年底，87.3%的村通公共交通，99.1%的村进村主要道路为水泥或者柏油等硬化路面，97.4%的村村内主要道路为水泥或柏油路面。农村信息化基础设施建设持续推进，2021年底，100%的村通宽带互联网，94.2%的村安装了有线电视。农村基础设施的不断完善，有力助力农村生产发展。2021年底，

有电子商务配送站点的村超过33万个，开展休闲农业和乡村旅游接待的村近5万个，农村生产生活条件明显改善。

（一）加强农村住房建设与管理

1.持续开展农村低收入群体危房改造。2021年4月，住房和城乡建设部、财政部、民政部、国家乡村振兴局四部门联合印发《关于做好农村低收入群体等重点对象住房安全保障工作的实施意见》，建立农村低收入群体等重

点对象住房安全动态监测机制。2021年下达中央财政农村危房改造补助资金99.46亿元，支持55.5万户保障对象实施危房改造和抗震改造。农村危房改造成效显著，在2021年5月云南漾濞县、青海玛多县发生的6.4级地震、7.4级地震中，经过危房改造后的农房有效保障了农民群众生命和财产安全。

2. 深入开展农房安全隐患排查整治。 依托部际协调机制，推进农房安全隐患排查整治工作，住房和城乡建设部赴29个省（区、市）、73个县、227个行政村开展了实地调研，深入分析我国农村房屋安全隐患问题和农村工程建设项目管理情况，组织召开19次排查整治工作联络员视频调度会，定期调度工作进展。经过努力，基本完成全国2.24亿户农房排查摸底和用作经营的农村自建房阶段性整治任务，消除了一批农房安全隐患。

3. 推进现代宜居农房建设。 住房和城乡建设部指导各地立足本地实际，编制推广农房通用设计图集，推进现代宜居农房建设，建成一批功能现代、结构安全、成本经济、绿色环保、与乡村环境相协调的现代宜居农房。推广新型建造方式，在浙江、河北、四川、安徽、青海、西藏等地开展装配式钢结构等新型建造方式农房建设试点，累计建成钢结构农房30多万套。通过示范引领，提高农房设计和建造水平，改善农民群众居住环境。2021年6月，住房和城乡建设部、农业农村部、国家乡村振兴局联合印发《关于加快农房和村庄建设现代化的指导意见》，从选址与安全、提高农房设计建造水平、提升村庄公共环境、完善基础设施和公共服务设施等方面，明确乡村建设应当共同遵守的12条基本要求，形成乡村建设营建要则。组织35个县、223个村开展试点，探索可复制可推广的经验，推动完善农房功能，提高农房品质，加强农村基础设施和公共服务设施

建设，提升乡村建设水平。加强乡村建设工匠队伍建设，推动乡村建设工匠纳入国家职业分类大典。完善职业体系建设，2021年培训乡村建设工匠4.5万余名并颁发培训合格证书。提高工匠技能水平和综合素质，推动落实乡村建设工匠责任制，保障农房建设质量安全。

（二）加强农村交通运输建设

1. 加强政策支持。 一是调整完善"十四五"车购税资金政策。2021年3月，财政部、交通运输部联合印发《车辆购置税收入补助地方资金管理暂行办法》，"十四五"时期采取"以奖代补"方式支持普通省道和农村公路建设，继续支持革命老区、民族地区、边疆地区、脱贫地区交通运输发展。二是加大对普通公路养护支持力度。2021年11月，财政部、交通运输部联合印发《政府还贷二级公路取消收费后补助资金管理办法》，采取"以奖代补"方式，支持引导地方加大普通公路养护力度。开展成品油税费改革政策评估调研，推动完善税费政策。调整完善"十四五"农村客运补贴资金政策，提高城乡客运均等化服务水平。

2. 提升农村交通运输服务能力。 一是加快完善农村公路网络。2021年3月，交通运输部印发《农村公路中长期发展纲要》，在巩固具备条件的乡镇和建制村通硬化路成果基础上，有序推进乡镇通三级及以上等级公路建设、较大人口规模自然村（组）通硬化路建设，推进农村公路建设项目更多向进村入户倾斜。2021年新建改建农村公路17.5万公里，农村公路投资约4 095亿元。二是推进城乡客运一体化发展。2021年8月，交通运输部等九部门联合印发《关于推动农村客运高质量发展的指导意见》，引导有条件的地区有序推进城乡公交线路向城区周边重点镇村延伸和农村客运班线改造。2021年6月，交通运输部、农业农村部联

合印发《关于加强农村地区重点时段群众出行服务保障工作的通知》，进一步优化农村客运服务供给，加强农村地区重点时段群众出行服务保障，着力解决农村群众出行"急难愁盼"问题。三是在有条件的地区发展内河航运。持续推进内河航道向支流延伸，加快推进航道基础设施建设和便民码头建设，服务农村物流和人民群众出行需求，带动沿线经济社会发展。

3.深入推进农村公路管养体制改革。一是夯实地方主体责任。全国31个省（区、市）和新疆生产建设兵团全部制定深化农村公路管理养护体制改革的实施方案，市级和县级实施方案制定率分别达到63%和56%。二是推进改革试点工作。遴选167个管理养护体制改革试点单位稳步有序推进试点工作。三是全面推行农村公路"路长制"。加快建立覆盖县、乡、村道的农村公路"路长制"，进一步夯实县级人民政府主体责任。截至2021年底，全国共有路长45.5万人，其中县级1.4万人、乡级6万人、村级38.1万人，全国有农村公路管理任务的县级单位农村公路"路长制"覆盖率达80.7%。四是深入推进管理信息化。2021年，交通运输部等部门印发《关于进一步加强农村公路技术状况检测评定工作的通知》《关于进一步加强普通省道和农村公路路面技术状况数据核查工作的通知》等文件，加快推进管理信息化，着力提升管理效能。

4.推动农村交通运输高质量发展。一是积极深化"四好农村路"全国示范县创建。2021年5月，交通运输部、财政部、农业农村部、国家乡村振兴局联合印发《关于深化"四好农村路"示范创建工作的意见》，2021年度共命名153个全国示范县并通报表扬40个"四好农村路"建设市域突出单位，推动"四好农村路"从典型示范引领向全域达标发展转变。二是深入开展城乡交通运输一体化示范县创建。

完成第一批城乡交通运输一体化示范县验收，命名北京市怀柔区等41个城乡交通运输一体化示范县，确定北京市通州区等61个第二批城乡交通运输一体化示范创建县。三是持续开展农村物流服务品牌宣传推广。在全国范围内开展农村物流服务品牌宣传推广工作，公布第二批35个农村物流服务品牌名单，组织开展第三批农村物流服务品牌申报工作。

5.提高农村交通安全保障能力。一是加强设施维护改造。交通运输部印发《关于进一步强化农村公路设施服务和安全保障能力的通知》，严格落实交通安全设施与公路建设主体工程"三同时"制度。2021年，全国改造农村公路危桥7 670座，完成农村公路安全生命防护工程8.11万公里，在2.38万个平交路口加装4.74万个减速带。二是加大隐患排查整治力度。开展船舶碰撞桥梁隐患治理专项行动，基本完成跨高等级航道桥区风险隐患排查工作并转入集中整治阶段。积极推进航运枢纽大坝除险加固专项治理，对存在安全隐患的52座老旧中小型病险航运枢纽大坝开展除险加固工作。三是加强技术培训指导。组织开展农村公路建设质量"两服务一培训"志愿帮扶活动，对31个省（区、市）和新疆生产建设兵团的1 978条农村公路开展工程质量义务检测服务，选派2 256名专业技术人员免费开展现场技术指导。四是开展现场安全督查。对陕西、湖南、四川等省份农村公路建设质量安全情况进行督查，抽检农村公路部分实体质量，督促问题整改。

6.助力加快美丽乡村建设。一是推进"农村公路+产业"融合发展。建设一批旅游路、产业路、资源路，串联乡村主要旅游景区景点、主要产业和资源节点、中小城镇和特色村庄等，改善农村主要经济节点对外公路交通条件。二是加快"美丽农村路"建设。交通运输部组织编制《"美丽农村路"建设指南》，结合美丽乡村建设、农村人居环境整治，深化"美丽农村路"建设，助力乡村振兴战略实施。三是推进水上旅游航道建设。将推动旅游航道建设纳入《水运"十四五"发展规划》，印发《交通运输部办公厅关于开展打造国内水路旅游客运精品航线试点工作的通知》，支持有条件的地区发展农村水路旅游客运。

7.加快形成农村公路共建共享模式。2021年，国家发展和改革委员会印发《全国"十四五"以工代赈工作方案》，在小型交通基础设施建设领域推广以工代赈、"一事一议"等方式，组织研究农村公路建设领域以工代赈实施路径和技术要求，进一步开发农村公路公益性岗位，促进农民增收。加强农民工权益保障，保障工资足额按时发放。截至2021年底，全国共设置农村公路就业岗位76.3万个，平均年收入达1.3万余元，吸纳脱贫户37.8万人；其中，公益性岗位30.5万个，平均年收入约0.9万元，吸纳脱贫户24.2万人。

（三）加强农村水利设施建设

1.推进农村供水保障工作。指导各地推进农村饮水安全向农村供水保障转变。截至2021年底，全国农村自来水普及率提升至84%，规模化供水工程覆盖农村人口的比例达到52%。一是全力巩固脱贫攻坚农村供水成果。水利部印发《关于加强农村饮水安全动态监测工作的通知》《"十四五"巩固农村供水脱贫攻坚成果工作方案》，加强对脱贫地区、脱贫人口和供水条件薄弱地区农村人口饮水状况的全面排查和动态监测，累计排查并推动解决1 600多万农村人口供水不稳定问题，确保问题动态清零。二是统筹谋划"十四五"农村供水发展。2021年，水利部召开5次全国视频工作推进会议，联合国家发展和改革委员会、财政部、农

业农村部、国家乡村振兴局等8个部门出台《关于做好农村供水保障工作的指导意见》，印发《全国"十四五"农村供水保障规划》，指导28个省份和新疆生产建设兵团编制省级规划。三是扎实推进农村供水工程建设。指导督促脱贫地区将农村供水工程建设项目纳入巩固拓展脱贫攻坚成果和乡村振兴项目库，下达第二批中央财政衔接资金50亿元时，督促指导各地重点用于国家乡村振兴重点帮扶县解决农村供水保障不够稳定、季节性缺水、防止规模性返贫等突出短板。水利部会同国家开发银行召开会议并印发通知，鼓励加强政银企合作，多渠道筹措农村供水工程建设资金。2021年，各地共落实农村供水工程建设资金570.8亿元，提升了4 263万农村人口供水保障水平。四是持续开展工程维修养护。下达农村供水工程维修养护中央补助资金28亿元，较2020年增加了11.6%。各地共完成维修养护资金37.03亿元，维修养护农村供水工程9.9万处，涉及农村人口2.04亿人。加大水费收缴力度，实现了农村集中供水工程全面定价收费的目标任务，促进工程长效运行。对各地骨干师资进行培训，推动各地健全完善村级管水员队伍，全年累计培训2.9万人。五是强化工程规范化管理。指导督促地方健全全面落实农村供水管理县级人民政府主体责任、水行政主管部门行业监管责任、供水单位运行管理责任等"三个责任"。推进县级农村供水工程区域统筹管理，整体提升运行管理和技术服务水平。"千吨万人"供水工程推行企业化经营和专业化管理，小型供水工程全面健全管水员队伍，已配备基层管水员63.5万人，占配备需求的95%以上，鼓励有条件的地区对小型供水工程采取政府购买服务等方式，提升专业化管护水平。

2.实施病险水库除险加固。编制印发

《"十四五"水库除险加固实施方案》。2021年，下达中央预算内投资46.71亿元，支持实施129座大中型病险水库除险加固项目。截至2021年底，国务院明确的2020年前已鉴定的256座大中型病险水库完成初步设计审批200座，占78.1%；开工167座，占65.2%；完工75座，占29.3%；竣工验收14座，占5.5%。安排中央水利发展资金39.2亿元，开展小型水库除险加固。截至2021年底，2021年4 295座小型病险水库除险加固项目，主体工程完工1 830座，其中2020年提前安排的1 389座已基本完工。

3.推进中小型水库建设。加大中央财政投入力度，支持相关地方实施中小型水库建设，解决部分地区的工程性缺水问题。2021年，下达中央预算内投资50亿元，支持66座中型水库建设，投资完成率87.9%，其中新下达投资项目19座全部开工。安排中央财政水利发展资金30.5亿元，支持97座小型水库建设，投资完成率95.2%，其中新安排资金项目71座全部开工。

4.加强水库运行管理。截至2021年底，完成27 316座水库安全鉴定，实施1 495座水库降等报废。2021年雨水情测报设施投入使用2 655座小型水库，大坝安全监测设施投入使用902座。严格落实水库大坝安全责任制，全国9.8万座水库均落实大坝安全责任人，并向社会公布。逐库落实小型水库行政、技术、巡查责任人16.5万人。通过暗访检查、电话抽查等形式，完成对8 066座水库防汛"三个责任人"履职、病险水库安全度汛措施落实、汛限水位控制等情况的监督检查。不断完善全国水库运行管理信息系统，录入9.8万座水库基础信息和管理信息，建立覆盖各级水利部门、水库管理单位的管理应用体系，实现与水利"一张图"、防汛会商等系统的互联互通。加强中小水库尤其是病险水库安全度汛，建立病险水

库台账，逐库落实限制运用措施，病险水库原则上主汛期一律空库运行。指导地方对27 578座分散管理的小型水库推行区域集中管护、政府购买服务、"以大带小"等专业化管护模式。组织开展第二批全国深化小型水库管理体制改革样板县工作，确定第二批68个深化小型水库管理体制机制改革样板县名单。

5.推广以工代赈方式。2021年，累计安排中央预算内水利投资901亿元，支持地方实施防洪减灾、水资源配置等水利项目建设，加快完善农村水利基础设施网络。在农村水利领域推广以工代赈方式，结合巩固拓展脱贫攻坚成果同乡村振兴有效衔接水利项目实施，积极吸纳农村脱贫人口和低收入人口就近就地就业增收。2021年各地全部或部分采取以工代赈方式实施的中央投资水利项目，累计吸纳农村劳动力41.58万人，累计发放农民工劳务报酬26.47亿元。

（四）加强农村能源设施建设

1.农村电网供电保障能力显著增强。在全面完成"十三五"新一轮农网改造升级工程的基础上，继续组织实施农村电网巩固提升工程，下达中央预算内投资计划195.6亿元，其中中央预算内投资50亿元，重点支持国家乡村振兴重点帮扶县、其他脱贫地区、革命老区等农村电网薄弱地区，提升农村电网供电保障水平，增强农村分布式可再生能源接入能力。2021年，全国农村地区平均供电可靠率达到99.84%，用户平均停电时间为14.06小时/户。

2.农村可再生能源多元化开发利用。一是发展分布式光伏。截至2021年底，全国分布式光伏累计装机1.08亿千瓦，占全部光伏装机的35%。组织开展整县（市、区）屋顶分布式光伏开发试点工作，全国共676个试点县，当年试点累计并网容量1 547万千瓦，其中农村居

民屋顶光伏累计并网容量近1 000万千瓦，推动小而散的太阳能资源规模化利用，为促进县域经济发展、巩固拓展脱贫攻坚成果发挥了重要作用。二是强化风能开发建设。2021年5月，国家能源局印发《关于2021年风电、光伏发电开发建设有关事项的通知》，建立健全开发建设管理长效机制。推进建设以沙漠、戈壁、荒漠地区为重点的大型风电光伏基地，进一步推动风电光伏集中开发利用。三是强化地热能开发建设。2021年，国家能源局印发《关于因地制宜做好可再生能源供暖相关工作的通知》《关于促进地热能开发利用的若干意见》等文件，提出地热能开发利用的发展目标、明确促进地热能开发利用的重点任务、提出规范地热能开发利用管理的相关意见以及保障措施。四是稳步推进生物质能多元化开发利用。截至2021年底，我国生物质发电并网装机容量3 798万千瓦，其中农林生物质发电1 559万千瓦、垃圾焚烧发电2 129万千瓦、沼气发电110万千瓦。生物质能多元化利用有效处理了大量农林废弃物、生活垃圾等各类城乡有机废物，为改善农村人居环境、增加清洁能源供应、应对大气污染和气候变化、推动农业发展和农民增收做出积极贡献。

3.稳步推进农村地区散煤治理。贯彻落实党中央、国务院关于推进北方地区冬季清洁取暖的重要决策部署，各地区、各部门将群众温暖过冬放在首位，坚持以气定改、以供定需、先立后破、不立不破，按照宜电则电、宜气则气、宜煤则煤、宜热则热的原则，因地制宜科学规划清洁取暖技术路线，有序推动相关工作。截至2021年底，京津冀及周边地区、汾渭平原累计完成散煤治理2 700多万户，减少散煤使用6 000万吨以上，基本完成平原地区生活和冬季取暖散煤替代，实现农村清洁便利炊事取暖，农村居民告别"烟熏火燎"的煤炉

取暖方式，有效解决室内空气污染，大幅降低了散煤燃烧带来的大气污染物和温室气体的排放，促进减污降碳协同增效。

（五）加强农村通信网络建设

1.农村及偏远地区网络覆盖水平显著提升。2021年11月，工业和信息化部印发《"十四五"信息通信行业发展规划》，深化农村及偏远地区4G网络覆盖，加大对国家乡村振兴重点帮扶县支持力度，推动5G网络向农村及偏远地区延伸，推动全国行政村历史性实现"村村通宽带"，已通光纤行政村平均下载速率超过100兆比特/秒，实现与城市同网同速。

2.农村地区用网成本大幅降低。基础电信企业持续给予农村脱贫户5折及以下基础通信服务资费折扣，惠及脱贫户超过2 800万户，累计让利超过88亿元。广大农村地区用户每月只需30～40元，即可享受个人手机、固定宽带和网络电视套餐包，获得感大幅提升。截至2021年12月，农村互联网普及率达57.6%，较"十三五"初期翻了近一番，城乡普及率差距缩小11个百分点。

3.农村通信网络赋能效应充分彰显。加快农村网络覆盖村委会、学校和卫生室，推进"互联网+"教育和医疗应用发展。全国中小学校（含教学点）实现100%宽带通达，远程医疗覆盖所有脱贫县，优质基础教育医疗资源加速向农村拓展。广泛覆盖的城乡网络，有力保障了新冠肺炎疫情期间2亿学生"停课不停学"。全国农村网络零售额从2015年的3 530亿元增长到2021年的2.05万亿元。网络流量为农村群众带来了产品销量、增加了收入数量、提高了生活质量。基层党建、社会服务进村入户，农村电商、直播带货蓬勃兴起，乡村旅游、智慧农业快速发展，手机成为新农具、直播成为新农活、数据成为新农资。

（六）推动数字乡村建设

数字乡村是乡村振兴的战略方向，也是建设数字中国的重要内容。《中华人民共和国国民经济和社会发展第十四个五年规划和2035年远景目标纲要》提出"加快推进数字乡村建设"。党中央、国务院高度重视数字乡村建设，围绕数字乡村"建什么、谁来建、如何建"等重大问题，先后出台一系列政策文件，建立跨部门统筹协调机制，持续推进相关试点工作，推动数字乡村建设取得良好开局。

1.完善顶层设计，加强数字乡村整体规划。2021年5月，中央网信办、农业农村部、国家发展和改革委员会、工业和信息化部印发《2021年数字乡村发展工作要点》，部署了9个方面21项重点任务。2021年7月，中央网信办、农业农村部、国家发展和改革委员会等七部门联合印发《数字乡村建设指南1.0》，提出数字乡村建设总体参考框架，明确各类典型应用场景的建设内容、建设主体任务、注意事项等关键要素，并分别从省级、县级两个层面给出指导性建议。2021年11月，国务院印发《"十四五"推进农业农村现代化规划》，对"加快数字乡村建设"作出专门部署。2021年12月，中央网络安全和信息化委员会印发《"十四五"国家信息化规划》，将"开展数字乡村发展行动"列为十大优先行动之一。2021年12月，中央网信办会同农业农村部等九部门制定《数字乡村发展行动计划（2022—2025年）》，提出"十四五"时期数字乡村发展目标，从数字基础设施升级、智慧农业创新发展、新业态新模式发展、数字治理能力提升、乡村网络文化振兴、智慧绿色乡村打造、公共服务效能提升、网络帮扶拓展深化等8方面进行了重点部署。

2.强化统筹协调，加强数字乡村上下联动。2021年，中央网信办、农业农村部、国家发展和改革委员会、工业和信息化部、国家乡村振兴局牵头成立由44家部门（单位）组成的数字乡村发展统筹协调机制，明确统筹协调机制职责分工，推动数字乡村重点任务落实，及时处理需要跨部门协调解决的问题，推动形成高效运行的工作机制。2021年11月，数字乡村发展统筹协调机制第一次会议在京召开，会议强调要聚焦重点，完善乡村新一代信息基础设施，推进数字乡村标准化体系建设，构筑政府、市场、社会协同推进的工作格局。

3.积极宣传引导，加强数字乡村试点建设。中央网信办、农业农村部、国家发展和改革委员会、工业和信息化部、科技部、国家市场监督管理总局、国家乡村振兴局等七部门部署开展国家数字乡村试点阶段性评估工作，重点围绕组织保障、工作成效、特色做法、宣传推广等，梳理总结首批国家数字乡村试点地区工作推进情况，指导推动浙江、河北、辽宁、黑龙江等15个地区开展省级试点示范工作。2021年4月，全国数字乡村建设工作推进会在福建福州召开，宣介了福建寿宁、浙江临安、安徽砀山、山东肥城等地试点经验。同期举行第四届数字中国建设峰会数字乡村分论坛，探索构建多元参与、可持续发展的数字乡村共建格局。

4.深化数字赋能，促进农业数字化转型。农业农村部推动实施2021年度数字农业建设项目，建设数字农业装备等5个国家数字农业创新中心、分中心，以及23个数字农业创新应用基地，加快现代信息技术创新集成和转化推广。农业农村部组织制定"十四五"数字农业技术攻关图，明确研发的重点方向和主要任务。深入推动"互联网＋"农产品出村进城工程，持续拓展农产品网络销售渠道。2020年以来择优推选了110个县（市、区）作为"互联网＋"农产品出村进城工程试点，与电商企业合作，共同开展试点建设，促进当地农产品上网销售。

5.夯实信息基础，深化数字引领信息惠农。一是开展农业农村信息化示范基地认定工作。农业农村部修订《全国农业农村信息化示范基地认定办法》，认定106个2021年度农业农村信息化示范基地，向全国示范推广信息化典型技术和模式。二是推动农业农村大数据体系建设。成立农业农村部大数据发展中心，编制《农业农村大数据业务框架》，加快推进大数据应用推广。组织开展农业农村重要数据指标体系完善设计，研究适应乡村全面振兴和农业农村现代化的统计指标框架体系。三是推动信息进村入户。持续做好益农信息社规范管理，推动益农信息社可持续运营。截至2021年底，全国共建成运营益农信息社46.7万个，为农民和新型农业经营主体提供公益服务2.9亿人次、开展便民服务5.9亿人次，让农民进一个门、办样样事。四是提升农民数字素养与技能。积极举办全国农民手机应用技能培训活动，组织各类市场主体，采取线上线下相结合的方式，培训农民应用手机进行农事作业、销售农产品、丰富文化生活、展示乡村美景等技能。2021年农民手机培训受众累计超过4 100万人次。五是深化乡村地名服务活动。依托"中国·国家地名信息库"，推动367.5万条乡村地名在互联网地图上准确规范标注，新增地名累计点击查询量超10亿人次，使全国200余万个乡村、超2亿人收益，便利乡村百姓出行导航、山货进城、快递进村。

6.打造数字引擎，推动智慧广电全面助力。以数字技术赋能乡村振兴公共服务，制定印发《关于开展智慧广电服务乡村振兴专项行动的通知》，探索推广"公益广告、节目＋消费帮扶""短视频、直播＋消费帮扶"等模式，发挥广播电视和网络视听宣传优势帮销各地特色农产品。开设乡村振兴类专栏，强化"三农"类节目和公益广告制作播出。开展"空中课堂"沉浸式教学，提升乡村学生学习体验和学习效果。探索"智慧广电＋公共服务＋社会治理＋产业振兴"路径，推进智慧广电乡村振兴全覆盖建设。

（七）开展传统村落和历史文化名镇名村保护利用

1.强化规划指引。2021年，中共中央办公厅、国务院办公厅印发《关于在城乡建设中加强历史文化保护传承的意见》，明确在城乡建设中加强历史文化保护传承的总体要求、重点任务、保障措施等。住房和城乡建设部会同有关部门按照要求推动传统村落、历史文化名镇名村等工作。指导山西省晋城市等10个传统村落集中连片保护利用示范市（州）制定、实施市域传统村落集中连片保护利用规划，按照全面推进乡村振兴要求，坚持以人民为中心的发展思想，加大规划引导，统筹基础设施和产业布局等，推动传统民居宜居性改造，因地制宜发展相关产业，推进传统村落保护与发展。

2.加大传统村落保护利用力度。住房和城乡建设部会同有关部门持续推动传统村落调查认定工作。截至2021年底，分5批累计公布6 819个中国传统村落。组织各地对列入名录的6 819个中国传统村落逐村开展评估，掌握传统村落保护发展现状和问题。指导山西省晋城市、安徽省黄山市等10个市（州）开展传统村落集中连片保护利用示范，总结推广传统村落保护利用可复制、可推广经验和模式。推进中国传统村落数字博物馆建设，新增70个中国传统村落数字博物馆单馆，累计已完成565个单馆建设，覆盖所有省份。完成《中国传统建筑的智慧》纪录片拍摄制作并在央视播出，引起社会热烈反响，扩大传统村落影响力，保护和传承优秀传统文化，该纪录片被中央宣传部列为2021年优秀影片。民政部联合中央广播电视总台播出《中国地名大会 第二季》，围绕服务乡村振兴，宣传推介乡村优秀地名文化，带动当地文化旅游和特色产品产业发展；深入推进农村地名文化保护，指导各地开展"千年古镇""千年古村落"等地名文化遗产保护工作，推动乡村文化发展，传承弘扬中华优秀传统文化。

3.加强中国历史文化名镇名村保护。持续推动中国历史文化名镇名村普查认定工作。截至2021年底，累计公布312个中国历史文化名镇、487个中国历史文化名村。2021年11月，住房和城乡建设部、国家文物局印发《关于加强国家历史文化名城保护专项评估工作的通知》，全面评估名城内的名镇名村认定公布和保护规划编制审批备案情况，切实提高保护能力和水平。

（八）开展乡村建设评价

在28个省（区、市）选取81个样本县，以县域为单元开展村建设评价，基本实现省级全覆盖。从发展水平、农房建设、村庄建设、县城建设等4个方面确定71项评价指标，基于收集的数据开展分析，基本摸清了县镇村建设发展状况和成效，查找了存在的突出短板。建立"开展评价、查找问题、推动解决"的评价工作机制，以评促建，帮助地方找准补短板、惠民生的突破口，补齐乡村建设短板，整体提升乡村建设水平。

三、农村人居环境整治提升

2021年以来，各部门深入贯彻习近平总书记关于改善农村人居环境的重要指示批示精神，全面落实党中央、国务院决策部署，坚持数量服从质量、进度服从实效、求好不求快，坚持因地制宜、科学引导，坚持为农民而建，扎实推进农村人居环境整治提升各项重点任务，确保"十四五"开好局、起好步。

（一）启动实施"十四五"行动方案

中共中央办公厅、国务院办公厅印发《农村人居环境整治提升五年行动方案（2021—2025年）》，明确"十四五"时期的指导思想、工作原则、总体目标、重点任务、保障措施等。农业农村部会同卫生健康委等七部门印发《关于扎实推进"十四五"农村厕所革命的指导意见》，对农村改厕工作进行系统部署。

（二）农村厕所革命取得积极成效

深入贯彻落实习近平总书记关于农村厕所

革命的重要指示批示精神，各地区各部门扎实稳步推进农村厕所革命工作。一是召开全国农村厕所革命现场会，对"十四五"工作进行部署。二是在全国范围内组织开展农村户厕问题摸排整改，共排查2013年以来各级财政支持改造的农村户厕6 000多万个，摸排出的问题厕所超过40%已立行立改，其余正在分类有序推进整改。三是强化技术指导，组织专家团赴中西部23个省份开展技术服务，开展农村户厕建设技术指导线上培训，制作农村改厕常见问题解答视频，在抖音、快手等平台累计播放超过400万次。四是强化技术标准制定修订，文化和旅游部修订《旅游厕所质量等级的划分与评定》国家标准，推进示范性旅游厕所建设，完善全国旅游厕所管理系统，开展"一厕一码"在线评价反馈。国家市场监管总局联合农业农村部等七部门印发《关于推动农村人居环境标准体系建设的指导意见》，建立以农村厕所建设改造等为重点的农村人居环境标准体系，会同卫生健康委等部门推动《农村户厕卫生规范》《农村厕所粪污资源化利用中心建设与管理规范》等国家标准制定修订，开展农村厕所标准体系建设和产品质量问题摸排工作。

（三）农村生活污水治理加快推进

加快补齐农村生活污水治理、黑臭水体整治等突出短板，有效改善农村人居环境。一是分区分类推进农村生活污水治理。生态环境部组织各地制定省级"十四五"农村生活污水治理相关规划方案，推动以城带乡、整县推进、分批实施，优先治理人口居住集中的村庄生活污水。截至2021年底，20余个省份编制出台省级农村生活污水治理相关规划或方案，23个省份共出台60余项农村生活污水治理技术、设施建设、设施运行维护、资源化利用等技术指南或规范。二是加快推动农村黑臭水体排查整

治。生态环境部组织各地开展农村黑臭水体排查，将面积较大、群众反映强烈的4 000余个农村黑臭水体纳入国家监管清单，优先开展整治，实施"拉条挂账、逐一销号"。通过组织全国培训班、线上线下指导等方式加强政策解读，持续推进34个试点县农村生活污水和黑臭水体整治，总结推广一批治理模式。截至2021年，全国完成900余个较大面积农村黑臭水体整治任务。三是建立健全促进水质改善的长效运行维护机制。水利部印发《河长湖长履职规范（试行）》，指导地方设立村级河长湖长90多万名，明确村级河长湖长职责任务。组织开展水系连通及水美乡村建设试点县建设试点，第一批55个试点县建设已接近尾声，治理农村河道3 500多公里、农村湖塘1 000多个，受益村庄3 200多个，第二批30个试点县建设正加快推进。截至2021年底，全国农村生活污水治理率达28%左右。

（四）农村生活垃圾治理全面推进

住房和城乡建设部统筹县、乡镇、村三级设施和服务，加快农村生活垃圾收运处置体系建设，建立长效机制，提高农村生活垃圾治理水平；发布《农村生活垃圾收运和处理技术标准》，规范农村生活垃圾分类、收集、运输和处理各环节的运行管理；健全完善农村生活垃圾收运处置体系工作台账，每半年调度一次，对工作落后的279个县进行专门督促；组织第三方机构对28个省份、208个县、1 000多个行政村农村生活垃圾收运处置情况进行现场核查，对存在的问题督促地方及时整改；指导141个农村生活垃圾分类和资源化利用示范县探索就地分类减量，截至2021年底，示范县已实现90%以上的乡镇、70%以上的自然村开展垃圾分类。中华全国供销合作总社按标准化、规范化标准加快改造和新建回收网点，积极构

建生活垃圾回收体系，截至2021年底，全系统拥有再生资源回收网点6.4万个；支持有条件的供销合作社开展农村生活垃圾分类处理，推进再生资源回收利用网络与环卫清运网络"两网融合"。截至2021年底，农村生活垃圾进行收运处理的自然村比例稳定保持在90%以上。

（五）村容村貌明显提升

一是深入开展村庄清洁行动。中央农办、农业农村部以"共建清洁家园 喜迎建党百年"为主题，通过视频会、现场会等方式，对2021年全国村庄清洁活动进行动员部署，并通报表扬106个全国村庄清洁行动先进县，组织各地在做好日常清洁的同时，以重要节气、节日为关键时点，开展专项清洁活动，全国95%以上的村庄开展了清洁行动，基本实现常态化保持干净整洁有序的目标。二是强化示范引导。国务院办公厅印发《关于科学绿化的指导意见》，鼓励农村"四旁"种植乡土珍贵树种。国家林草局组织编写全国乡村绿化美化模式范例，启动编制《乡村绿化技术规程》等国家标准。自然资源部在全国开展446个全域土地综合整治试点，整体推进农用地整理、建设用地整理和乡村生态保护修复。住房和城乡建设部深入开展美好环境与幸福生活共同缔造活动，指导17个共同缔造培训基地开展培训，累计培训和接待观摩学员超过2.6万人次；与陕西省开展部省合作，总结推广好的经验做法；通过发动群众参与农房建设管理、美丽乡村建设，增强了基层党建引领作用，调动了农民群众的积极性、主动性，推动政府资源、服务、管理力量下沉到乡村，激发了农民群众共同建设美好家园的内生动力，实现了乡村建设与乡村治理相互促进；开展中国传统村落保护发展情况评估，总结推广典型经验；印发《关于加快农房和村庄建设现代化的指导意见》，组织35个县、

223个村开展试点，探索可复制可推广的经验，举办乡村风貌保护提升线上培训班，培训相关政策、经验做法等。全国妇联联合农业农村部编印《为了家园更美丽——妇联组织"美丽家园"建设工作案例选编》，遴选100个典型，引导带动1 000万户农户以家庭面貌改变促进村容村貌提升。

（六）长效管护机制逐步建立健全

国家发展和改革委员会会同有关部门持续推进农村公共基础设施管护体制改革，跟踪小型村庄建设项目施行简易审批政策落地落实情况，及时回应和破解推进过程中的矛盾和问题。中央组织部推动乡镇、村党组织全程主持制定修订村规民约，将农村人居环境整治作为重要内容，通过教育、规劝、奖励等方式引导村民自觉搞好绿化美化、提高生活质量。民政部全面推行"四议两公开"，保证农村人居环境整治提升等涉及村民利益的重大事项，基本都在党组织领导下由村民讨论决定。

（七）督促检查进一步强化

中央农办将改善农村人居环境纳入2021年中央1号文件督查的重要内容。生态环境部将农业农村污染治理存在的突出问题列入2021年中央生态环境保护督察范畴，强化农业农村污染治理突出问题监督。农业农村部会同财政部组织实施农村人居环境整治督查激励措施，对17个整治成效明显的县各予以2 000万元激励；继续通过随手拍、舆情监测、举报邮箱和抖音、快手等渠道收集农村人居环境整治问题线索，及时转送地方核查整改。

（八）保障力度不断加大

财政部安排农村厕所革命整村推进财政奖补资金48亿元，支持和引导各地推动有条件

的农村普及卫生厕所。国家发展和改革委员会安排中央预算内投资专项30亿元，支持中西部150多个项目县整县推进农村人居环境整治。银保监会印发《关于2021年银行业保险业高质量服务乡村振兴的通知》，要求银行业保险业积极支持乡村建设行动，重点服务人居环境改造等重点领域。中央文明办推动新时代文明实践中心（所、站）建设覆盖全国城乡，引导广大农民和社会力量积极参与农村人居环境整治

提升等乡村振兴工作。农业农村部协调央视8个频道连续一周播出公益宣传片，持续通过简报、系列动画等宣传改善农村人居环境的政策举措、做法成效等，调动农民参与积极性。截至2021年12月底，国家市场监管总局（标准委）累计发布《农村三格式户厕建设技术规范》《农村生活垃圾处理导则》等8项农村人居环境整治领域国家标准，为农村人居环境整治提供标准支撑。

四、农村公共服务

2021年，各地区各部门强化农村基本公共服务供给县乡村统筹，建立健全城乡公共资源均衡配置机制，逐步实现标准统一、制度并轨，促进农村基本公共服务水平明显提升。积极推进农村社区综合服务设施建设，截至2021年底，全国农村社区综合服务设施覆盖率达到79.5%，村级综合服务能力明显提升。

（一）提高农村教育质量

1.多渠道增加农村普惠性学前教育资源供给。 教育部等部门联合印发《"十四五"学前教育发展提升行动计划》，部署各地以县为单位优化普惠性资源布局规划，完善农村学前教育资源布局，办好乡镇公办中心幼儿园，通过依托乡镇中心幼儿园举办分园、村独立或联合办园、巡回支教等方式满足农村适龄儿童入园需求，实施乡（镇）、村幼儿园一体化管理。

将普惠性幼儿园覆盖率和公办园在园幼儿占比较低的省份纳入2021年推动地方狠抓教育工作落实重点督办范围，推动农村易地搬迁安置区配套建设与人口规模相适应的幼儿园，着力补齐农村地区学前教育资源短板，持续提升农村地区学前教育普及普惠水平。2021年，中央财政安排支持学前教育发展资金200亿元，比2020年增加10亿元。

2.持续改善农村义务教育学校基本办学条件。 统筹利用义务教育薄弱环节改善与能力提升、教育现代化推进工程等项目，不断改善农村学校基本办学条件。教育部会同国家发展和改革委员会、财政部印发《关于深入推进义务教育薄弱环节改善与能力提升工作的意见》，推动各地以农村义务教育学校薄弱环节为重点，改善学校寄宿条件和规划保留的乡村小规模学校办学条件。2021年，中央财政安排义务

教育薄弱环节改善与能力提升补助资金300亿元，支持和引导地方持续改善农村学校基本办学条件，提升学校办学能力水平。教育部办公厅印发《关于开展县域义务教育优质均衡创建工作的通知》，加快推进县域内义务教育优质均衡发展，促进全面提高农村义务教育质量。教育强国推进工程共安排中央预算内投资71亿余元支持义务教育学校建设，改善学校教学及辅助用房、学生宿舍、供暖取暖设施、无障碍设施、食堂、厕所、锅炉房、浴室、卫生保健室、足球场等体育美育劳动教育场所、"互联网+教育"设施等教学和生活设施，以及急需必要的边远艰苦地区农村学校教师周转宿舍等。

3.整体提高县域普通高中和中等职业学校质量。组织开展县域普通高中发展状况调研，制定印发《"十四五"县域普通高中发展提升行动计划》（教基〔2021〕8号），从改善县中办学条件、加强教师队伍建设、规范招生管理、实施县中托管帮扶、提高教育质量等方面着手，推动全面提升县中办学水平。明确提出"2025年，县中整体办学水平显著提升，市域内县中和城区普通高中协调发展机制基本健全，统筹普通高中教育和中等职业教育发展，推动全国高中阶段教育毛入学率达到92%以上"的总体目标。继续实施改善普通高中学校办学条件项目，重点支持改善县中基本办学条件，有效控制大规模学校，为实施选课走班创造良好条件。严禁公办学校教师在民办学校任教，严禁发达地区、城区学校到薄弱地区、县中抢挖优秀校长和教师，切实维护教育良好生态。启动实施职业学校达标工程，对全国"空、小、散、弱"进行摸底调查，进一步优化中职学校布局，助力实现中等职业教育与普通高中教育协调均衡发展。

4.加强乡村教师队伍建设。完善乡村教师定向培养制度，实施中西部欠发达地区优秀教师定向培养计划，每年为832个中西部脱贫县以及中西部陆地边境县定向培养1万名优秀教师。2021年，参与计划的85所师范院校共招收"优师计划"师范生9 530人。推进师范生公费教育，6所部属师范大学招收公费师范生8 300余人。全年招聘特岗教师8万人，重点保障原"三区三州"等地区乡村教师补充需求。推进教师精准培训改革，印发"十四五"时期"国培计划"实施方案，聚焦中西部欠发达地区农村骨干教师校长开展培训。开展"组团式"帮扶行动，教师队伍短板加速补齐，启动"组团式"援疆教育人才选派工作，继续实施"银龄讲学计划"和"三区"教师专项计划，2021年，选派4 500名退休优秀教师和2万余名在职优秀教师到农村中小学支教，有效推动了农村教育发展。深化乡村教师队伍管理改革，研究起草《关于进一步完善中小学岗位设置管理的意见》，提高中级、高级教师岗位比例，落实向乡村教师倾斜政策。着力提高乡村教师待遇保障，出台加强乡村义务教育教师待遇保障政策，推动形成"学校越边远、条件越艰苦、从教时间越长、教师待遇越高"的格局。深入实施乡村教师生活补助政策，2021年中央投入奖补资金50.6亿元，覆盖约7.6万所乡村学校，受益教师近130万人。

5.用教育信息化提升乡村教育质量。2021年，教育部、中央网信办、国家发展和改革委员会、工业和信息化部、财政部、中国人民银行等六部门联合印发《关于推进教育新型基础设施建设构建高质量教育支撑体系的指导意见》（教科信〔2021〕2号），加大对农村、边远地区教育信息化工作的倾斜支持力度，加快推进农村学校数字校园建设，提升学校信息化建设与应用水平，持续改善农村地区薄弱学校网络教学环境，推进"互联网+教育"发展。扩大优质数字教育资源覆盖面，深化普及"三个课堂"，逐步使"三个课堂"在中小学实现常态化应用，农村学校"开不齐、开不足、开不好课"的问题得到根本改变。建成覆盖各教育阶段的基础数据库，汇聚学生数据3.4亿条、教师数据1 700万条和教育机构数据63万条。数字教育资源供给不断丰富，在抗击新冠肺炎疫情中，支撑起世界上最大规模的在线教育，满足广大师生和人民群众居家学习和在线学习的需要。

6.办好涉农职业教育。 发挥职业教育优势，大力培养高素质农民。按照"广泛推荐、优中选优、引领示范"的原则遴选优质教育资源，畅通农民学历教育发展通道，面向现职农村"两委"班子成员、新型农业经营主体、乡村社会服务组织带头人、农业技术人员、乡村致富带头人、退役军人、返乡农民工等群体开展学历职业教育。积极建设一批产教融合基地，按照教育部和国家发展和改革委员会联合印发的《建设产教融合型企业实施办法(试行)》，对进入目录的产教融合型企业给予"金融财政＋土地＋信用"的组合式激励，并按规定落实相关税收政策。在全国开展产教融合型城市、行业、企业建设试点工作，截至2021年，24家中央企业、48家民营企业申报国家产教融合型企业，21个城市申报国家产教融合型城市，相关认定工作正在有序开展。优化校企合作政策环境，遴选确定示范性职教集团（联盟）培育单位，近20个涉农类职教集团入选，委托中国教育发展战略学会面向社会征集遴选产教融合校企合作优秀案例，积极宣传推广职业教育助力乡村振兴的典型做法。

7.大力开展耕读教育。 在中小学统编教材中增加耕读教育相关内容，道德与法治、语文、历史教材从"三农"、乡村振兴等方面选取素材，引导学生厚植家国情怀和"三农"情感。系统推进涉农高校加强耕读教育，印发《教育

部关于加强和改进涉农高校耕读教育的工作方案》（教高函〔2021〕10号），从构建耕读教育课程教材体系、多渠道拓展实践教学场所等5个方面提出具体改革举措，指导涉农高校将耕读教育纳入人才培养方案，把课程教材建设作为加强耕读教育的重要抓手。推出"大国三农"系列在线开放课程，建成36门耕读教育相关国家级一流课程。组织编写出版首部新农科新形态教材——《耕读教育十讲》。强化拓展耕读教育实践教学，指导推动34所涉农高校多渠道拓展耕读教育实践教学场所，依托农科教基地、国家现代农业园等社会资源建成184个耕读教育实践基地。系统加强劳动教育，细化大中小学劳动课程具体实施要求，明确了课外校外劳动实践时间以及劳动周活动开展方式，让学生在工农业生产过程中直接经历物质财富的创造过程，学会使用工具，掌握相关技术，感受劳动创造价值，体会平凡劳动中的伟大。

8.积极推进涉农专业建设。 2021年2月，印发《教育部关于公布2020年度普通高等学校本科专业备案和审批结果的通知》，新增生物农药科学与工程、土地科学与技术、饲料工程、智慧牧业科学与工程、兽医公共卫生等专业列入《普通高等学校本科专业目录》，进一步完善了植物生产、自然保护与环境生态、动物生产、林学、草学等领域本科专业结构。支持23个新农科研究与改革实践项目探索实践实训教学体系和示范性实践教学基地建设，加大农林一流专业建设支持力度，2020年以来，新增592个涉农国家级一流本科专业建设点。2021年3月，印发《职业教育专业目录（2021年）》，服务乡村振兴战略实施，一体化设计中职、高职专科、高职本科不同层次专业。截至2021年，中职设置种子生产技术、作物生产技术、循环农业与再生资源利用等30余个专业，专业布点达2 300余个。高职专科设置种子生

产与经营、作物生产与经营管理、现代农业技术等近50个专业，专业布点达1 500余个。高职本科设置现代种业技术、作物生产与品质改良、智慧农业技术等10余个专业。

（二）全面推进健康乡村建设

1. 乡村医疗卫生体系建设不断完善。党中央、国务院高度重视农村卫生健康工作，将"以基层为重点"摆在党的卫生与健康工作方针的首要位置，不断加大建设投入，完善管理体制，健全运行机制，经过持续努力，我国乡村医疗卫生体系得到长足发展，取得积极成效。一是乡村医疗卫生机构网络进一步健全。截至2021年底，农村地区2.96万个乡镇共设乡镇卫生院近3.5万个，49.0万个行政村共设村卫生室59.9万个，实现乡镇、村屯全覆盖。乡村医疗卫生机构床位数达141.7万张，群众在家门口看病就医更加方便、可及程度进一步提高。二是乡村卫生人才队伍进一步壮大。通过农村订单定向免费医学生培养、全科医生转岗培训等措施，全科医生队伍快速壮大。截至2021年底，全科医生达43.8万人，每万人口全科医生数3.08人，超过84.6%的全科医生扎根基层、服务基层，以全科医生为核心的乡村卫生人才队伍建设初具成效。三是村医队伍结构进一步优化。通过落实考试、定向培养、公开招聘，村医队伍正逐步向执业（助理）医师队伍转化。截至2021年底，全国共有村医114.71万人，其中乡村医生资格67.13万人，执业（助理）医师资格47.58万人。四是乡村医疗服务能力进一步提升。持续开展优质服务基层行活动，乡村医疗服务能力不断提升。截至2021年底，全国34 478家乡镇卫生院中，33 564家已经开展服务能力自评工作，占比97.35%；14 597家达到基本标准，占比42.34%；3 215家达到推荐标准，占比9.32%。

2. 乡村医疗卫生服务形式内涵不断丰富。健康是实现脱贫和共同富裕的基础与动力，2021年，为满足群众日益增长的健康需求，我国乡村医疗卫生服务形式内涵不断丰富。一是基本医疗服务提供稳中有升。2021年乡镇卫生院诊疗人次11.6亿，村卫生室诊疗人次13.4亿，乡村两级诊疗量占县域诊疗量的比例长期保持在2/3以上。2021年，乡镇卫生院次均门诊费用84.6元，为二级医院的37.7%，次均住院费用2 166.5元，为二级医院的31.7%，乡村医疗卫生机构在控制医药费用、解决农民"看病贵"的问题上发挥了重要作用。二是基本公共卫生服务均等化效果日益显现。2021年，我国基本公共卫生服务经费人均财政补助标准达到每年79元，服务项目包括主要由基层医疗卫生机构提供的12类和地方病防治等19项内容。在基层医疗卫生机构接受健康管理服务的65岁及以上老年人达到1.19亿人，接受健康管理服务的高血压患者、2型糖尿病患者分别为1.09亿人、3 571万人。在山西等7个省（市）开展基层高血压医防融合试点，提升高血压患者健康管理服务能力。三是中医药服务得到长足发展。以县级中医医院为龙头，乡镇卫生院、村卫生室为主体，社会办中医院、中医门诊部、诊所为补充的基层中医药服务网络逐步完善，群众在基层医疗卫生机构看病就医能够更多获得"简便验廉"的中医药服务。截至2021年底，全国80.1%的乡镇卫生院设置有中医馆，预计2022年将实现全覆盖。2021年，提供中医服务的乡镇卫生院占该类机构的99.1%，村卫生室占79.9%。四是家庭医生签约服务创新发展。2021年，各地在贯彻落实国家政策基础上，结合本地实际进一步深化细化签约服务政策体系，完善家庭医生服务内涵。截至2021年底，全国99%以上的地市和县（市、区）开展了家庭医生签约服务，组建42.8万个家庭医生团队，共有147.8万名家庭医生为居民提供签约服务，9 224.8万名在管高血压患者、2 995.7万名在管2型糖尿病患者和2 109.6万名残疾人签约家庭医生。五是乡村医疗体系信息化建设不断完善。2021年，国家卫生健康委员会持续推动县域医共体内县级医疗机构和基层医疗卫生机构信息系统融合，依托区域全民健康信息平台，推动医疗卫生信息共享，发展远程医疗服务，以县级医疗机构为纽带，辐射有条件的乡镇卫生院和村卫生室。各地积极筹建县级医院和基层机构信息共享平台，按照"一家人"模式再造服务流程，打通信息网络，使患者"不出家门"即可体验"专家级服务"，真正实现在家门口就能享受优质医疗服务的目标。中央财政支持在9个省27个县开展推动医疗卫生机构能力建设（家庭医生临床服务能力建设）试点项目并稳步实施。

3. 乡村医疗卫生运行机制、服务模式不断创新。当前，我国面临人口老龄化、慢性病高发等诸多挑战，乡村卫生健康事业进一步推进服务模式、结构和效率改革，不断适应新时代发展要求。一是基本药物制度持续实施。2021年，中央财政安排91亿元，主要用于政府办社区卫生服务中心和乡镇卫生院核定收支后的经常性收支差额补助、推进基层医疗卫生机构综合改革等符合政府卫生投入政策规定的支出；对实施基本药物制度的村卫生室，主要用于乡村医生收入补助。政府办基层医疗卫生机构实现了基本药物制度全覆盖，为减轻群众医药费用负担，机构有效运行和健康发展，发挥好诊疗常见病、多发病功能提供了有力保障。二是县域医疗卫生机构能力建设项目持续开展。2021年，中央财政通过医疗服务与保障能力提升补助安排资金22.7亿元，支持乡村振兴重点帮扶县和国家级脱贫县的县级公立医院建设，巩固拓展脱贫攻坚成果同乡村振兴有效衔接，同时，支持中西部地区医疗服务能力薄弱县加强县级公立医院能力建设。其中，对160个国家乡村振兴重点帮扶县，每县补助400万元；对中西部省份县域内公立医院未达到二级医院标准的34个县，每县补助200万元，主要用于支持县级公立医院设备购置和专科建设，提升服务能力。三是深入推进紧密型县域医共体建设。2021年，国家卫生健康委员会在山西、浙江两省基础上，新增新疆为全国紧密型县域医共体建设试点省份，全国试点县（市、区）从754个增加至827个，其中山西117个、浙江70个、新疆89个，其他省份共551个。827个试点县（市、区）共建成医共体1 276个，平均每个试点建成1.54个。试点县（市、区）自评达到紧密型标准的比例从2020年的70.8%上升至76.7%，提高5.9个百分点。县域医共体充分发挥其在统一管理、资源共享等方面的优势，统筹调配区域内医疗卫生资源、完善资源集约配置，建立健全保障机制，在提升服务能力和质量、提高医疗卫生资源利用效能方面取得积极成效，患者县域内回流持续增加，县域医疗服务能力增强，医保基金使用效能提升。四是试点推进基层卫生健康综合试验区建设。为进一步贯彻落实"以基层为重点"的卫生健康工作方针，切实"推动医疗卫生工作重心下移、资源下沉"，让老百姓"看大病在本省解决，一般的病在市县解决，日常的头疼脑热在乡村解决"，2021年启动基层卫生健康综合试验区建设工作。综合考虑地方党委政府积极性和改革创新意识、对卫生健康工作重视程度和支持力度、基层卫生工作基础、不同经济社会发展区域等因素，遴选确定山西介休、浙江海盐、安徽濉溪、福建长汀、山东寿光、河南郏县、四川泸县、新疆新源8个县（市）为基层卫生健康综合试验区。2021年8月，国家卫生健康委印发《基层卫生健康综合试验区建设指导方案》，明确工作目标、工作内容及进度要求，强调"十四五"时期综合试验区重点完善基层医疗卫生服务体系、加强基层卫生人才队伍建设、提升基层服务能力、创新服务模式、勇于改革创新等。

（三）健全统筹城乡的就业服务体系

1.推进公共就业服务向乡村地区延伸。坚持将就业作为推动乡村振兴的重中之重，2021年，人力资源和社会保障部会同有关部门制定印发《关于加强国家乡村振兴重点帮扶县人力资源社会保障帮扶工作的意见》《关于切实加强就业帮扶巩固拓展脱贫攻坚成果助力乡村振兴的指导意见》，健全完善农村低收入人口和国家乡村振兴重点帮扶县就业帮扶机制，促进脱贫人口稳定就业，助力提升脱贫地区整体发展水平。实施乡村就业创业促进行动，增加农村低收入人口就地就近就业岗位，鼓励外出农民工等返乡入乡创新创业。持续健全服务体系、完善服务功能、拓展服务方式，就业创业服务能力和水平得到进一步提升。

一是服务制度全面实施。按照就业促进法确定的公共就业服务职责和定位，实施《就业服务与就业管理规定》，不断加强农村公共就业服务体系建设，细化服务内容，推进服务落地。免费信息服务、就业帮扶、专项服务等公共就业服务制度全面落实，服务均等化水平持续提高。

二是服务体系不断健全。持续完善乡镇、行政村基层服务平台建设，构建覆盖城乡的服务网络。2021年底，全国95.1%的乡镇建立了劳动保障工作平台，85.25%的行政村配备劳动保障人员，积极引导就业创业服务资源向农村、脱贫地区倾斜。

三是服务功能持续完善。落实就业服务常住人口全覆盖要求，免费向农民工等劳动者提供政策咨询、信息发布、职业指导、职业介绍等服务。连续十多年在春节前后组织开展春风行动，集中为农民工提供就业岗位、培训信息、维权服务等。2021年特别组织实施稳岗留工专项行动，鼓励引导农民工就地过年，服务农村转移劳动力和用工企业，落实稳就业保民生任务要求。

四是服务方式日益多元。充分运用互联网、移动应用、自助终端、"12333"电话等渠道，基本构建了线上线下一体的服务方式，实现多渠道业务经办和信息发布，将就业创业服务送到农民工身边。结合落实常态化新冠肺炎疫情防控措施，建立农民工"点对点"返岗复工机制，开设"百日千万网络招聘专项行动"农民工专区，通过灵活多样的方式有针对性地为农民工就业提供便捷服务。

五是创业服务逐步优化。设立创业服务窗口，向有创业意愿劳动者提供创业培训（实训）、开业指导、融资服务、项目推介、政策落实等"一条龙"服务。组织企业家、创业成功人士、专业技术人员等，向返乡入乡创业者提供指导。加强创业孵化载体建设，2021年底已建成各类载体8 000多家，其中3 000多家主要服务返乡创业，为返乡入乡创业者提供了低成本、全要素、便利化的创业服务。连续3年举办创业就业服务展示交流活动，搭建经验交流平台，营造共同支持农民工创业的良好氛围。

2.深入实施农民工职业技能提升计划。坚持把农民工技能培训作为帮助脱贫劳动力和脱贫家庭子女学习技能的有效途径，将农民工作为推行终身职业技能培训制度、实施职业技能提升行动的重点服务对象，开展国家乡村振兴重点帮扶地区劳动力职业技能提升工程，大力开展农村转移劳动力职业技能培训和创业培训，不断增强技能培训的针对性、实效性。人力资源和社会保障部印发《农民工稳就业职业技能培训计划》《新生代农民工职业技能提升计划（2019—2022年）》，以城镇待岗和失业农民工、农村新转移劳动力、返乡农民工、脱贫劳动力等为实施对象；以输入地为主，组织转岗和失业农民工开展有针对性的定向定岗培训，提升农民工就业能力；以输出地为主，组织返乡农民工开展就业创业培训，促进农民工就近就业创业。对新生代农民工开展岗前培训、企业新型学徒制培训、岗位技能提升培训、高技能人才培训等。对具备较高职业技能和自主创新意愿的人员，特别是企业拔尖技能人才，开展岗位创新创效培训。在资金政策支持上，落实农民工免费培训政策、参训脱贫劳动力生活费补贴政策、技能鉴定补贴政策，为农民工参训提供有力保障。2021年，培训农民工近1 000万人次，完成全年目标任务的168.9%。举办全国乡村振兴职业技能大赛，来自全国28个省（区、市）及新疆生产建设兵团的618名选手参赛。

（四）稳步提升农村养老服务能力

1.健全县乡村三级农村养老服务网络。加强农村养老服务机构和设施建设，鼓励以村级邻里互助点、农村幸福院为依托发展互助式养老服务。结合"金民工程"部署应用，开展县乡养老机构数量、布局和护理型床位建设情况摸底，掌握基本数据。将"县级特困人员供养服务机构护理型床位占比"纳入民政部年度综合评估指标，持续督促各地提升护理能力。落实全国农村养老服务推进会议要求，支持建设以失能照护服务为主的县级养老服务机构；发挥乡镇敬老院支点作用，盘活设施资源、增强运行活力，赋予其区域性养老服务和指导中心的职能，将服务范围和协调职能延伸全村级幸福院和居家老年人，提升基层养老服务水平。扎实开展养老护理员职业技能提升行动，加大农村养老服务人才培训力度，为农村养老服务

提供人才支撑。

2.探索农村医养结合服务模式。截至2021年，全国25个省份已开展老年健康与医养结合服务项目，老年健康服务人数约1 079万人，医养结合服务人数约2 760万人。全国医疗卫生机构与养老服务机构建立签约合作关系的共有7.9万对；两证齐全（指具备医疗机构执业许可或已备案，并进行养老机构备案）的医养结合机构共有6 492家。开展2021年智慧健康养老应用试点示范，确定35家示范企业、2个示范园区、45个示范街道（乡镇）、17个示范基地。

3.完善农村留守老年人关爱服务体系。构建乡镇牵头，村委会、老年人协会、村干部、党员、志愿者等广泛参与的农村互助养老服务格局，完善农村留守老年人关爱服务体系，以农村留守老年人为重点，全面开展巡访工作，有针对性地提供关爱服务。完善农村留守老年人信息系统功能，完成历史数据迁移，推进数据及时更新。落实农村养老机构常态化安全管理和防疫要求，发布新冠肺炎疫情、极端天气等预警提示，要求各地加强养老机构安全管理，严格疫情防控措施，从严从细排查消除各类安全隐患，做好应急准备。同时，指导有新冠病毒感染病例的地区有针对性地做好疫情防控。

（五）推进城乡公共文化服务体系一体建设

1.完善城乡公共文化服务体系一体建设制度设计。2021年3月，国家发展和改革委员会联合20个部门印发《国家基本公共服务标准（2021年版）》，明确"十四五"期间我国基本公共文化服务的主要项目和支出责任，推进基本公共文化服务标准化建设。文化和旅游部、国家发展和改革委员会、财政部联合印发《关于推动公共文化服务高质量发展的意见》，在城乡文化设施布局、空间提升、内容建设、社

会参与、文化治理等方面提出公共文化服务高质量发展的主要任务。文化和旅游部印发《"十四五"文化和旅游发展规划》《"十四五"公共文化服务体系建设规划》，将"推进城乡公共文化服务体系一体建设"作为重要目标任务，在深入推进标准化建设、培育城乡公共文化空间、以文化繁荣助力乡村振兴、完善城乡公共文化服务协同发展机制等方面作出具体部署。

2.统筹推进基层公共文化设施建设。覆盖城乡的公共文化设施网络逐渐健全。截至2021年底，全国共有公共图书馆3 215个、文化馆3 316个、文化站4.02万个。在村（社区）建成综合性文化服务中心57.54万个。所有公共图书馆、文化馆（站）实行免费开放，实现"无障碍、零门槛"。推进县级文化馆图书馆总分馆制改革，截至2021年底，全国分别有2 675个、2 643个县（市、区）建成文化馆、图书馆总分馆制，占全国县（市、区）的比例分别达到94%和93%，服务点数量达到9.5万个。推进基层公共文化设施运行管理情况专项治理，指导各地开展问题排查和整治。创新拓展城乡公共文化空间，"文化驿站""乡村文化礼堂"等一批群众喜爱的新型文化场所不断涌现，成为城乡文化发展的新亮点。

3.不断推进基层广电体系建设。截至2021年底，全国开展广播电视和网络视听业务的机构约6万家。全国广播节目综合人口覆盖率99.48%，电视节目综合人口覆盖率99.66%。2021年全国广播节目制作时间812.71万小时，其中，农村广播节目播出时间457.7万小时。全国电视节目制作时间305.96万小时，其中，农村电视节目播出时间438.36万小时。深入实施"十四五"时期广播电视重点惠民工程，2021年推动14个省（区、市）134个县实施老少边及欠发达地区县级应急广播体系建设工程，指导推动12个省（区、市）全面完成覆盖100万户用户的民族地区有线高清交互数字电视机顶盒推广普及项目。指导推动青海、甘肃4个市级广播电视台建设完成"三区三州"市级广电融合提升工程。新建的应急广播体系在农村新冠肺炎疫情防控、社会治理等方面发挥了重要作用。

4.广泛开展群众性文化惠民活动。发挥国家级群众文艺奖项"群星奖"引导示范作用，扶持推出一批有力量、有筋骨、有温度的优秀群众文艺作品。加强城乡对口帮扶，开展文明共建、文化共享"结对子、种文化"活动。实施"戏曲进乡村"项目，自2017年起，每年组织各级各类戏曲演出团体，为中西部地区1.3万个乡镇配送约7.8万场戏曲演出。围绕庆祝中国共产党成立100周年，组织开展"唱支山歌给党听"大家唱群众歌咏活动，带动全国开展歌咏活动28 079场，参与人次超1.7亿。举办"村晚"示范展示活动，2021年线上线下累计参与人次达1.24亿。持续开展"春雨工程""阳光工程""圆梦工程"等示范性志愿服务活动，志愿者数量达413万人。评审命名2021—2023年度"中国民间文化艺术之乡"183个，推进艺术乡村建设。

5.不断创新公共文化管理和服务模式。深化供给侧结构性改革，推动建立集需求采集、采购配送、监督管理、反馈互动等于一体的公共文化产品和服务平台，完善"订单式""菜单式""预约式"服务机制。加强公共文化数字化建设，实施数字图书馆推广工程，建设国家公共文化云平台，打造"云上村晚""云上广场舞"等数字化体验平台，让群众足不出户就可以享受优质文化资源。截至2021年底，累计支持建设全民阅读资源2 497.98太字节、全民艺术普及资源1 346太字节。指导各地举办区域性公共文化和旅游产品采购大会，搭建社会力量参与公共文化服务供给的平台。加强基层文化队伍建设，实施基层文化队伍培训项目。持续实施乡村文化和旅游带头人支持项目，每年对500名左右的乡村文化和旅游带头人给予支持和资助。

（六）推进农村公益性殡葬设施建设

1.推动修订《殡葬管理条例》。完善殡葬政策文件和标准规范，开展殡葬领域突出问题专项整治，规范殡葬服务管理秩序。完善殡葬公共服务体系建设，指导各地加强殡仪馆、公益性骨灰堂等殡葬服务机构建设，加强殡葬基础设施设备建设改造，改善群众治丧条件。

2.全面推行惠民殡葬政策。面向城乡困难群众减免或补贴遗体接运、暂存、火化和骨灰寄存、生态安葬等基本殡葬服务费用，减轻群众经济负担。大力推行节地生态安葬，指导各地出台具体实施意见，明确奖补办法。推行树葬、花葬、骨灰深埋等节地生态安葬，加强公益生态安葬设施建设。推进殡葬信息化建设，推行"互联网＋殡葬服务"，提升殡葬服务能力水平。

五、农村社会保障

（一）加强农村居民基本医疗保障

1.居民医保筹资运行保持总体稳定。合理提高基本医保筹资标准，2021年居民医保人均财政补助标准增加30元，达到每人每年不低于580元，同步提高个人缴费标准40元，达320元。中央财政下达城乡居民医保补助资金3 594亿元，下达城乡医疗救助补助资金299亿元，支持资助城乡困难群众参加居民医保，并对符合救助条件的实施分类救助。截至2021年底，城乡居民基本医疗保险（以下简称居民医保）参保人数100 866万人，居民医保基金收入9 905.41亿元，支出9 328.99亿元，居民医保基金当期结余576.42亿元，滚存结余6 711.53亿元。全年居民医保参保人员共享受待遇20.81亿人次，政策范围内住院费用基金支付比例69.3%。

2.农村低收入人口应保尽保成果持续巩固。各地持续做好分类资助农村低收入人口参保工作，全额资助特困人员，定额资助低保对象和返贫致贫人口，过渡期内对脱贫不稳定且纳入相关部门农村低收入人口检测范围的人员给予定额补助，确保应保尽保。优化农村低收入人口倾斜保障政策，大病保险继续对低保对象、特困人员、返贫致贫人口实施倾斜支付。夯实医疗救助托底功能，细化农村低收入人口分类救助方案，对经三重制度保障后负担仍较重的进一步加大倾斜救助力度。2021年，全国累计资助8 519.7万农村低收入人口和脱贫人口参加基本医疗保险，农村低收入人口参保率稳定在99%以上；各项医保帮扶政策累计惠及农村低收入人口就医1.23亿人次，减轻医疗费用负担1 224.1亿元。

3.农村居民待遇水平和保障质量稳步提升。巩固基本医保主体保障，稳定居民医保住院水平，持续增强门诊保障能力。健全居民高血压、糖尿病患者门诊用药保障机制，累计惠及1.25亿名患者，帮助减轻费用负担428亿元。增强城乡居民大病保险减负功能，普惠性提高大病患者报销水平，政策范围内报销比例不低于60%，并对困难群众实施精准倾斜支付。2021年居民大病保险惠及大病患者1 175.4万人，帮助减负795亿元。经基本医保和大病保险保障后，居民住院费用实际报销比稳定在60%左右。2021年10月，国务院印办公厅发《关于健全重特大疾病医疗保险和救助制度的意见》，对完善医疗保障托底功能作出系统性安排。2021年全国实施门诊和住院救助10 126万人次，支出医疗救助资金619.9亿元。

4.农村医保经办管理服务能力整体提高。整合城乡医保经办资源，管理服务进一步向农村基层、农村医疗机构延伸，医保服务日趋智能化、适老化，便利性进一步增强，越来越多的医保业务下沉乡镇（街道）政务服务中心办理，实现老百姓医保报销"就近办""一次办"。全力推动跨省异地就医直接结算工作，全国所有统筹地区均实现住院和普通门诊费用跨省直接结算，2021年住院费用跨省直接结算440.59万人次，门诊费用跨省直接结算949.6万人次。全国统一的医保信息平台已经在全国上线应用，接入约40万家定点医疗机构和40万家定点零售药店，为包含农村地区群众在内的13.6亿名参保人提供更加优质便捷的医保服务。推出医保电子凭证，农村群众可通过凭证实现无卡结算，且可全国通用，全国累计激活医保电子凭证用户超过8.5亿人，医保服务网

厅和App实名用户数超过2亿人，亲情账户数超过1亿个。

5.防范化解因病返贫致贫长效机制逐步健全。指导各地做好高额医疗费用负担患者监测预警，分类细化因病返贫和因病致贫监测标准，完善依申请救助机制，及时将符合条件的重点监测人员纳入医疗救助范围，协同实施综合帮扶，合力防范因病返贫致贫风险。截至2021年底，原承担脱贫攻坚任务的25个省份初步建立高额费用负担患者监测预警机制，立足地区发展实际，以当地居民人均可支配收入的一定比例分类细化脱贫人口和农村低收入人口监测标准，确保风险早发现、早预防。全年各地主动推送预警信息120万余人次，及时将超过28万人纳入医疗救助范围。

（二）落实城乡居民养老保险待遇确定和基础养老金正常调整机制

为保障参保人权益，增强参保缴费激励约束作用，促进个人账户资金保值增值，2021年8月，人力资源和社会保障部、财政部印发《关于规范城乡居民基本养老保险个人账户记账利率的通知》，统一个人账户记账利率计算办法，个人缴费积极性明显提高。2021年，城乡居民养老保险人均缴费约536元，较上年增长81元，增幅达17.8%。各地克服新冠肺炎疫情影响，加大财政投入，积极推动提高当地城乡居民基础养老金标准。2021年，有17个省份和新疆生产建设兵团提高了城乡居民养老保险基础养老金，超过7 760万名城乡老年居民受益，全国城乡居民养老保险月人均养老金179元，较上年增加8元。全国所有省（区、市）及新疆生产建设兵团均开展了城乡居民养老保险基金委托投资运营，截至2021年底，城乡居民基本养老保险基金委托规模超过3 000亿元。推动困难人员基本养老保险应保尽保。2021年8月，

人力资源和社会保障部等六部门印发《关于巩固拓展社会保险扶贫成果助力全面实施乡村振兴战略的通知》，要求地方人民政府为参加城乡居民养老保险的低保对象、特困人员、返贫致贫人口、重度残疾人等缴费困难群体代缴部分或全部最低缴费档次养老保险费；在提高最低缴费档次时，对上述困难群体和其他已脱贫人口可保留现行最低缴费档次；支持和鼓励有条件的集体经济组织和其他社会经济组织、公益慈善组织、个人为参加城乡居民养老保险的困难人员参保缴费提供资助；"十四五"时期，中央确定的城乡居民基础养老金不计入低保家庭、特困人员收入，持续推动困难群体基本养老保险法定人员全覆盖。2021年，全国共为2 354万困难人员代缴26.8亿元城乡居民养老保险费，5 427万困难人员参加基本养老保险，参保率超过99%，困难人员基本养老保险应保尽保成果进一步巩固。拓展全国统一的社会保险公共服务平台功能，推动各地平台应接尽接、服务应上尽上。持续推动社保公共服务资源整合和综合柜员制服务。推进社保经办数字化转型，创新服务模式，优化服务流程，指导各地深入实施"人社服务快办行动"。以城乡居民基本养老保险为重点在全国范围内集中开展社保基金管理问题专项整治。

（三）强化社会救助兜底功能

围绕巩固拓展脱贫攻坚兜底保障成果，加快推进分层分类社会救助体系建设，完善基本生活救助制度，发挥临时救助制度救急解难作用，切实保障好农村困难群众基本生活。2021年8月，民政部等三部门联合印发《关于巩固拓展脱贫攻坚兜底保障成果 进一步做好困难群众基本生活保障工作的指导意见》，部署指导各地将符合条件的易返贫致贫人口依规纳入兜底保障范围，调整优化针对原建档立卡户的低保

"单人户"政策，将低保边缘家庭中的重病重残等人口按照"单人户"纳入低保范围，继续实施"低保渐退"、就业成本扣减等政策，确保救助对象稳定脱贫，进一步增强就业内生动力，统筹做好困难群众兜底保障和民政领域新冠肺炎疫情防控工作。2021年7月，民政部制定《最低生活保障审核确认办法》，优化低保审核办理流程，加快推进低保制度城乡统筹。修订《特困人员认定办法》，进一步完善认定条件，将更多生活困难的残疾人、未成年人纳入制度保障范围。进一步强化临时救助兜底功能，全面建立临时救助备用金制度，完善和落实"分级审批""先行救助"等政策，探索由急难发生地实施临时救助，有效缓解群众突发性、紧迫性、临时性生活困难。截至2021年底，全国共有农村低保对象3 474.5万人，农村低保平均标准6 362.2元/（人·年）（按月计约为530元/人），全年累计支出农村低保资金1 349亿元；共有农村特困人员437.3万人，累计支出农村特困人员救助供养资金429.4亿元；全国共实施临时救助1 198.6万人次，累计支出救助资金138.4亿元，平均救助水平1 154.9元/人次。

（四）提升精神卫生福利保障水平

一是将精神卫生福利设施建设纳入《"十四五"民政事业发展规划》，提出"在精神卫生服务能力不足的地市建设100个左右精神卫生福利设施，支持需求较大的县（市、区、旗）建设精神卫生福利设施，为包括农村残疾人在内的特殊困难精神障碍患者提供集中养护、康复等服务"等发展目标，为实现完善巩固脱贫攻坚成果、落实"十四五"期间每个地级市建设一所精神卫生福利机构提供了重要依据。民政部指导地方贯彻落实《"十四五"时期社会服务设施兜底线工程实施方案》，2021年中央预算内投资支持地级市精神卫生福利设施项目

20个，投资金额4.4亿元。二是落实民政部等部门《精神障碍社区康复服务工作规范》《关于积极推行政府购买精神障碍社区康复服务工作的指导意见》等政策文件精神，联合中国残联等部门印发《"十四五"残疾人康复服务实施方案》，指导各地加快发展精神障碍社区康复服务。2021年，全国2 300多个社区康复服务机构为20多万名精神残疾人提供社区康复服务，约1.6万名精神残疾人实现了就业。针对农村地区服务力量较为薄弱问题，注重引导城市优质服务资源通过驻点帮扶、人才培养、技术指导等方式提升农村地区服务能力和水平，发展适合农村地区的社区康复服务模式。

（五）深入推进未成年人保护工作

深入贯彻落实《中华人民共和国未成年人保护法》，积极推进未成年人保护工作协调机制建设。截至2021年9月底，全国所有县级以上人民政府全部建立协调机制，部分地方延伸到乡镇，积极推动各地加快未成年人救助保护机构、乡镇（街道）未成年人保护工作站建设，指导村（居）民委员会发挥作用，加快构建基层未成年人保护工作网络，加强对未成年人父母及其他监护人监护情况的监督指导，更好保障农村留守儿童和困境儿童合法权益。结合新冠肺炎疫情防控、寒暑假期安全保护等重点工作，充分发挥儿童督导员、儿童主任、妇联干部、妇联执行委员会作用，持续开展"政策宣讲进村（居）"活动和寒暑假期儿童关爱服务活动，广泛宣传未成年人保护法，定期走访、及时掌握农村留守儿童和困境儿童家庭、监护、就学等基本情况，协助其申请相关社会救助、社会福利等保障。鼓励、支持、引导慈善组织、爱心企业、志愿者等社会力量和专业社会工作者参与农村留守儿童和困境儿童关爱服务，提供心理疏导、社会融入和家庭关系调

适等服务。2021年7月，民政部印发《关于开展孤儿、事实无人抚养儿童认定申请受理"跨省通办"工作的通知》，推动实现孤儿、事实无人抚养儿童认定申请"跨省通办"。指导各地积极组织开展事实无人抚养儿童助学等工作，实施"事实无人抚养儿童助学工程"，共为727名符合条件的事实无人抚养儿童，每人发放了6 000元助学金，共计436.2万元。会同国家发展和改革委员会等部门印发《关于进一步健全社会救助和保障标准与物价上涨挂钩联动机制的通知》，首次将孤儿、事实无人抚养儿童和艾滋病病毒感染儿童纳入保障范围。深入开展留守儿童健康关怀关爱活动。推动落实国家基本公共卫生服务项目中0～6岁儿童健康管理，承担基本公共卫生服务的医疗机构为辖区内包括留守儿童在内的常住0～6岁儿童提供13次（1岁以内6次、2岁和3岁每年2次、4～6岁每年一次）免费健康检查。2021年，全国7岁以下儿童健康管理率达到94.6%。继续推动落实《关于加强心理健康服务的指导意见》《健康中国行动（2019—2030年）》和《健康中国行动——儿童青少年心理健康行动方案（2019—2022年）》等，全面加强包括农村留守儿童和困境儿童在内的儿童青少年心理健康教育，普及心理健康知识。持续深入推进农村脱贫人口大病专项救治工作，2021年，对罹患儿童白血病、先天性心脏病、儿童淋巴瘤等重大疾病的脱贫户留守儿童，通过完善定点医疗服务体系，加强医疗质量管理，指导地方组织定点医疗机构予以救治，协调各方提高对儿童白血病、先天性心脏病、儿童淋巴瘤等重大疾病的医疗保障水平，减轻脱贫户患儿负担。

（六）关注维护农村妇女权益

多措并举帮扶低收入妇女，指导各级妇联组织女企业家、团体会员、公益组织等社会力

量为低收入妇女和特殊困难妇女送技术、送健康、送服务，帮助她们克服新冠肺炎疫情影响，实现稳定就业增收。深化"健康中国 母亲行动"，继续实施妇女"两癌"免费检查和中央专项彩票公益金支持低收入妇女"两癌"救助项目，提高农村妇女健康素养。实施"乡村振兴巾帼行动"，开展"巾帼心向党"主题宣教活动，培育高素质女农民，培训妇女200多万人，遴选推介99个"巾帼新农人"典型案例，创建各级各类"妇字号"7 200余个。高度关注农村集体产权制度改革中妇女权益保障，中央农办、农业农村部等十部门联合发布《关于扎实做好当前重点工作如期完成农村集体产权制度改革阶段性任务的通知》，将"切实维护农村妇女合法权益"作为9项重点工作任务之一，针对农村妇女"两头空"问题，提出要重点检查离婚、丧偶妇女等群体成员身份确认情况，规范证书内容，做到妇女"证上有名、名下有权"。完善妇女权益保护机制，明确妇女在新型集体经济组织机构中占有一定比例，落实妇女的话语权、管理权、监督权。关注妇女土地承包权，在第二轮土地承包到期后再延长30年试点工作中，加强政策宣讲，了解妇女群众诉求，积极推动解决实际问题。

（七）规范和加强被征地农民和退捕渔民社会保障

参与修改土地管理法及其实施条例，规定征收土地应当安排被征地农民社会保障费用；按照国家规定将被征地农民纳入养老等社会保障体系；筹集的被征地农民社会保障费用主要用于符合条件的被征地农民的养老保险等社会保险缴费补贴；被征地农民社会保障费用筹集、管理和使用办法由各省（区、市）制定。指导各地落实《人力资源和社会保障部 财政部 农业农村部关于切实做好长江流域退捕渔民养老保险工作的通知》有关要求，有条件的地区可给予符合条件的退捕渔民养老保险缴费补贴，补贴标准由各地根据实际情况确定，年限不超过15年，确保长江流域重点水域符合条件的退捕渔民实现基本养老保险应保尽保。截至2021年底，全国约有7 407.8万名符合条件的被征地农民落实了征地社保政策，其中，6 546万人通过养老保险补贴参加了基本养老保险制度，17.2万名退捕渔民参加基本养老保险，实现应保尽保。

专栏11

平安乡村建设

一是将平安乡村建设纳入平安中国建设总体格局予以部署。中办、国办印发关于建设更高水平的平安中国的文件，就创新基层社会治理、深化平安创建等作出专门部署，为平安乡村建设指明方向。召开中央政法工作会议，对坚持和发展新时代"枫桥经验"，树立大抓基层、大抓基础的导向，让优势资源倾斜传导至基层等提出明确要求。

二是统筹整合农村平安建设力量。深入贯彻落实《中国共产党政法工作条例》，配备乡镇（街道）政法委员统筹基层政法和平安建设工作。推动派出所所长进乡镇（街道）党（工）委班子，社区民警进村（居）"两委"班子，打造社区警务团队。

三是全面加强农村矛盾纠纷排查化解。注重矛盾纠纷前端预防、源头化解、关口把控，有效整合人民调解、行政调解、司法调解等各种解纷资源，推动构建党委领导下的基层多元解纷格局，实现对矛盾纠纷的早预警、早消除。全面推进一站式多元解纷平台和诉源治理体系建设，加强基层公共法律服务，推动群众遇到问题找法、化解矛盾靠法，深入开展"法律进农村（社区）"系列活动。

四是着力提高农村社会治安防控能力。以提升基层风险隐患预测预警预防能力为目标，加快构建防控机制顺畅、保障体系健全、基础支撑有力的现代化社会治安防控体系。加强以派出所为重点的治安防控基础建设，推进派出所"两队一室"警务机制改革，开展创建"枫桥式公安派出所"活动，农村地区社会治安秩序明显改善。

六、农村消费环境建设

（一）加快推进农村客货邮融合发展

指导各地从体制机制、基础设施、运力资源、运输信息等4方面统筹推进农村客货邮融合发展工作。各地积极推动建立交通、邮政、供销、商务等多部门协同配合机制，依托乡镇客运站、乡镇运输服务站等既有站点建设乡镇客货邮综合服务站，积极开通客货邮合作线路，努力打造县域农村运输信息平台，实现农村客运、物流配送、邮政快递融合发展。2021年全国共建成1 300余个客货邮融合站点，开通900余条客货邮合作线路，为农村电商等产业发展提供了有力支撑。交通运输部等部门印发《关于推动农村客运高质量发展的指导意见》，指导各地建立多部门协同机制，统筹各类资源，加强农村客运、货运、邮政快递等服务保障衔接，推广应用客货兼顾、经济适用的农村客运车型，开通客货邮合作线路，发展农村货运班线，构建"一点多能、一网多用、功能集约、便利高效"的农村运输发展新模式。印发《交通运输部关于组织开展第二批城乡交通运输一体化示范县创建工作的通知》，将农村客货邮融合发展作为创建主题，引导各地发挥基层首创精神，持续推动城乡交通运输基础设施、客运服务、货运与物流服务一体化建设，不断提高城乡交通运输公共服务均等化水平。经县级申请、省级推荐、部级审核、社会公示，共有61个县（市、区）被列入第二批城乡交通运输一体化示范创建县名单。

（二）加强农村物流体系建设

1.着力提升农村物流服务品质。交通运输部会同邮政局在全国开展了农村物流服务品牌宣传推广工作，引导各地打造一批网络覆盖健全、资源整合高效、运营服务规范、产业支撑明显的农村物流服务品牌，推动构建模式创新、运营高效的农村物流服务体系。已公布60个农村物流服务品牌，涵盖交邮融合、商贸物流、客货同网等多种运营服务模式，并通过《中国交通报》《现代物流报》和政务微信等多种形式宣传推广，引导农村物流企业不断提升农村物流服务品质。

2.不断健全农村物流网络节点。持续加大对乡镇运输服务站的资金支持力度，着力完善农村物流三级节点网络，不断提高农村物流网络节点覆盖率。2021年3月，财政部与交通运输部联合印发《车辆购置税收入补助地方资金管理暂行办法》，明确提出各地要统筹利用车购税收入补助地方资金，采用"以奖代补"方式支持乡镇运输服务站的新建、改扩建工作，加快健全农村物流网络节点。

3.不断提升农村物流信息水平。高度重视农村物流信息化相关工作，鼓励和引导"城乡公交+物流电商+共同配送"模式探索和交邮融合发展，指导促进各地区交通运输主管部门推进农村交通运输综合信息服务平台建设，加快农村客运与电商物流融合发展，提高县、乡、村的客货运和邮政物流综合服务站利用效率，解决农村物流难题，降低物流成本。

4.加大农村物流专业人才建设。结合年度培训计划举办农村运输发展培训班，邀请各地负责农村物流的专业人员参加，着力培养行业急需人才，提升人员业务素质和服务能力。通过宣传典型地区农村物流发展经验，为各地因地制宜提升农村物流运输发展水平提供经验借鉴。鼓励引导各地交通运输部门开展交叉调研、现场交流，重点学习交流当地农村物流运输发展思路、扶持政策、发展模式等先进经验。

（三）加快推进农产品流通体系建设

1.不断优化政策措施。2021年5月，财政部等两部门联合印发《关于进一步加强农产品供应链体系建设的通知》，指导省级财政、商务主管部门充分发挥中央财政资金示范带动作用，完善农产品供应链。2021年11月，国务院办公厅印发《"十四五"冷链物流发展规划》，加快补齐产销两端冷链物流基础设施短板，提升调节农产品跨季节供需、支撑冷链产品跨区域流通的能力和效率。2021年10月，商务部等三部门联合印发《关于进一步推动农商互联助力乡村振兴的通知》，明确强化农产品市场公益功能保障、加强农产品流通基础设施建设、健全农产品流通企业产销衔接机制等重点任务，推动做好"十四五"时期农商互联和农产品产销对接工作。2021年11月，商务部、中华全国供销总社联合印发《关于充分发挥商务、供销优势共同服务乡村全面振兴的指导意见》，出台建设县域商业体系等10项工作举措，形成商务、供销系统推进农产品流通体系建设的部门合力。

2.不断强化设施建设。支持10个省份加强农产品供应链体系建设，推动构建农产品现代流通体系，提升农产品流通效率。升级改造公益性农产品批发市场，完善公共设施，改善经营环境。发展农产品冷链物流，支持建设预冷、贮藏保鲜、冷链加工配送中心等设施，提升冷链流通率。加强产地流通基础设施建设，支持在产地就近建设改造集配中心、冷库、产地仓等设施，增强产地商品化处理和错峰销售能力。完善农产品零售网点，支持农贸市场、菜市场、社区菜店等农产品零售市场建设改造，进一步增强检验检测、冷藏保鲜等便民惠民服务能力。2021年全国冷库总容量7 858万吨，冷藏车总量26.1万辆。全国超过70%的农产品批发市场建有冷链设施，检验检测、可追溯、中央监控、信息发布和垃圾处理等设备设施已经成为越来越多市场的标配。

3.不断推进产销对接。近年来，开展形式多样的农产品产销对接活动300余场，推动农产品批发市场、电商企业等农产品流通企业与脱贫地区农产品生产主体建立长期稳定的产销关系。支持包括农产品批发市场在内的各类农产品流通企业建立农产品销售专档、专区、专柜，搭建稳定的农产品销售渠道。农产品电子商务的快速发展，进一步拓宽了农产品上行的渠道，2021年全国农产品网络零售额4 221亿元。同时，传统的流通渠道持续提档升级，全年共升级改造农贸市场、农产品批发市场1 028家，农产品批发市场交易量10.01亿吨、同比增长3.2%，交易额5.98万亿元、同比增长4.9%。

4.不断提升流通质效。推动以农产品生产规律为基础、以全国市场需求为导向的南菜北运、北菜南调、西果东送、东品西输跨区域流通，促进周转频率不断加快。海南采摘的应季瓜菜，72小时即可送到全国城市消费者手中。支持农产品电商、社区电商、直播电商等新型农产品流通模式和业态迅速发展。多款在线买菜App均能实现下单后1～2小时送达。部分生鲜电商企业采用按需采购模式，收到用户预订信息后从基地采摘，24小时送达，供需精准匹配，基本实现零损耗。同时，我国市场的保供稳价能力显著增强。我国食品类城市居民消费价格指数年上涨幅度保持基本稳定，新冠肺炎疫情暴发以来，农产品批发、零售市场坚持开门营业，保障了蔬菜、肉蛋等生活必需品供应，为疫情防控阻击战取得战略性成果提供了强有力支撑。

专栏12

农产品产地冷藏保鲜设施建设

2021年，农业农村部深入学习贯彻习近平总书记关于冷链物流发展的重要批示精神，全面落实党中央、国务院决策部署，积极推进农产品产地仓储保鲜冷链物流设施项目建设（以下简称项目建设），受到基层普遍欢迎，取得明显进展。

一是设施建设有布局。配合国家发展和改革委员会编制《"十四五"冷链物流发展规划》，对建设衔接产地销地、覆盖城市乡村、联通国内国际的冷链物流网络作出全方位、全链条的规划布局。牵头编制印发《"十四五"全国农产品产地仓储保鲜冷链物流建设规划》，重点聚焦农产品产地端，明确"一个网络、五大支撑"的产地冷链物流体系建设思路、原则、目标、任务。

二是财政投入有力度。2021年安排中央财政资金80亿元，支持新建或改扩建产地冷藏保鲜设施。会同财政部优化补贴政策，实施地域扩大至全国，品种扩大至蔬菜、水果和地方特色优势品种，将预冷及配套设施设备纳入补贴范围，除县级以上示范家庭农场、农民合作社示范社外，增加农村集体经济组织，并支持多主体联合建设。引导地方财政衔接配套，江苏、浙江、安徽、江西等16个省（区、市）本级财政支持农产品冷链物流建设，增加补贴主体、扩大补贴范围、提高补贴比例，成为中央财政的有力补充。

三是工作推进有机制。建立了中央统筹、省负总责、市县抓落实的工作机制，部省市县成立工作专班，加强与发改、财政等部门联动，建立定期会商、督导评价、协同推进机制。截至2021年底，30个省级农业农村部门已经成立工作专班。安徽、广东、重庆、四川、甘肃等地建立分管省领导联系机制，天津、山西、江西、山东、湖南等地将项目建设列入领导干部推进乡村振兴战略实绩考核。

四是项目管理有制度。 印发《农产品产地冷藏保鲜设施建设管理规范（试行）》，重点对规划编制、申报审批、建设指导、竣工验收、监督管理等内容进行统一规定，明确各级职责，强化监督评价，确保建设质量，提高资金使用效益。

五是配套政策有保障。 推动出台金融配套政策，建设银行、农业银行、农担公司等金融机构创新产品，优化流程，支持项目建设和后续运营资金需求。推动开发"仓储保鲜贷""仓储保鲜—新农保""仓储保鲜—浙里担财农贷"等专属金融产品，累计申贷金额100多亿元。推动各地落实支持冷链物流设施建设的用地用电优惠政策，20多个省（区、市）专门出台本地区落实文件。

从实施效果看，项目建设在服务产业、衔接产销、满足消费、带动增收等方面发挥出实效，为巩固拓展脱贫攻坚成果和乡村产业振兴提供基础支撑，受到基层普遍欢迎。

一是产地冷藏保鲜设施短板加快补齐。 2021年支持1.6万个主体建设3万个设施，新增库容700万吨以上，共覆盖全国约1800个县（市、区）、2.2万个村，县级覆盖率63%，重点向生鲜农产品主产区、特色农产品优势区和脱贫地区倾斜。支持121个农产品产地冷藏保鲜设施建设整县推进试点，山西、吉林、江苏、四川等15个省份确定超100个省级整县推进试点，率先探索构建农产品产地冷链物流体系。

二是产业链供应链基础不断夯实。 项目建设增强农产品产地仓储保鲜、商品化处理和初加工能力，有效降低产后损失，实现择期错季销售，增强主体议价能力和产业抗风险能力；契合我国农产品跨地域、反季节的大流通特点，成为供应链的"稳定器""蓄水池"，增强鲜活农产品市场运行稳定性；有利于提升农业质量效益和竞争力，推动消费升级和品牌培育，推动小农户对接大市场，成为农民增收的新平台、新渠道。一批项目建设运营主体开展仓储保鲜社会化服务，创造就业岗位，辐射带动周边农户增收，项目区鲜活农产品收益平均增长约20%。

（四）深入推进农村食品安全治理

2021年各地各部门围绕农村食品安全积极推进专项执法行动，聚焦生产经营行为规范整治行动各项任务，国家市场监管总局、农业农村部、公安部、商务部、国家知识产权局、中华全国供销合作总社等持续发力，相关工作取得初步成效。

1.强化工作指导部署。 国家市场监管总局重点围绕推进农村食品生产经营行为规范行动，加强工作指导部署，督促各省份按《农村假冒伪劣食品整治行动方案（2020—2022年）》要求做好2021年工作安排，将整治工作持续纳

入2021年食品安全重点工作和年度考核评价指标。中华全国供销合作总社把优化农村消费环境列入供销合作社"十四五"规划重要内容。

2.强化机制建设。 国家市场监管总局印发《关于加强反不正当竞争执法 推动高质量发展的通知》，部署加大对农村地区、涉农商品等重点领域反不正当竞争执法力度。商务部、中央农办等17个部门联合印发《关于加强县域商业体系建设 促进农村消费的意见》，要求强化流通渠道管理，增加优质产品和服务供给，完善农村市场食品安全治理机制。中华全国供销合作总社印发《关于开展供销合作社县域流通服务网络建设提升行动的实施意见》，要求供

销合作系统所属流通企业加强与生产商、供应商合作，增加适合农村市场、符合农民消费特点的食品等商品供给。

3. 强化专项执法行动。 国家市场监管总局牵头查处一批违法案件、曝光一批典型案例、销毁一批违法食品、严惩一批违法犯罪分子，取得显著成效。指导各地完善农村食品风险隐患清单，强化风险排查，全面实现农村食品销售者安全风险分级管理，督促农村食品经营者全面落实主体责任，持续推进农村食品经营店开展规范化建设。组织开展农村地区食品安全专项抽检监测，突出农村食品消费重点品种、重点区域开展集中抽检。公安部部署开展集中打击食品等领域犯罪"昆仑2021"专项行动，组织各地公安机关依法严厉打击农村假冒伪劣食品犯罪，加大对肉制品、食用油、调味品、酒水饮料、保健食品等领域危害食品安全犯罪的打击力度。

4. 多渠道广泛宣传。 国家市场监管总局开设《聚焦农村假冒伪劣食品专项执法行动》等媒体专栏，聚焦农村食品生产经营行为规范等重点工作。农业农村部要求基层农产品质量安全监管服务机构结合日常巡查检查等工作，加强农村食品科普宣传，以人民群众喜闻乐见的形式开展食品科学知识进村入户活动。公安部组织开展"惠民利企"调研走访、召开新闻发布会、公布典型案例等活动，进一步提升人民群众识别防范能力，展示打击食品犯罪工作成效，对违法犯罪形成有效震慑。

5. 强化跟进督导。 国家市场监管总局按季度调度各部门、各省，督促推进整治任务。中华全国供销合作总社聚焦产品治理和服务质量，督促相关供销合作社及所属企业加强农村经营网点食品质量安全管理。

第五章　制度保障

一、财政支农

财政支农是国家财政支持农业、农村、农民的主要手段，是国家与农民分配关系的重要内容之一。习近平总书记强调，乡村振兴是党和国家的大战略，要加大真金白银的投入。2021年，中央财政贯彻落实习近平总书记重要指示精神和党中央、国务院决策部署，坚持农业农村优先发展，切实加强投入保障和政策供给，不断强化农业支持保护，大力支持保障国家粮食安全、全面推进乡村振兴、加快农业农村现代化。

（一）支持坚决守住不发生规模性返贫底线

一是明确过渡期内保持财政支持政策总体稳定，加大资金投入力度。在脱贫攻坚期连续5年每年递增200亿元的基础上，2021年补助地方资金规模再增加100亿元，达到1 561亿元（不含补助新疆生产建设兵团），资金主要用于健全防止返贫致贫监测和帮扶机制，易地扶贫搬迁后续扶持，培育和壮大欠发达地区特色优势产业，补齐必要的农村人居环境整治和小型公益性基础设施建设短板等。二是合理安排财政投入规模，优化支出结构，调整支持重点，过渡期继续采取适当方式向脱贫地区倾斜。将重点帮扶县作为巩固拓展脱贫攻坚成果的重中之重，在分配中央和省级财政衔接资金时，确保

中央有关倾斜支持重点帮扶县的要求落实到位。三是延续实施脱贫县涉农资金统筹整合政策，将支持产业发展摆在优先位置。2021年4月，财政部联合国家发展和改革委员会等11个部门出台《关于继续支持脱贫县统筹整合使用财政涉农资金工作的通知》，明确2021—2023年在脱贫县延续统筹整合使用财政涉农资金试点政策，2024—2025年在国家乡村振兴重点帮扶县延续实施。

（二）强化乡村振兴财政投入保障

一是继续把农业农村作为一般公共预算优先保障领域。2021年，全国一般公共预算农林水支出22 034.5亿元。中央财政涉农相关转移支付中，衔接资金、农业生产发展资金、农业生产和水利救灾资金同比分别增长6.8%、12.3%、24.7%，支持巩固拓展脱贫攻坚成果、保障国家粮食安全、全面推进实施乡村振兴战略。二是提高土地出让收入用于农业农村比例。财政部会同中央农办等相关部门深入开展政策研究、数据测算，按照"简捷易行、科学有效"的原则，制定印发了《关于提高土地出让收入用于农业农村比例的考核办法》，督促各地分年度稳步提高土地出让收入用于农业农村比例。三是充分发挥地方政府债券支持乡村振兴作用。按照国务院统一部署，2021年地

方政府一般债券优先用于支持乡村振兴、污染防治、小水库除险加固等没有收益的公益性项目建设,专项债券重点支持农林水利等领域符合条件的重大项目建设和国家重大区域战略建设,对推进乡村振兴领域重大公益性项目建设发挥了重要作用。

（三）强化农业支持保护

一是落实完善耕地地力保护补贴政策。安排补贴资金全部直补到户,确保广大农民直接受益。二是支持高标准农田建设。中央财政安排资金1 007.82亿元, 比2020年增加140.77亿元,支持全国建设高标准农田,落实"藏粮于地、藏粮于技"战略,提高粮食生产能力。三是向实际种粮农民发放一次性补贴。为缓解农资价格上涨对农民种粮增支的影响,安排实际种粮农民一次性补贴200亿元,释放支持粮食生产信号,调动和保护种粮农民积极性。同时,支持完善稻谷最低收购价政策,对11个稻谷主产省(区)给予稻谷补贴。2021年稳定实施玉米和大豆生产者补贴政策。四是大力支持种业振兴。继续发挥国家现代农业产业园平台优势和作用,支持新创建10个国家现代种业产业园,提升现代种业产业全链条发展水平。五是支持中型灌区建设。安排资金65亿元,支持全国461个中型灌区约1 300万亩有效灌溉面积开展续建配套节水改造,解决重点中型灌区的"卡脖子"问题,提高农业用水灌溉效率。六是大力推进农业机械化。实施新一轮农机购置补贴政策,支持购置先进适用农业机械,突出支持重点,优先保障粮食等重要农产品生产、丘陵山区特色农业生产以及支持农业绿色发展和数字化发展所需机具的补贴需要。此外,加快实施防汛抗旱能力提升工程,有力支持农业防灾救灾减灾。

（四）统筹支持乡村建设发展和乡村治理

一是大力支持水利基础设施建设。及时安排中央补助资金,支持水库安全、农村饮水工程维修养护和农村供水安全保障提档升级,并且进一步加快国家蓄滞洪区运用补偿。二是支持农村公路建设与养护。2021年,中央财政采取"以奖代补"方式安排资金560亿元支持普通省道和农村公路建设,安排资金195亿元支持普通国道、省道和农村公路养护补助,资金切块下达地方,由地方统筹安排到具体项目。三是支持建设宜居宜业美丽乡村。安排资金12.35亿元支持建设"五红四有"红色美丽村庄,安排资金15亿元支持美丽乡村重点县建设,安排资金48.32亿元支持推进农村人居环境改善,安排资金51.13亿元支持开展水系连通及水美乡村建设试点工作等。四是深入推进农村综合改革。安排资金15.25亿元扎实开展农村综合性改革试点试验,安排资金6.5亿元有序推进国家级田园综合体建设试点,安排资金113.99亿元实施农村公益事业财政奖补,安排资金75亿元持续扶持壮大村级集体经济,安排资金20亿元支持推进农垦国有农场办社会职能改革等。此外,印发《农村综合改革转移支付管理办法》《农村集体经济组织财务制度》,加强农村综合改革相关配套制度建设。

（五）继续支持养老、医疗等民生保障工作

一是中央财政安排补助资金22.7亿元,支持国家乡村振兴重点帮扶县和其他脱贫县加强县域医疗机构能力建设。其中,对国家乡村振兴重点帮扶县,每县补助400万元,对其他脱贫县,每县补助200万元,促进提升县域医疗服务水平和服务能力。二是中央财政持续加大

对城乡居民基本养老保险的支持力度，确保各地足额发放养老金，160个国家乡村振兴重点帮扶县所在的西部地区按中央确定基础养老金标准给予全额补助。三是支持困难群众救助、住房安全保障、扶残助残和就业创业工作。2021年，财政部在会同有关部门下达困难群众救助补助资金、农村危房改造补助资金、残疾人事业发展补助资金、就业补助资金等资金时，根据有关省份国家乡村振兴重点帮扶县数量，对国家乡村振兴重点帮扶县所在省份以及重点帮扶县予以适当倾斜。

二、金融支持乡村振兴

习近平总书记指出，乡村振兴是党和国家的大战略，要加大真金白银的投入。金融是实体经济的血脉，为实体经济服务是金融的天职和宗旨，农村金融在促进农村经济发展中发挥着关键作用。贯彻落实党中央、国务院的决策部署，围绕全面服务乡村振兴，我国银行业保险业不断完善涉农金融服务体系，加大信贷投放，创新产品服务，强化保险保障，发展农村数字普惠金融，助力乡村全面振兴。

（一）支持巩固拓展脱贫攻坚成果同乡村振兴有效衔接

人民银行等保持金融帮扶工作不断、力度不变，持续加大对脱贫地区的信贷投放和保险保障，大力支持脱贫地区县域经济特别是优势特色产业发展，促进脱贫群众持续稳定增收。2021年6月，人民银行会同银保监会、证监会、财政部、农业农村部、乡村振兴局印发《关于金融支持巩固拓展脱贫攻坚成果 全面推进乡村振兴的意见》（银发〔2021〕171号），明确金融支持巩固拓展脱贫攻坚成果同乡村振兴有效衔接的工作要求、重点和主要举措，并于8月专门召开电视电话会议，对分支行和金融机构进行动员部署，指导金融机构对脱贫地区和脱贫人口的金融支持力度总体稳定，接续推进脱贫地区乡村振兴，加大对国家乡村振兴重点帮扶县的金融资源倾斜，推动国家开发银行、中国农业发展银行和国有商业银行对全部国家乡村振兴重点帮扶县各项贷款平均增速高于本机构各项贷款平均增速。截至2021年底，金融精准帮扶贷款（含脱贫攻坚期存量）余额4.5万亿元，其中脱贫人口贷款余额9 141亿元、同比增长16%；国家乡村振兴重点帮扶县各项贷款余额1.4万亿元，同比增长13.5%，高于全部所在省（区）各项贷款增速2个百分点。全国涉农贷款余额43.21万亿元，同比增长10.9%。2021年9月，银保监会制定了《支持国家乡村振兴重点帮扶县工作方案》，对国家乡村振兴重点帮扶县实施政策倾斜，努力增加对重点帮扶县的金融供给。832个脱贫县各项贷款余额9.32万亿元，比年初增加1.11万亿元，增幅13.5%；160个国家乡村振兴重点帮扶县各项贷款余额1.43万亿元，较年初增长14.1%，高于全国贷款增速2.8个百分点。在重点帮扶县新设银行机构126个，新设保险机构72个。深入扎实开展脱贫人口小额信贷工作，与扶贫小额信贷实现平稳过渡，充分满足脱贫群众发展生产的融资需求。截至2021年底，全国脱贫人口小额信贷余额1 624.66亿元。在江西、广西、宁夏等有条件的地区探索开展防止返贫保险，提供综合性保险保障，防止因病因灾因意外致贫返贫。

（二）为乡村振兴营造适宜的货币金融环境

人民银行综合运用多种货币政策工具，保持流动性合理充裕，支持巩固拓展脱贫攻坚成果同乡村振兴有效衔接，为乡村振兴营造适宜的货币金融环境。积极运用差别化存款准备金率政策，加大对农村金融机构的支持。对服务县域的农村金融机构实施最低5%的优惠存款准备金率，保证农村金融机构流动性充足，有效引导农村金融机构加大对"三农"领域的信贷支持。人民银行印发《关于继续发挥再贷款精准滴灌作用 支持实现巩固拓展脱贫攻坚成果同乡村振兴有效衔接的通知》（银发〔2021〕10号），明确要求继续发挥再贷款精准滴灌和正向激励作用，支持实现巩固拓展脱贫攻坚成果同乡村振兴有效衔接。2020年及以前发放的扶贫再贷款可按规定展期支持巩固脱贫攻坚成果，适度向乡村振兴重点帮扶县倾斜，最长借用至2025年；同时，运用支农支小再贷款引导地方法人金融机构扩大对乡村振兴的信贷投放，降低"三农"、小微企业融资成本。2021年12月，下调支农支小再贷款利率0.25个百分点，推动实际贷款利率在2020年大幅下降的基础上进一步下行。2021年底，全国支农再贷款余额为4 967亿元、支小再贷款余额为12 351亿元、扶贫再贷款余额为1 750亿元、再贴现余额为5 903亿元。2021年共有9家农业企业实现首发上市，融资总额86.76亿元；17家农业企业开展再融资，融资总额447.91亿元；26家农业挂牌公司完成定向发行股票27次，融资总额7.47亿元；交易所市场发行乡村振兴公司债券13只，合计融资额71亿元。

（三）加大对乡村振兴重点领域金融支持力度

1. 加大对新型经营主体的金融支持力度。 人民银行联合中央农办、农业农村部、财政部、银保监会和证监会印发《关于金融支持新型农业经营主体发展的意见》（银发〔2021〕133号），推动健全金融服务组织体系，拓宽信贷、债券、股权等多元化融资渠道，推动农村一二三产业融合发展。建设银行围绕现代种养业、农产品加工流通业、农业科技创新、现代种业等重点领域，加大对农业产业化龙头企业以及农民专业合作社的支持力度，做好家庭农场和民营林场金融服务。2021年底，建设银行新型农业经营贷款余额1 104.1亿元，同比增长419.8%，增速位列同业首位。

2. 强化对粮食和重要农产品的融资保障。 指导金融机构全力做好粮食安全金融服务，围绕高标准农田建设、春耕备耕、粮食流通收储加工等制定差异化支持措施。如农业银行出台金融服务国家粮食安全行动方案，加大对农垦机构、粮食企业、农资企业等粮食产业链各类主体支持力度；农业发展银行加大对粮棉油产业化龙头企业和龙头加工企业的支持力度，2021年粮棉油龙头企业投放贷款220.1亿元。

3. 加大对农业农村基础设施建设的支持力度。 引导金融机构在风险可控前提下，鼓励根据借款人资信状况和偿债能力、项目建设进度、投资回报周期等，适当延长贷款期限，积极发放中长期贷款。截至2021年底，农村基础设施建设贷款余额7.7万亿元，同比增长10.6%；农田基本建设贷款余额2 745亿元，同比增长10.8%；实际投向农林牧渔业的中长期贷款余额7 420亿元，同比增长32.5%。

（四）不断深化农村金融改革

1.推动银行机构建立服务乡村振兴的内设部门。 2021年，农业发展银行调整设立乡村振兴部，专门负责统筹推进全力服务巩固拓展脱贫攻坚成果同乡村振兴有效衔接。开发银行成立乡村振兴工作领导小组，成立乡村振兴部，立足部门职能，全面助力乡村振兴。农业银行依托"三农"金融事业部组织框架，在各级行设立乡村振兴金融部，建立健全总行统筹、省市分行推进、县支行抓落实的金融服务乡村振兴工作机制。5家大型银行及兴业银行、中信银行、光大银行等部分股份制银行均已设立服务乡村振兴内设部门。

2.构建"三农"金融专业运营机制。 引导银行机构从信贷审批流程、产品研发、经济资本配置、资金内部转移定价、人员配备、费用安排、考核激励等方面加大政策倾斜力度。大型银行普惠涉农信贷不低于75个基点的内部资金转移定价、分支机构乡村振兴绩效考核占比不低于10%等激励政策有效落地。各银行机构"三农"金融尽职免责制度不断完善，涉农信贷不良容忍度政策切实嵌入银行机构内外部考核评价之中。例如，工商银行明确实施专属内部资金转移价格优惠等管理要求。农业发展银行、开发银行加大乡村振兴业务考核比重，农业发展银行建立政策导向、目标管理、统筹兼顾、重点突出的考核指标体系，开发银行对总行业务归口部门和分行同步设置乡村振兴考核

指标，捆绑考核，压实责任。

3.推进农村信用社改革"破题"。 银保监会会同相关部门认真落实党中央、国务院决策，深入调研，出台相关配套政策，积极推动、指导、配合各地党委政府推进农村信用社改革。在遵循总体原则下，充分尊重各省意愿，"一省一策"自主选择改革模式，加快推动农村信用社改革。已有十余省（区）初步形成了农村信用社改革思路，浙江省农村信用社改革方案于2021年10月经国务院批准，正式启动改革试点。

4.推动农村商业银行、农村合作银行、农村信用社等农村中小银行机构专注贷款主业、专注服务当地、专注"三农"小微。 强化支农支小定位监管，严格限制大额贷款，定期开展对坚守定位指标的监测考核。出台系列政策措施，严控农村中小银行机构异地业务，坚持信贷资源源于当地、用于当地和小额分散等原则。截至2021年底，全国农村中小银行各项贷款增速12.1%，高于资产增速2.2个百分点；贷款在总资产中占比55.1%，较年初上升1.1个百分点；涉农及小微企业合计贷款占比75.7%，较年初上升0.26个百分点。

（五）稳定增加涉农信贷投入

1.督促银行机构完成涉农信贷考核目标。 2021年4月，银保监会印发《关于2021年银行业保险业高质量服务乡村振兴的通知》（银保监办发〔2021〕44号），提出2021年银行保险机构服务"三农"的重点任务，要求银行业金融机构单列涉农和普惠型涉农信贷计划，力争实现同口径涉农贷款持续增长，完成普惠型涉农贷款差异化考核目标。截至2021年底，普惠型涉农贷款余额8.88万亿元，较年初增长17.48%，超过各项贷款平均增速6.19个百分点。

2.加大对重点领域的信贷投放。一是引导银行保险机构全力服务国家粮食安全和重要农产品稳产保供。围绕良种繁育、高标准农田建设、春耕备耕、农机装备、粮食流通收储加工等全产业链制定差异化金融支持措施。截至2021年底，全国农林牧渔业贷款余额4.57万亿元，较年初增长7.24%；农用物资和农副产品流通贷款余额2.71万亿元，较年初增长1.47%；农产品加工贷款1.2万亿元，较年初增长1.66%；农业科技贷款余额614亿元，较年初增长19.2%。二是支持农业农村基础设施建设。积极探索金融服务乡村建设有效途径，加大中长期信贷支持，加快补齐县域乡村基础设施和民生短板弱项，着力改善农村基础设施、公共服务和人居环境。例如，开发银行、农业发展银行探索通过"产业+公益性项目"联合支持、合作运营，破解乡村基础设施建设融资难题。截至2021年底，全国农村基础设施建设贷款余额达到7.7万亿元，较年初增长12.14%，农田基本建设贷款余额2 745亿元，同比增长10.8%。三是创新支持新型农业经营主体和新市民群体。农业银行出台支持新型农业经营主体专项信贷政策，支持家庭农场超过130万个，覆盖全国家庭农场总量超过1/3。兴业银行主动对接新市民集中的重点区域，对符合条件的异地户籍客户视同本地客户管理，开放个人经营贷款、个人住房贷款业务办理通道。截至2021年底，单户授信1 000万元以下的普惠型涉农小微企业法人贷款余额2.8万亿元，较年初增长19.74%；单户授信500万元以下的普惠型农户生产经营性贷款余额6.07万亿元，较年初增长16.47%。

3.积极发挥农业信贷担保作用。银保监会持续完善融资担保行业监管规制，引导政府性融资担保机构聚焦支小支农主业，稳步提高小微企业和"三农"融资担保在保余额占比，同时加强自身能力建设，提高担保能力和服务质效，减少或取消反担保要求，降低担保费率，完善小微企业和"三农"贷款担保绩效考核、薪酬激励和尽职免责机制，加大对支小支农业务的正向激励力度。财政部牵头会同有关部门积极发挥职能作用，加强政策资金支持，指导全国农业信贷担保体系认真落实《关于做好全国农业信贷担保工作的通知》（财农〔2017〕40号）、《关于进一步做好全国农业信贷担保工作的通知》（财农〔2020〕15号）等政策文件精神，严格执行"双控""五独立"等要求，进一步强化风险防范化解，推动实现坚守政策性定位与放大支农作用的"双赢"，促进全国农担体系健康平稳发展和农业融资难、融资贵问题有效缓解。截至2021年底，全国农担体系在保项目104万个、同比增长39.1%，在保余额3 215亿元、同比增长51.8%，资本金放大倍数达到4.9倍。

（六）加大涉农金融服务创新

1.创新涉农金融产品和服务模式。银保监会鼓励银行机构针对农村新产业、新业态的需求特点，创新专属信贷产品，进一步简化贷款审批流程，合理增加与需求相匹配的中长期信贷供给，利用金融科技和数字化技术创新线上信贷产品，提高信用贷和"首贷户"的占比。鼓励发展"一次授信、随借随还、循环使用"的小额信贷模式。例如，中国银行推出"随时惠"为农产品加工业、乡村特色产业、乡村新型服务业客户提供"随借随还"信贷服务。农业发展银行统筹支持政策性收储和市场化收购，创新推广"定购贷""订单贷"等粮食供应链融资模式。工商银行推出"农耕贷"专属产品，抢抓春耕备耕窗口期，强化粮食领域金融供给。邮储银行、兴业银行等构建春耕备耕信贷服务"绿色通道"。人保财险在20个省份开办制种保险。2021年，工商银行出台农业产业链投融资政策，2021年底涉农供应链1 200多条、累计投放融资超600亿元、服务客户超万户。农业银行积极对接国家乡村产业园区、产业集群、产业强镇建设。建设银行、邮储银行将金融服务嵌入农业产业链和商圈场景，为产业链各环节客户提供多样化、多层次的金融服务。

2.积极拓展农村抵（质）押物范围。一是稳妥有序推进农村承包土地经营权、农民住房财产权、集体经营性建设用地使用权抵押贷款试点。银保监会通过差异化监管政策提高银行业金融机构参与试点的积极性和主动性，指导银行业金融机构规范有序开展抵押物处置，完善抵（质）押物处置机制，畅通抵押物融资链条；督促银行业金融机构加大创新支持力度，在风险可控的前提下，设置绿色通道，简化贷款审批流程，完善农村土地承包经营权抵押贷款审批机制。二是引导银行机构在有条件的地区探索发展大型农机具、生物活体、养殖圈舍等抵（质）押融资业务，推广农户信用贷款。农业银行创新推出了生猪活体抵押贷款、农机具购置贷款等特色信贷产品。吉林银保监局推动畜禽活体抵押贷款试点工作，支持吉林省"千万头肉牛"工程，辖内活体抵押贷款余额较年初增加17.17亿元，增幅272%。

（七）增加农业保险供给

1.持续提升农业保险服务质效。农业保险是保农户收益、保粮食产量、保耕地面积的重要措施。2021年，财政部通过完善保障机制、加强预算管理、政策提标扩面、夯实数据基础，进一步推动农业保险提质增效，服务保障国家粮食安全。一是保费补贴机制建设进一步完善。为顺应农业保险高质量发展内外部环境新格局、新变化，财政部修订出台《中央财

政农业保险保费补贴管理办法》，进一步优化大宗农产品保费补贴比例体系和地方特色农产品保险奖补政策。开展农业保险综合绩效评价工作，促进承保机构降本增效。二是财政保费补贴撬动作用持续发挥。2021年，财政部拨付全国农业保险保费补贴333.45亿元，同比增长16.8%，带动实现保费收入逾960亿元，为1.88亿户次农户提供风险保障4.78万亿元，中央财政补贴资金引导和使用效果放大143倍，发挥了财政资金"四两拨千斤"的杠杆撬动作用。三是关系国计民生的主粮保险扩面提标。经国务院第139次常务会议审议通过，财政部会同有关方面在13个粮食主产省份的产粮大县扩大三大粮食作物完全成本保险和种植收入保险实施范围，推动我国农业保险从"保物化成本"向"保完全成本或种植收入"转变。四是地方特色农业发展支持力度加大。2021年，财政部安排地方优势特色农产品保险奖补资金24.07亿元，较上年增长100.5%，支持包括贵州茶叶、内蒙古肉牛、甘肃苹果、宁夏枸杞、西藏藏鸡、湖北小龙虾、湖南柑橘等数十个地方优势特色农产品发展。2021年12月，财政部扩大地方优势特色农产品保险奖补政策范围至全国，加大对特色农业发展的支持力度。五是农业保险高质量发展基础不断夯实。全国农业保险数据信息系统建设成效不断体现，第一次实现全行业农业保险数据实时传输、校验治理和归集共享，不断提升农业保险数据准确性和有效性。

2.稳步扩大农业再保险供给。支持中国农业再保险股份有限公司实现良好开局，发挥财政支持的农业大灾风险分散机制的基础和核心作用，进一步完善农业保险大灾风险分散机制，健全我国农业再保险制度。2021年，作为我国农业再保险市场主渠道，中国农业再保险股份有限公司分保业务规模超过190亿元，为

农业生产提供再保险保障9 752亿元，其中为关系国计民生的三大主粮完全成本保险和种植收入保险提供再保险保障超过120亿元，进一步扩大我国农业再保险供给，提高大灾风险应对能力，助力实施乡村振兴战略和加快农业农村现代化。

3.持续引导保险公司创新农险产品。一是指导开发森林保险、生猪保险示范条款，探索开展三大主粮风险区划县级试点。二是鼓励农险公司针对新型农业经营主体需求，因地制宜开展农产品收入保险、气象指数保险、区域产量保险等创新保险试点，探索开展农机、渔船等涉农保险，丰富农业保险供给，扩展农业保险服务领域，推动农险服务向农业产业链上下游延伸。2021年共在29个省（区、市）开展"保险+期货"项目322个，涉及天然橡胶、棉花、苹果、白糖、红枣、玉米、大豆、鸡蛋、豆粕、生猪、花生11个品种，保障现货规模超456.87万吨，承包土地面积950.41万亩，受益农户68.33万户。

（八）持续推进农村数字普惠金融

1.推进农村信用信息体系建设。农村信用体系建设是发展农村金融的一项基础工程，整合涉农信用信息、搭建涉农信用信息平台，可以有效缓解金融供需双方信息不对称的问题，促进金融机构利用数字技术提升对涉农客户的服务效率，拓展农村普惠金融的覆盖面。一方面，银保监会指导银行机构开展农村信用建档评级工作，对符合条件的农户和新型农业经营主体进行建档评级，力争2023年底实现对新型农业经营主体建档评级基本全覆盖。截至2021年底，全国建档评级农户数约占农户总数的65%，授信农户数约占农户总数的40%，用信农户数约占农户总数的20%。另一方面，银保监会积极推动省市党委、政府牵头，坚持政

策性、公益性定位，搭建域内共享的涉农信用信息共享平台，整合政府职能部门涉农信息数据，制定数据标准规范，并及时与金融机构建立信息共享渠道，加强涉农信用信息精准应用，打通金融服务"三农"堵点。例如，安徽依托政务大数据中心，定期归集25个部门的122类涉农数据，上门走访建档采集49类数据，既包括资产负债等硬指标，也综合评估道德品质等"软信息"，形成安徽农村信用专题库。四川成都搭建"农贷通"综合金融服务平台，集合了信息共享、融资对接、产权流转、农业咨询、金融风险分担等五大功能。黑龙江打造农业大数据平台，与银行机构共享土地确权、土地流转、种植面积、农业补贴等数据，有效增进信贷信用。

2.推动金融机构数字化转型。鼓励银行业金融机构运用大数据、云计算等技术，有效整合涉农主体的信用信息，优化风险定价和管控模型，提高客户识别和信贷投放能力。稳妥推动银行保险机构在依法合规、风险可控前提下，利用互联网等新兴技术优化传统金融业务的运作模式，不断强化线上和线下服务功能，有效扩展了金融覆盖面，为客户提供适合互联网场景使用的支付结算、投资理财、财务管理、保险保障等多元化金融服务，缩短金融业务处理流程，提高效率，降低成本。运用数字化创新模式提高金融服务效率、降低服务成本，有效增加金融服务供给，增强普惠金融服务。例如，农业银行加大"惠农e贷"投放力度，为超过1 200万户农户建立信息档案，截至2021年底，"惠农e贷"余额5 447亿元，较年初增加54.12%；邮储银行优化"极速贷"等线上产品功能，通过多种场景客群授信策略，扩大线上产品客户服务覆盖面；建设银行创新"裕农快贷"线上产品体系；工商银行推出"数字乡村"综合服务平台。

（九）持续改善农村地区金融生态环境

1. 持续巩固优化银行卡助农取款业务。 着力解决偏远农村地区取款、汇款、缴费等基础支付服务难问题，打通支付服务"最后一公里"。2021年底，农村地区银行卡助农取款服务点数量达81.12万个，以银行卡助农取款服务为主题的基础支付服务基本实现村级行政区全覆盖。

2. 推动移动支付便民工程下沉和涉农支付产品创新。 打造移动支付引领县，深挖便民服务场景，在示范引领基础上，不断向县域农村纵深推进，持续提升农村移动支付服务水平。指导中国银联联合商业银行推出"乡村振兴主题卡"产品，以支付为切入点和着力点，聚焦金融服务"三农"的支付结算、融资增信、增值服务体系等环节，除取款、消费、转账等基本支付功能外，还附加助农贷款、补贴发放、农产品生产销售、生活服务等特色服务，较好地满足了乡村振兴多样化、多层次的金融需求。

3. 持续推动农村信用体系建设。 因地制宜建设涉农信用信息系统，大力推进"信用户""信用村""信用乡（镇）"创建工作。2021年底，全国共建设涉农信用信息系统276个，累计为全国1.56亿农户开展信用评定，累计提供9 223余万次查询服务。评定"信用户"1.07亿个、"信用村"24.5万个、"信用乡（镇）"1.29万个，有条件的地区评定信用县192个。同时，强化信用评价结果运用，对于信用评价良好的农村经济主体，在授信额度、贷款利率、贷款手续等方面给予政策倾斜，充分发挥示范效应，营造诚实守信的良好信用环境。

4. 加强农村金融教育。 2021年以来，每季度在农村地区组织开展金融知识普及活动，提高农村居民金融素养水平。积极推进农村地区金融教育示范基地建设，深入实施农村金融教育"金惠工程"项目，提高农村居民信用意识和风险意识。开展2021年消费者金融素养问卷调查工作，在农村地区设立一级调查点并采集数据，为精准提升农村居民金融素养提供参考。

三、资本下乡政策

全面实施乡村振兴战略的深度、广度、难度都不亚于脱贫攻坚，必须加强顶层设计，以更有力的举措、汇聚更强大的力量来推进。工商资本是全面推进乡村振兴、加快农业农村现代化的重要支撑力量。工商资本有序下乡，有利于利用社会力量增加农业的资金、科技和装备投入，引进先进的经营管理方式，加速传统农业改造和现代农业建设。国家聚焦乡村振兴重点领域，创新投融资机制，营造良好营商环境，激发社会资本投资活力，更好满足全面推进乡村振兴多样化投融资需求。

（一）开展投贷联动

农业发展银行持续提升重点建设基金、现代种业基金的科学化、信息化、智能化管理水平，充分发挥股权投资优势，探索研究投贷联动一体化营销的业务模式，通过基金投资为贷款投放提供有力支持。截至2021年底，基金存量客户3 648个，其中投贷联动客户1 732个，投资余额1 503亿元，贷款余额9 226亿元。

（二）设立乡村振兴基金

农业银行子公司农银金融资产投资公司和农银理财公司于2021年在江苏省盐城市和广东省广州市设立两支乡村振兴基金，基金认缴出资总额62.11亿元，其中两公司认缴41.75亿元、撬动社会资本认缴20.36亿元，主要用于乡村振兴领域优质项目，支持区域乡村产业发展。建设银行子公司建信理财与广东恒健控股公司联合设立广东建恒乡村振兴基金，服务广东省"三农"领域和美丽乡村建设。2021年8月，基金完成2 000万元投资，投资项目为广州市白云区凤和村改造，支持其由"空心村"改造为"空港小镇"。

（三）发行"三农"专项金融债券

开发银行发行首期乡村振兴专题人民币金融债券100亿元，所募资金主要用于向污水处理和美丽乡村建设等乡村振兴相关领域项目提供贷款。2021年，农业发展银行累计在境内发行债券16 529.6亿元，同比增加1 393亿元，全力保障巩固拓展脱贫攻坚成果同乡村振兴有效衔接、支持农业农村建设、区域协调发展、生态文明建设等重点领域的贷款投放。

（四）承销乡村振兴金融债券或票据

2021年3月，人民银行指导交易商协会研

究推出乡村振兴票据，发挥市场在资源配置中的决定性作用，充分调动发行人、主承销商、投资者的积极性，引导鼓励社会资本投资农业农村，拓宽乡村振兴融资渠道。乡村振兴票据聚焦"三农"发展，募集资金用途主要包括：支持脱贫摘帽地区基础医疗用药，支持企业向农村采购农副产品，支持粮食收储和大宗粮源基地运营，支持高速公路及其他涉农交通设施、城乡供水及污水处理等农村基础设施运营建设，支持乡村特色旅游等服务行业发展，支持农村综合智慧能源及农光一体项目建设等多个领域。截至2021年12月31日，累计支持25个省（区、市）105家企业发行乡村振兴票据132期、1 014.62亿元。

（五）支持完善全产业链开发模式

2021年4月，农业农村部、国家乡村振兴局联合印发《社会资本投资农业农村指引（2021年）》，支持农业产业化龙头企业联合家庭农场、农民合作社等新型经营主体、小农户，加快全产业链开发和一体化经营、标准化生产，开展规模化种养，发展加工和流通，开创品牌、注重营销，推进产业链生产、加工、销售各环节有机衔接，推进种养业与农产品加工、流通和服务业等渗透交叉，强化农村一二三产业融合发展，提升产业链供应链现代化水平。鼓励社会资本聚焦比较优势突出的产业链条，补齐产业链条中的发展短板。支持社会资本参与农机生产、销售、应用等产业发展，壮大农业机械化产业群和产业链。支持龙头企业下乡进村，建分支机构、生产加工基地等，发挥农业产业化龙头企业的示范带动作用。

（六）创新政府和社会资本合作模式

《社会资本投资农业农村指引（2021年）》

提出，鼓励信贷、保险机构加大金融产品和服务创新力度，配合财政支持农业农村重大项目实施，加大投贷联动、投贷保贴一体化等投融资模式探索力度。积极探索农业农村领域有稳定收益的公益性项目，推广政府和社会资本合作（PPP）模式的实施路径和机制，让社会资本投资可预期、有回报、能持续，依法合规、有序推进政府和社会资本合作。鼓励各级农业

农村部门按照农业领域政府和社会资本合作相关文件要求，对本地区农业投资项目进行系统性梳理，筛选并培育适于采取PPP模式的乡村振兴项目，优先支持农业农村基础设施建设等有一定收益的公益性项目。鼓励社会资本探索通过资产证券化、股权转让等方式，盘活项目存量资产，丰富资本进入退出渠道。

四、推进农业农村人才队伍建设

近年来，各地各部门全面贯彻落实党中央、国务院决策部署，推动农业农村人才队伍不断发展壮大。2021年，农业农村部印发《"十四五"农业农村人才队伍建设发展规划》，聚焦农业农村主体人才、支撑人才、管理服务人才3类主体10种人才，坚持分类施策、分层推进、分工协作，加强农业农村人才返乡回乡下乡政策统筹谋划和系统创设，打造人才评价激励平台，为人才在乡村振兴中充分发挥支撑保障作用，提供了有力的制度和政策保障。住房和城乡建设部指导各地推进设计下乡引导和支持规划、建筑、园林、景观、艺术设计、文化策划等方面的设计师、优秀团队下乡，驻村驻镇开展"陪伴式"服务，涌现了许许多多的科研设计机构人员、高校师生团队把论文写在了祖国大地上，培养了一批了解乡村、热爱乡村、致力于服务乡村的设计人员，提升了乡村规划建设水平。推广浙江省"千村示范、万村

整治"工程经验，把保护乡村特色风貌与推进美丽乡村建设结合起来，按照自然景观和田园风光优美、村庄风貌和特色鲜明、居住环境和公共设施配套完善、历史文化遗存保护良好、村民安居乐业的标准，指导各地建成一批各具特色的美丽宜居村庄。

（一）加强系统培育，壮大主体人才队伍

重点培育农村基层组织负责人、家庭农场主、农民合作社带头人队伍，提升乡村治理现代化水平，促进乡村产业转型升级，发挥本土人才推动乡村振兴的主体功能和先锋引领作用。

一是选优育强农村基层组织负责人队伍。农业农村部会同中央组织部实施农村基层干部乡村振兴主题培训计划，对村干部（含驻村干部）、农村集体经济组织党组织负责人等进行培训。与共青团中央联合举办"全国青年马克思主义者培养工程"农村班，遴选农村优秀青

年人才开展为期1年的培养，培育乡村治理青年骨干人才，有效提升基层管理和服务能力。

二是扶持壮大家庭农场主和农民合作社带头人队伍。分层分类开展新型农业经营主体带头人培训，实施高素质农民培育计划，近5年累计培训703万余人次。扎实开展农民合作社质量提升整县推进试点，深入推进农民合作社示范社四级联创，指导各地创建示范家庭农场，深化社企对接，广泛组织动员社会力量为农民合作社带头人和家庭农场主提供多种形式的便利服务，精准赋能新型农业经营主体内强素质、外强能力。谋划实施乡村产业振兴带头人培育"头雁"项目，聚焦家庭农场主、农民合作社理事长等新型生产经营主体带头人，开展系统培训和政策支持，以产业聚人才、以人才兴产业。

三是组织开展乡村振兴相关人才培养培训。依托农村实用人才培训基地，农业农村部会同中央组织部开展农村实用人才带头人和到村任职、按照大学生村官管理的选调生示范培训，重点选调农村基层组织负责人、到村任职选调生、家庭农场主、农民合作社带头人、农业社会化服务组织带头人、小微农业企业负责人、农村创新创业带头人等作为培训对象，逐步形成了"村庄是教室、'村官'是教师、现场是教材"的培训模式。2021年培训200期、共计2万人，其中覆盖全部160个乡村振兴重点帮扶县、共培训1 600人。依托专业技术人才知识更新工程，支持有关部门和地区举办"乡村振兴数字经济""农牧区乡村振兴发展战略"等以乡村振兴、农业技术为主题的国家级高级研修项目30余期，培养培训高层次农业技术人才1 800余人次。

（二）加强引育结合，做强支撑人才队伍

重点做强农业科研人才、社会化服务组织带头人、农业企业家、农村创业带头人队伍，更好发挥其加快农业创新驱动发展，助力一二三产业融合发展的支撑作用，为推动农业农村现代化注入活力动力。

一是加强农业科研人才队伍建设。组织实施"杰出青年农业科学家"遴选资助项目，在全国遴选资助50名优秀青年人才。继续实施农业科研杰出人才培养计划，2021年遴选100名35岁以下青年科技人才，累计培育400名农业科研杰出人才。依托现代农业产业技术体系、重点实验室等平台，构建人才、项目、平台一体化推进机制，打造一批农业战略科学家、科技领军人才和青年科技人才力量。深入实施人才评价倾斜支持政策，指导支持各地在县以下基层开展职称评审"定向评价、定向使用"工作，3.3万名基层专业技术人才晋升或取得职称。在部分地区实行部分职业资格考试单独划线政策，1.4万人通过单独划线取得职业资格证书。以国家乡村振兴重点帮扶县为重点，组织各类专家人才服务基层活动。2021年共完成119个各类专家人才服务基层示范团，新建15个国家级专家服务基地，累计组织2 000余名专家人才深入一线开展5 300多场技术指导服务活动，对接项目1 122个、培训基层人才4.7万人次。召开全国农业科技人才工作交流会，推动加快建设农业科技战略人才力量，强化放权、松绑、创政策等改革举措，构建梯次合理的农业科技人才队伍，更好支撑农业科技自立自强。

二是壮大社会化服务组织带头人队伍。组织开展农业社会化服务创新试点，审核批复100个服务组织作为全国农业社会化服务创新试点单位，着力打造一批创新基地、培育一批创新组织、形成一批创新模式，树立发展农业社会化服务的行业标杆和县域样板。组织开展农业社会化服务典型评选，择优确定了30个

全国农业社会化服务典型，以点带面、示范引导农业社会化服务加快推进。农业农村部印发《关于加快发展农业社会化服务的指导意见》，提升社会化服务组织带头人的从业能力和示范引领水平。截至2021年底，全国农业社会化服务组织超过100万个。

三是建设高质量农业企业家队伍。开展农业企业家培育工程，实施百名农业企业家推介活动、千名农业企业家能力提升专项行动、万名农业企业家培训计划，提高农业企业家综合素质，提升农业企业家示范带动作用。截至2021年底，县级以上农业产业化龙头企业负责人达到9万人，成为引领乡村产业发展、促进产业融合的重要力量。

四是加快培育农村创业创新人才队伍。实施全国农村创业创新带头人培育行动，加大培训交流力度、宣传推介优秀典型。录制农村创业政策解读等视频课程，50多万名农村创业创新人员在线学习。遴选推介5批623个全国农村创业创新优秀带头人典型案例。连续举办5届全国农村创业创新项目创意大赛，遴选154个优秀创业项目和创业带头人。截至2021年底，全国返乡入乡创业创新人数累计达到1 120万人。

（三）加强能力塑造，优化管理服务人才队伍

重点培育农业综合行政执法人才、农村改革服务人才、农业公共服务人才队伍，着力提升农业行政执法、技术支撑保障、农村经济管理、农村社会事业发展和乡村治理能力，充分发挥体制内"国家队"在保安全、防风险、守底线中的兜底和保障作用。

一是健全综合执法人才队伍。全面深化农业综合行政执法改革，深入实施执法能力提升行动，开展农业综合行政执法示范创建，组织执法练兵比武活动，2021年线上线下培训执法人员1.3万余人，努力打造一支专业化、职业化、现代化的"三农"工作骨干力量，为全面推进乡村振兴、加快农业农村现代化发展提供有力执法保障。

二是充实农村改革服务人才队伍。指导各级农业农村部门落实农村改革服务职能，研究建立职责目录清单，明确履职主体，健全工作体系，通过定向培养等方式，强化基层农村改革服务力量。

三是建强农业公共服务人才队伍。扩大实施农技服务特聘计划范围，支持以政府购买方式招募农技服务人员。深入实施专业技术人才知识更新工程，实施农业公共服务能力提升行动，提高公共服务人才综合素质和业务能力，为农业高质量发展提供服务保障。

（四）加强典型选树，拓展人才评价激励平台

实施人才评选表彰、遴选资助，加强人才典型选树和宣传引导，营造全社会关注、关心、关爱人才氛围，激励引导更多人才投身乡村振兴，服务"三农"发展。

一是举办全国农业行业职业技能大赛。搭建农业技能全国性竞赛平台，创新赛项设置，带动更多劳动者学习技能、掌握技能，为加快培养和选拔农业行业高技能人才提供重要支撑保障。截至2021年底，农业农村部连续举办4届全国农业行业职业技能大赛，累计吸引超过20万人参加，共选拔354支队伍、1 078名选手参加决赛，其中60名选手被授予"全国技术能手"称号，181名选手被授予"全国农业技术能手"称号。

二是开展"全国十佳农民"遴选资助活动。从2014年起，农业农村部每年组织一次"全国十佳农民"遴选活动，从全国范围选出

10位优秀农民，由中华农业科教基金会提供每人10万元的资金资助，激励广大农业农村人才奋发有为、干事创业，在全社会积极营造关心农业、关注农村、关爱农民的良好氛围。

三是谋划创办"大国农匠"全国农民技能大赛。2021年中央1号文件提出，设立专门面向农民的技能大赛。为贯彻落实相关要求，农业农村部面向全国筹备开展农民技能大赛，通过大赛选树一批典型，带动构建一支规模宏大、结构合理、技能精湛、素质优良的乡村能工巧匠队伍。

五、新型农业经营主体扶持政策

习近平总书记强调，当前和今后一个时期，要突出抓好农民合作社和家庭农场两类农业经营主体发展，赋予双层经营体制新的内涵，不断提高农业经营效率。中央农办、农业农村部认真贯彻落实党中央、国务院决策部署，全面实施新型农业经营主体提升行动，会同有关部门加大政策支持力度，加快培育新型农业经营主体，促进其发挥在推进乡村振兴、加快农业农村现代化中的主力军作用。

（一）完善基础制度

推动调整优化农民合作社登记管理制度，将农民合作社（联合社）及其分支机构纳入市场主体登记管理的统一框架，建立便利的服务机制和以信用为核心的监管机制。修订和完善了农民合作社财务制度和会计制度，农业农村部与财政部联合修订了《农民专业合作社财务制度》，财政部印发了《农民专业合作社会计制度》，进一步规范农民合作社财务管理和会计核算。指导各地分级建立家庭农场名录制度，把农业规模经营户核实纳入家庭农场。修订家庭农场统计调查制度，增补完善全国家庭农场名录系统指标。

（二）加大政策支持

强化财政资金支持。中央财政通过农业生产发展资金加大对新型农业经营主体的支持力度，支持县级以上示范社和示范家庭农场改善生产经营条件，规范财务核算，应用先进技术，推进社企对接，提升规模化、集约化、信息化生产能力，开展农产品产地冷藏保鲜设施建设。优化融资贷款环境。中国人民银行、中央农办、农业农村部、财政部、中国银保监会、中国证监会联合印发《关于金融支持新型农业经营主体发展的意见》，从拓宽抵（质）押物范围、创新专属金融产品和服务等方面，加大对包括农民合作社在内的新型农业经营主体的金融服务力度。农业农村部组织开展了新型农业经营主体信贷直通车活动，通过"主体直报需求、农担提供担保、银行信贷支持"模式，针对10万～300万元信贷需求，引入国有六大商业银行等提供低利率信贷产品和服务，帮助解决新型农业经营主体融资难题。

（三）创新指导服务

深化社企对接。农业农村部联合大型企业，整合社会资源，搭建公共平台，持续推进社企对接，满足新型农业经营主体市场营销、品牌培育、融资保险、技术集成应用等共性需求。加强人才培养，聚焦服务产业发展，依托"耕耘者"振兴计划、乡村产业振兴带头人培育"头雁"项目、高素质农民培育计划等，加大对新型农业经营主体带头人的培训力度，培养更多乡村产业发展能人。创新辅导员选聘机制。在依托基层农经队伍发展辅导员的基础上，鼓励各地面向乡土专家、大学生村官、企业和社会组织经营管理人员、示范社带头人、示范家庭农场主等选聘辅导员，细化辅导员工作职责。加强辅导员岗位培训，推动专业化规范化发展。创建新型农业经营主体服务中心。鼓励各地采取购买服务、挂牌委托等方式，遴选有意愿、有实力的农民合作社联合社、涉农服务企业或社会组织承建新型农业经营主体服务中心，并探索建立备案管理、监督考核、动态调整等机制，引导服务中心规范有序发展。

（四）加强示范引领

重点用好整县推进试点、示范创建、案例推介、农民合作社（联合社）办公司观察点4个"抓手"。深入开展农民合作社质量提升整县推进试点。在前两批150个试点单位的基础上，新增248个试点县（市、区），聚焦发展壮大单体合作社、促进联合与合作、提升县域指导扶持服务能力等方面，打造农民合作社高质量发展的县域样板，引领农民合作社整体提升发展水平。深入推进示范创建。深入推进国家、省、市、县级四级示范社联创，会同全国农民合作社发展部际联席会议九部门和单位开展国家示范社评定和动态监测工作，建强国家示范社队伍。支持各地按照"自愿申报、择优推荐、逐级审核、动态管理"的原则开展示范家庭农场创建，鼓励各地开展省级家庭农场示范县创建。总结推介典型案例。在全国范围内遴选推介第三批全国农民合作社、家庭农场典型案例，加大对典型案例经验做法的宣传推介力度，引领新型农业经营主体因地制宜探索高质量发展的模式和机制。引导农民合作社兴办公司企业。在各地实践的基础上，遴选确定部级农民合作社（联合社）办公司观察点，对观察点进行动态分析、分类指导，探索农民合作社有效整合资源要素、延长产业链条、创新运营机制、加强规范管理的多种方法路径。

六、第二轮土地承包到期后再延长30年试点

2021年中央1号文件明确提出，坚持农村土地农民集体所有制不动摇，坚持家庭承包经营基础性地位不动摇，有序开展第二轮土地承包到期后再延长30年试点，保持农村土地承包关系稳定并长久不变。贯彻落实党中央、国务院决策部署，在前期试点基础上，稳步扩大试点范围、稳妥推进试点工作。

一是加强组织领导。农业农村部、中央农办会同司法部、财政部、自然资源部、国家档案局、全国妇联，进一步健全第二轮土地承包到期后再延长30年试点部际联席会议制度。指导省级农业农村部门牵头成立延包工作领导机构，督促试点地区建立党委、政府主要负责同志任组长，各相关部门为成员单位的领导小组，推动试点工作走深走实。

二是强化工作指导。召开第二轮土地承包到期后再延长30年试点部际联席会议，完善部际联席会议办公室工作机制，总结交流延包试点经验做法，研究部署试点工作。组织调研组赴试点地区开展专题调研指导，研究解决试点工作中的重点难点问题。组建并为每个试点地区配备专家团队，负责试点工作评估指导，协助试点厘清思路、把握方向、解决问题，确保试点工作严谨、有序、深入。

三是稳慎推进试点工作。按照《中共中央国务院关于保持土地承包关系稳定并长久不变的意见》要求，印发《关于2021年第二轮土地承包到期后再延长30年试点工作方案的批复》，以保持土地承包关系稳定为前提，在前期先行探索基础上，选择先行到期的地区规范开展试点，并首次选择部分乡镇开展整乡（镇）试点，稳慎有序推进试点工作。

四是探索解决延包中的关键问题。指导各试点地区坚持延包原则，在认定消亡户、非集体经济组织成员承包地处理、外嫁女等特殊群体权益保障、开荒地和机动地处置、解决承包地细碎化等方面积极试点，探索解决路径。

五是加强农村土地承包合同管理。研究起草农村土地承包合同管理办法和土地承包合同示范文本，对承包地信息进行动态更新，健全农村土地承包合同日常管理服务机制，加强农村土地承包经营权信息数据库和应用平台建设。

六是健全农村土地承包纠纷调解仲裁体系。指导地方依法规范开展农村土地承包经营纠纷调解仲裁工作，组织开展2020年度农村土地承包经营纠纷调解仲裁工作考评。

各地严格按照中央政策精神，精心部署、稳慎推进，通过试点摸清了承包关系，厘清了延包程序，理顺了工作机制，找到了困难问题，探索了解决路径，农民群众总体满意，为推动面上工作积累了有益经验。

七、农村宅基地管理与改革

（一）规范农村宅基地管理

一是开展宅基地管理部门规章立法研究。梳理总结宅基地政策成果和实践探索经验做法，研究制定农村宅基地管理部门规章。二是指导各地规范有序组织开展宅基地申请审批工作，保障农民建房用地合理需求。2021年，全国共受理宅基地申请148.5万宗，审批112万宗，审批面积27.4万亩。三是加强宅基地管理体系队伍建设。坚持以工作促体系建队伍，依托制度建设、申请审批、统计调查等工作，持续推动基层落实宅基地管理职责。组织开展多层次交流培训，提高农业农村系统宅基地工作能力。截至2021年底基本构建起从中央到省市县乡村的以农业农村系统为主导的农村宅基地工作体系，实现了机构改革农村宅基地职责的平稳承接。四是有序推进宅基地房地一体确权登记。加强组织部署，明确政策要求，持续推进房地一体宅基地确权登记。天津、江苏、浙江、江西、海南、重庆、宁夏等省份率先基本完成房地一体宅基地确权登记任务。

（二）稳慎推进新一轮宅基地制度改革试点

认真贯彻《深化农村宅基地制度改革试点方案》，建立健全工作机制，强化统筹指导，严格试点管理，提炼制度成果，有序推进试点工作。组建宅基地改革试点专家评估指导组，分片区对试点地区进行日常评估指导和跟踪调查，及时总结各地改革试点进展情况，推介试点地区好做法好经验。印发《农村宅基地基础信息调查工作指南》《农村宅基地基础信息调查技术规程》《农村宅基地数据库规范》等技术文件，为试点地区开展宅基地信息化建设提供支撑。坚持稳慎创新并重，落实落细改革举措，全面推开宅基地调查摸底、村庄规划编制、历史问题化解、确权登记等基础工作，稳步推进完善宅基地集体所有权行使机制、探索农户宅基地资格权保障机制、探索宅基地使用权流转制度等试点事项，一些关键环节改革取得了实质性进展。截至2021年底，改革工作已覆盖试点地区1 364个乡镇、15 186个行政村。因地制宜制定改革配套文件1 083个，初步搭建了宅基地制度改革的制度框架。

（三）积极稳妥开展闲置宅基地和闲置农房盘活利用

完善闲置宅基地和闲置农房盘活利用政策，2021年1月，自然资源部、国家发展和改革委员会、农业农村部联合印发《关于保障和规范农村一二三产业融合发展用地的通知》，提出在符合国土空间规划前提下，鼓励对依法登记的宅基地等农村建设用地进行复合利用，发展乡村民宿、农产品初加工、电子商务等农村产业。指导地方积极稳妥开展农村闲置宅基地和闲置住宅盘活利用工作，支持农民和农村集体经济组织采取自营、出租、入股、合作等多种方式盘活闲置宅基地和闲置住宅。支持部分省份开展闲置宅基地和闲置农房盘活利用示范创建，提炼形成一批典型案例，为探索闲置宅基地和闲置住宅盘活利用有效路径奠定基础。

八、规范农村建设用地管理

（一）优先保障乡村产业发展和乡村建设用地

自然资源部等三部门联合印发《关于保障和规范农村一二三产业融合发展用地的通知》提出，引导农村产业在县域范围内统筹布局、盘活存量建设用地、保障新增建设用地、简化用地审批和规划许可，为农村产业融合发展、乡村振兴提供土地要素保障。印发《自然资源部关于2021年土地利用计划配置规则的通知》，突出节约集约用地，切实保障有效投资用地需求，推动高质量发展。继续安排每个脱贫县用地计划指标600亩，专项用于巩固拓展脱贫攻坚成果和乡村振兴用地需要。对农村村民住宅建设用地计划实行单列，专项用于符合"一户一宅"和国土空间规划要求的农村村民住宅建设，实行单独组卷报批，年度内实报实销。

（二）完善城乡建设用地增减挂钩政策

巩固拓展脱贫攻坚成果同乡村振兴有效衔接过渡期内，对脱贫地区继续实施城乡建设用地增减挂钩节余指标省内交易政策。在东西部协作和对口支援框架下，继续开展增减挂钩节余指标跨省域调剂。2021年12月，自然资源部、财政部、国家乡村振兴局联合印发《巩固拓展脱贫攻坚成果同乡村振兴有效衔接过渡期内城乡建设用地增减挂钩节余指标跨省域调剂管理办法》，明确原"三区三州"及其他深度贫困县、国家乡村振兴重点帮扶县开展增减挂钩，拆旧复垦安置节余的建设用地指标在省际协商基础上由国家统筹跨省域调剂。自然资源部印发《关于城乡建设用地增减挂钩节余指标跨省域调剂有关事项的通知》，明确过渡期内实施增减挂钩节余指标跨省域调剂的政策措施和工作流程。

（三）完善盘活农村存量建设用地政策

2021年1月，自然资源部办公厅印发《关于规范开展建设项目节地评价工作的通知》，明确要求使用农村集体土地的建设项目参照执行，促进建设项目合理用地，切实提高节约集约用地水平。充分发挥土地使用标准对建设项目用地的控制作用，修订完善《工业项目建设用地控制指标》，对农村集体土地建设工业项目提供标准支撑。

（四）健全农村集体经营性建设用地入市办法

完成《土地管理法实施条例》修改，新《条例》于2021年9月起施行，在"第四章 建设用地"中单列"第五节 集体经营性建设用地管理"，在新土地管理法关于集体经营性建设用地入市规定基础上，进一步明确了集体经营性建设用地出让、出租的入市主体、入市程序、入市方案、交易方式等具体办法。

九、农村集体产权制度改革

按照党中央、国务院决策部署，农业农村部贯彻落实《关于稳步推进农村集体产权制度改革的意见》要求，指导各地从实际出发，围绕集体资产清产核资、成员身份确认、经营性资产股份合作制改革和发展农村集体经济等重点任务，完善改革措施，狠抓责任落实。总体上看，各地区认真贯彻落实党中央、国务院决策部署，扎实推进改革，完成了阶段性任务，实现了党中央、国务院确定的既定目标，为全面推进乡村振兴、加快农业农村现代化创造了有利条件。

（一）农村集体资产管理制度逐步健全

农业农村部印发《关于做好2021年度农村政策与改革统计年报和农村集体资产清查工作的通知》，组织开展2021年农村集体资产清查工作。2021年12月，农业农村部联合财政部印发《农村集体经济组织财务制度》，要求农村集体经济组织建立健全财务管理制度，如实反映农村集体经济组织的财务状况，加强财务信息管理，完善财务监督，控制财务风险，实现集体资产保值增值。指导各地强化确权到村集体的扶贫项目资产后续管理，利用全国农村集体资产监督管理平台开发扶贫项目资产数据对比功能。2021年底，全国清查核实农村集体账面资产8.2万亿元，其中经营性资产3.7万亿元，土地等资源面积65.5亿亩。

（二）农村集体经济组织成员身份确认基本完成

农业农村部指导各地全面开展成员身份确认。各地以县为单位制定成员身份确认指导意见，规范成员身份确认的基本条件、政策底线，注重保护外嫁女、入赘婿等群体权益。组织各地将成员信息录入全国监管平台产权管理模块，建立全国成员数据库。工作推动中，基层有很多创新性做法：黑龙江、福建等省聘请律师团队全程参与成员身份确认；山东省利用大数据手段筛查跨区成员身份，及时化解成员身份确认中的纠纷隐患。2021年底，全国共确认集体成员约9亿人。

（三）经营性资产股份合作制改革扎实推进

农业农村部指导各地将农村集体经营性资产以份额或者股份形式量化到本集体成员，作为其参加集体收益分配的基本依据。鼓励各地丰富股权设置类型，因地制宜确定股权管理方式，积极探索农村集体资产收益分配权有偿退出、抵押、担保等试点。吉林、陕西、新疆等省（区）的部分县市探索增设土地、贡献、扶贫等方面的量化依据。北京、上海等市探索集体收益分配权抵押担保、有偿退出。2021年底，全国共建立农村集体经济组织约97万个，其中，乡级993个、村级57.0万个、组级39.5万个；2021年向成员分红748.4亿元。

（四）发展壮大新型农村集体经济

农业农村部指导各地盘活利用资源资产，拓宽集体经济发展路径。会同中央组织部、财政部继续开展扶持村级集体经济发展试点，2021年扶持2万个左右的村。研究新型集体经济功能定位、经营领域及模式、赋予双层经营体制新的内涵等内容。指导各地农村集体经济组织立足资源禀赋、区位优势，盘活集体资产资源，探索自主经营、联合经营、股份合作经营等多种经营方式，促进集体经济发展壮大。安徽、重庆、贵州等省（市）积极开展"资源变资产、资金变股金、农民变股东"改革。江苏、浙江等省探索飞地经济、抱团发展。2021年全国村集体经济总收入6 684.9亿元，年经营收益超过5万元的村达到59.2%。

（五）加快推进农村集体经济组织立法

农业农村部组织开展立法重大课题研究，围绕集体所有制、法人属性、成员制度、经营范围、扶持措施等重大问题开展专题研究。加强立法重大问题实地调研，赴广东、新疆、重庆等地就农村集体经济组织立法、村组集体经济组织关系等问题开展专题调研。

十、农村改革试验

农村改革试验区是中央推进农村改革试点试验的综合平台，承担着为农村全局性改革探索路子、为面上改革提供实践示范的重要使命，是农村改革的先行军、排头兵。2021年，中央农办、农业农村部会同全国农村改革试验区工作联席会议成员单位，认真贯彻落实习近平总书记关于"三农"工作重要指示精神和党中央、国务院决策部署，谋划安排农村改革试验任务，探索形成了一批各具特色的试验成果，试验区工作取得新进展。

（一）农村改革试验深入推进

1. 以党中央关心的重大问题为导向，深化拓展改革试验任务。坚持问题导向和目标导向，立足通过机制创新增强农业农村的活力动力，谋划改革试验任务。一是批复农村改革试验区任务。聚焦稳粮保供、产业发展、乡村建设、乡村治理等重点工作，联席会议成员单位联合印发通知，批复33个全国农村改革试验区新增49项试点任务。二是深化备案制改革试验。鼓励改革积极性高的非试验区自主申报改革任务，围绕乡村振兴要素投入保障、小农户和现代农业发展有机衔接、县域内城乡融合发展等重点领域，创新体制机制，落实重点工作，全年共备案40个地区申报的40项改革任务。

2. 统筹各方力量，加强改革试验任务全程指导。发挥农村改革试验区平台作用，联席会议成员单位加强协同配合，专家学者强化咨询指导，形成农村改革试验任务谋划、跟踪和评估等贯穿全程的指导机制。一是共同谋划试点任务。召开农村改革试验区工作联席会议成员单位联络员会议，专题研究农村改革重点任务和试点事项。中央农办、农业农村部会同中央政策研究室、财政部、自然资源部、民政部、人民银行等联席会议成员单位，多次召开专题会议，共同研究农村金融、集体产权制度、乡村治理等领域改革试点方案。二是强化试点全过程指导。联席会议成员单位各尽其责，着力加强对试点试验的指导。中央组织部指导农村改革试验区开展健全村党组织对村各类经济社会组织和各项工作的领导机制试点。自然资源部指导农村改革试验区探索农村建设用地保障机制。住房和城乡建设部对农村改革试验区探索乡村建设行动模式给予指导。民政部指导深入推进基层

群众自治实践。水利部指导探索农村供水工程长效运行机制。人民银行、银保监会积极跟进农村数字普惠金融改革。三是组织开展试验成果总结评估。遴选19个专家团队，对52项到期试验任务进行总结验收，对13项正在开展的试验任务进行中期评估，为典型经验总结提炼和成果转化提供了有力支持。

3. 加强改革试验成果总结提炼和重大问题调研，强化决策咨询服务。农村改革试验区办公室立足服务中央决策，综合运用实地调研、部门会商、专家咨询等方式，梳理、评估、提炼基层改革探索经验，推出了一批接地气的研究报告。一是多种形式反映基层改革探索。系统梳理党的十九大以来试验区的改革经验，形成了《基层农村改革的创新做法》系列报告，分送中央有关文件起草组和有关部门，供制定政策时研究参考。利用《农村改革动态》《农业农村部信息》《农业情况交流》等，积极反映试验区的最新实践探索。来自农村改革试验区的许多试点经验已经被转化为中央政策，多篇案例被中央改革办《改革情况交流》转载。二是推出一批重大改革调研成果。全面调研农村改革试验区的政策诉求和工作建议，形成《基层农村改革的政策期盼》，为起草2021年中央农村工作会议文件提供参考。开展种粮高素质农民养老保障问题调研，形成《种粮高素质农民参加城镇职工养老保险：该如何设计与实现？》报告，提炼出具有复制推广价值和可操作性的创新做法。针对稳定农民种粮收益、县域内城乡融合发展、乡村人才振兴等问题深入调研，形成多篇有分量的研究报告。

4. 加强改革工作交流，切实发挥试验区示范引领作用。及时总结梳理农村改革试验区取得的可复制可推广经验，通过不同渠道、多种方式进行宣传推介。一是推动农村改革试验区

互学互鉴。全年编发《农村改革动态》39期，刊载地方改革典型做法56个；举办新增农村改革试验区工作交流活动、农业绿色发展干部培训班、智慧农业交流座谈会等，推动各农村改革试验区交流互动、取长补短。二是有序宣传成熟经验。对于符合改革方向要求、不突破改革底线、成效显著的改革探索，加大宣传推介力度。公开出版《2021年农村改革试验区改革实践案例集》，中央农村工作会议期间在《农民日报》整版推出农村改革试验区部分典型案例，把成熟的农村改革成果经验推向全国。

5.健全运行管理机制，规范有序推动试点试验工作。 完善农村改革试验区工作机制，在规范管理的前提下推进农村改革试点试验。一是健全农村改革试验区管理制度。修订《全国农村改革试验区运行管理办法》，进一步加强组织领导，规范试验区申报审批、评估验收、任务终止和退出等程序，完善了中央授权、部门指导、各方配合、基层创新的工作机制。二是优化农村改革试验区布局。经中央农村工作领导小组批准，联席会议成员单位联合批复吉林省梨树县、山西省晋中市太谷区为全国农村改革试验区，增加了粮食主产区、农业大县的试验区数量，农村改革试验区数量达到66个，覆盖全国29个省（区、市）。三是加强与省级试验区交流互动。鼓励地方设立省级农村改革试验区，支持其通过全国农村改革试验区平台宣传推介好经验好做法。截至2021年底，江苏、山东、浙江等省已分别设立省级农村改革试验区，开展多角度、多层次的试验探索。

（二）农村改革试验取得的新进展新成效

1.巩固完善农村基本经营制度。 一是探索破解承包地细碎化问题机制。江苏省盐城市亭

湖区在尊重农民意愿前提下，探索以村民小组为单位，通过不动承包权、交换经营权的方式，推动经营主体集中连片经营。参加首批试点的431户的2 790亩承包地，由1 123块归并为147块，多余的田埂和废旧沟塘得到复垦，播种面积增长6.3%。二是探索土地经营权规范流转机制。江苏省泰州市姜堰区创设农村土地经营权流转负面清单制度，对承租期间存在不按时履约、拖欠租金等行为的经营主体，2年内禁止通过农村产权交易平台流转区内土地经营权，并在项目扶持、到期续租、评优评先等方面予以限制。浙江省海盐县通过建立土地经营权流入方准入审查制度、发布土地流转指导价格、建立土地流转风险保障金、加强用途监管等，健全土地经营权流转管理机制。

2.构建新型农业经营体系。 一是探索小农户和现代农业发展有机衔接机制。内蒙古自治区达拉特旗组建以龙头企业为牵引、农牧民合作社为纽带、家庭农牧场和农户为基础的农牧业产业化联合体，通过统一生产、统一营销、信息互通、技术共享、品牌共创等，实现分工协作、要素融通、利益共享。河南省信阳市探索把新型农业经营主体带动小农户数量和利益联结程度，作为政府支持新型农业经营主体发展的重要指标，符合条件的经营主体可优先享受贷款贴息等优惠政策。二是探索高素质农民培育机制。湖南省岳阳市屈原管理区搭建产学研一体化培训平台，整合实训孵化基地，建立"高素质农民培训+小基地实训+大基地实验孵化"机制，设立农业创业担保基金为高素质农民提供贷款担保、贴息等服务，提升高素质农民孵化成功率。江苏省苏州市围绕认定管理有标准、素质提升有舞台、创业发展有支持、激励约束有机制，建立高素质农民培育机制。

3.深化农村金融制度改革。一是以新型农业经营主体名单制方式推动金融服务供需对接。江苏省泰州市探索建立涉农金融服务供需对接机制，由农业农村部门牵头负责，梳理全市金融机构涉农金融产品清单，各级农业农村部门进村入户收集、审核各类涉农经营主体融资需求等信息，并把经营主体名单推送给金融机构，解决涉农经营主体个性化融资需求。二是拓宽农村抵（质）押物范围。广西壮族自治区玉林市推出生猪活体抵押贷款服务。福建省三明市沙县区创新推出林业碳票开发贷、质押贷等金融产品。宁夏回族自治区平罗县推出以温室、养殖圈舍等农业设施为抵押物的贷款产品，并允许农业经营者把承包土地经营权、大型机械等与农业设施捆绑抵押。三是推进涉农信用信息整合共享。广西壮族自治区田东县建立农村信用信息中心，将原信用系统信息、农经管理系统信息、扶贫系统信息及各部门提供的信息清洗组合，形成37万人300多万条信息的信用数据库，有效解决了金融机构和农户间的信息不对称问题。

4.健全乡村治理体系。一是加强村党组织建设。四川省巴中市巴州区探索以1个党总支、3类功能型党支部（资产管理党支部、产业发展党支部、老年协会党支部）、N个村民自治组织为构架的治理机制，并通过村社、村村、村企、跨县等方式联建村级党组织。二是规范村级权力运行。江苏省宿迁市编制村级小微权力清单，以乡镇为单位逐一绘制每项权力的行使流程图，及时公开村居各项权力的运行过程和结果。三是创新自治法治德治相结合路径。山东省东平县在每个村配备1名兼职法律顾问，并由有威望老党员、退休教师、退休村干部等担任矛盾纠纷调解员，开展法律咨询和矛盾调处等服务。云南省开远市充分发挥红白理事会、道德评议会的作用，开展道德评议活动，利用红黑榜，弘扬社会正气，曝光不良恶习。四是推进数字乡村治理建设。河北省巨鹿县创建"巨好办"数字化综合管理平台，设置"帮代办"线上办事服务窗口，实现矛盾和隐患即出即消，问题和需求闪报闪办。

5.健全城乡融合发展体制机制。一是健全农村基础设施管护机制。福建省永春县创新建立乡村基础设施"美丽资产管护保"，为美丽乡村示范村建设形成的美丽资产购买保险。二是完善农村基本公共服务供给机制。四川省眉山市彭山区打造农村基层公共服务平台，实现公共服务网上办、就近办、代人办。浙江省绍兴市柯桥区推行区镇村三级视频连线、接访、会商服务，将区镇综治工作、市场监管、综合执法、便民服务有效延伸。三是发展智慧农业和数字乡村。山东省淄博市推动智慧共享云大脑、高效优质云产业、区域中心云市场、便捷普惠云金融、有效治理云乡村等"五朵云"数字化改革。

十一、深化农垦改革

2021年全国农垦深入贯彻落实中央农垦改革发展文件精神，围绕垦区集团化农场企业化改革主线，大力推进体制机制创新，推进发展方式转变和资源资产整合、产业优化升级，农垦内生动力、发展活力、整体实力进一步增强，为实现农垦大基地、大企业、大产业奋斗目标奠定了制度基础，为实施乡村振兴战略、加快实现农业农村现代化发挥了积极示范作用。

（一）垦区集团化农场企业化改革持续推进

2021年，农业农村部围绕中央农垦改革发展文件确定的到2020年农垦改革、发展、民生三大目标，组织各省对农垦改革发展五年成效、问题等进行总结评估，形成全国农垦改革发展五年情况报告，并报党中央、国务院。2021年，农垦局积极指导各垦区开展垦区集团化农场企业化改革工作，组织开展了农垦集团化企业化改革与发展质量监测、农垦现代农业企业集团国际竞争力评估工作。

1.省属农垦集团体制机制不断完善。整建制转为省属农垦集团的垦区，以资本为纽带的母子公司管理体制和公司法人治理结构进一步完善，集团公司战略统筹能力、管控能力、核心竞争力明显提升。广西壮族自治区聚力推动

区属农垦集团传统优势产业转型升级，出台打造现代一流食品企业的实施意见。各省农业农村部门积极加强农垦行业管理能力建设，强化机构人员队伍、完善行业管理手段、加强政策创设和落实，行业管理体制进一步理顺。

2.市县农垦区域集团化改革持续推进。2021年底，18个国有农场归属市县管理的垦区共组建市县属区域性集团39家，各地区域集团化改革成效明显。湖北省整合省属农垦资产和部分市属农垦资源，成功组建湖北农垦集团有限公司，实现了农场归属市县管理的省份组建省属集团零的突破。河北、内蒙古、辽宁、吉林、福建、江西、贵州、青海等省（区）通过中小农场合并、资源资产划转等方式推进组建区域性现代农业集团。

3.农场企业化改革加快推进。截至2021年底，全国约58%企业性质国有农场实行公司制改制，一半以上的国有农场纳入集团化管理。2021年，中央财政对20个省份共拨付转移支付资金20亿元，对农垦国有农场办社会职能改革给予补助，巩固扩大农垦国有农场办社会职能改革成果。

4.农垦企业竞争力不断增强。农业农村部会同财政部、国务院国资委在全国组织开展农垦企业竞争力评估，全国29个省（区、市）102个农垦企业参加。评估结果显示，农垦已

经形成了一批规模大、盈利能力好、辐射带动能力强、具有一定国际竞争力的现代农业企业集团和产业集团。针对评估结果，农业农村部组织开展"农垦人的竞争观"专题宣传，编写竞争力提升案例并组织开展专题培训，引导农垦企业对标对表先进，不断提升企业核心竞争力。

（二）农垦土地管理方式不断创新

2021年，农业农村部进一步深化对创新完善农垦国有土地管理制度的研究，不断夯实土地管理理论基础，推动农垦国有土地管理有序、保护有据、使用高效。

1. 农垦国有土地制度保障不断完善。跟踪《中华人民共和国不动产登记法》《中华人民共和国耕地保护法》等法律制定工作，积极推动国有农用地使用权入法。

2. 农垦国有土地管理制度研究不断深入。农业农村部会同自然资源部、中国人民银行围绕农垦国有农用地权利体系建立及权益保护、市场化背景下农垦国有土地处置需求与风险防范、不同管理体制下农垦国有农用地所有权行使等问题开展研究，形成了一批与农垦国有土地管理实际紧密结合的研究成果，为创新完善农垦国有土地管理制度提供了理论支撑。总结国有农用地权利体系有关研究成果和垦区实践，组织编写《国有农用地：权利体系与农垦实践》。

3. 农垦国有土地信息化管理水平不断提升。全国农垦开展土地确权登记发证成果入库上图工作，绘制农垦国有土地"一张图"，实现图、数、地相一致。截至2021年底，全国34个垦区国有土地使用权确权登记发证数据核查和入库工作基本完成，全国农垦土地已确权登记发证面积2 753万公顷、入库面积2 679万公顷，土地确权登记信息入库上图率达97.3%，

基本实现了土地信息化管理，为对农垦国有土地资源资产实行动态监控夯实了基础。

4. 农垦国有农用地资产化资本化有序推进。各省在坚持不改变农垦国有土地性质和用途的前提下，多渠道探索盘活土地资源的有效实现形式。海南农垦根据土地资源规划和实际利用状况积极稳妥推进土地资源资产化、资本化，已完成农垦土地资产化资本化面积4.57万公顷，入账资产总额379.76亿元。截至2021年底，全国农垦已有90多万公顷土地经作价出资（入股）、授权经营注入农垦企业，金额近1 600亿元；60多万公顷土地开展了土地使用权抵押担保试点，为农垦改革发展提供了强大动力。

（三）农垦农业经营管理体制不断完善

2021年，农业农村部以推动完善农垦国有土地经营制度、职工承包租赁经营管理制度为重点，指导各地因地制宜创新完善农业经营管理制度，不断夯实现代农业发展基础。

1. 农垦农业经营管理制度不断创新完善。吉林、安徽、新疆等省（区）研究制定进一步规范农垦国有土地承包租赁制度等政策文件，进一步明确农垦国有土地性质以及经营面积、收费标准、承包租赁期限与职工身份相适应的有关要求，为不断规范农场与职工的权利义务关系、指导完善农垦农业经营管理制度提供政策依据。结合各地实际，研究修改创新完善农垦农业经营体制指导意见。

2. 多种形式的适度规模经营持续推进。各地在坚持和完善以职工家庭经营为基础、大农场统筹小农场的农业双层经营体制基础上，结合农业生产实际，推进多种形式的农业适度规模经营，强化国有农场集中统一经营管理和服务能力，着力解决土地碎片化问题。各地国有农场通过加强生产资料统供、农产品统销以及

股份制、联合联盟等不同方式，推进国有农业规模化生产，国有土地产出水平和整体效益不断提升。此外，农垦企业还通过开展农业社会化服务，推动了农村土地规模化经营。2021年，北大荒集团在黑龙江省开展农村土地生产托管服务面积达72万公顷，在安徽省开展农业社会化服务面积达2万多公顷，在冀、鲁、豫三省开展农业生产全程托管服务面积达3万多公顷，农垦在推进农业现代化中的示范带动作用不断增强。

3. 不同经营主体间利益联结机制不断完善。 省属农垦集团通过调整完善集团公司、产业公司、农场公司功能定位，不断健全产业链上各经营主体间、企业与职工家庭农场间利益共享、风险共担机制。农场归属市县管理的垦区通过建立完善"龙头企业＋基地＋家庭农场"等生产经营管理模式、加强农业社会化服务等方式，完善产业链、畅通供应链、提升价值链，在推动产业高质量发展中实现多方共赢。国有农场农业经营管理体系监测显示，监测农场通过加强统供统销、联产计酬等多种方式，完善大农场统筹小农场利益联结机制，初步形成了企业与职工家庭农场等利益共同体和发展共同体。

（四）农垦其他工作

1. 巩固拓展脱贫攻坚成果同乡村振兴有效衔接。 2021年，农垦系统深入贯彻落实《中共中央 国务院关于实现巩固拓展脱贫攻坚成果同乡村振兴有效衔接的意见》，集中力量，加大投入，全力推进欠发达国有农场巩固提升任务，保持帮扶政策总体稳定，接续支持农场发展优势特色主导产业，补齐必要的生产生活基

础设施建设短板。健全完善制度体系，财政部、农业农村部等六部委联合印发《中央财政衔接推进乡村振兴补助资金管理办法》《衔接推进乡村振兴补助资金绩效评价及考核办法》，首次实现衔接资金6个方向任务资金[①]同步下达同步考核，资金项目管理更加严格规范。优化调整接续支持对象，按照"大稳定、小调整"等原则确定"十四五"时期欠发达国有农场290家。2021年，290家欠发达国有农场经济发展状况良好，资产总额559.62亿元、比上年增长7.2%，利润总额11.35亿元、比上年增长40%，职工群众收入水平明显提高，从业人员平均年工资2.48万元、比上年增长11.7%。95家未纳入"十四五"时期欠发达国有农场名单的已脱贫农场经济发展总体平稳，未发生返贫现象。

2. 农垦保障国家粮食安全和重要农产品有效供给的能力进一步提高。 全国农垦积极调整优化农业生产结构、区域布局和产品结构，大力推广绿色优质高效生产技术模式，继续推进现代节水农业新概念和油菜产业新业态，打造了一批高产高效和绿色生产典型，农垦保供能力和质量进一步提升。2021年，全国农垦粮食产量达到775亿斤，比上年增加8.8%，占全国粮食总产量的5.7%；棉花产量263万吨，比上年增加0.6%，占比达45.9%；牛奶产量467万吨，比上年增加7.3%，占比达12.7%；天然橡胶产量27.4万吨，比上年增加7.7%，占比达31.5%；肉类、水果、水产品等产量较上年均有所增加。

3. 农垦现代农业高质量发展水平进一步提升。 农业农村部强化生鲜乳等农垦团体标准落地实施，完善农垦稻米系列团体标准，农垦优

---

① 6个方向任务资金指用于巩固拓展脱贫攻坚成果和乡村振兴、"三西"地区农业建设、以工代赈、少数民族发展、欠发达国有农场巩固提升、欠发达国有林场巩固提升等6个方向的任务资金。

势农产品标准体系覆盖范围进一步拓宽，标准化生产水平进一步提高，《中国农垦乳业联盟产品标准 生鲜乳》入选"人民好品工程"生乳标准。推广应用农垦全面质量管理平台，切实提升农垦农产品质量安全管理水平。加强农垦品牌宣传推广，以农垦文化为核心的农垦公共品牌、"良品生活、源自农垦"的价值理念更加深入人心，向社会发布的中国农垦品牌目录中共收录9个集团公共品牌、137个企业品牌、204个产品品牌。农业信息化深入推进，智慧农业加速发展，黑龙江农垦牵头完成的水稻无

人化栽培技术集成示范被评为2021年农业农村部十大重大引领性技术。

4.农垦文化建设不断夯实。全国农垦大力弘扬"艰苦奋斗，勇于开拓"农垦精神，推进农垦文化建设。2021年，农业农村部举办南泥湾大生产80周年纪念大会，组织开展《中国农垦农场志》编纂，对外发布《中国农垦农场志》首批20本重点志书，积极推动将农垦精神纳入中国共产党人精神谱系，汇聚推动农垦改革发展的精神力量。

十二、农业转移人口市民化

农民工是我国现代化建设的重要力量。加快农民工市民化，对推进以人为核心的新型城镇化、助力乡村振兴、促进高质量发展，具有重大意义。近年来，围绕推进农民工市民化，党中央、国务院作出了稳定和扩大农民工就业创业、维护农民工劳动保障权益、推动农民工平等享受基本公共服务和在城镇落户、促进农民工社会融合的工作部署，农民工市民化政策体系不断完善。有关部门认真落实党中央、国务院决策部署，积极推出有针对性政策措施，推动进城农民工平等享受更高水平城镇基本公共服务，农民工在城镇的获得感、幸福感、安全感持续提高。2021年，全国农民工总量达到29 251万人，比上年增加691万人。

（一）农民工就业规模不断扩大

将农民工作为就业重点群体，从促进就地就近就业和引导农民工外出就业两个方面，大力推动农民工就业，稳步促进就业增收。完善失业登记管理办法，全面建立就业服务信息系统，每年年初组织"春风行动"促进农民工与用人单位对接。大力开展农民工职业技能培训，着力发展家庭服务、电子商务、快递物流等新业态，在培育发展新动能中开发农民工就业岗位，支持农民工等人员返乡创业带动农民工就业。连续3年组织开展春节期间农民工返乡返岗服务保障工作，累计"点对点"运送农民工超过885.2万人。

（二）农民工劳动权益得到更好维护

大力实施《保障农民工工资支付条例》，健全处理农民工工资争议长效机制，加强农民工法律援助等公共法律服务，被拖欠工资的农民工比重逐年下降。积极推进工资集体协商，稳慎调整最低工资标准，促进农民工工资水平合理增长，农民工月均收入达到2021年的4 432元。大力实施全民参保计划，农民工参保规模不断扩大。出台基本医疗保险关系转移接续暂行办法，医保关系转移接续更加便捷。大力推进建筑工程按项目参加工伤保险工作。制定维护新就业形态劳动者劳动保障权益的指导意见，选取试点地区建立平台企业劳动争议调解组织，网约配送员、网约车驾驶员等农民工集中的新就业形态劳动者权益保护取得积极进展。

（三）面向农民工的基本公共服务不断完善

将持有居住证人口纳入基本公共服务保障范围，城镇基本公共服务常住人口覆盖率不断提高。统筹城乡义务教育，做好进城务工人员随迁子女就学工作。积极推进基本公共卫生计生服务均等化，农民工享受的健康教育、预防接种、孕产妇保健等服务水平不断提升。住房保障力度进一步加大，以解决农民工等新市民群体住房困难为重点，指导各地进一步规范发展公租房，扩大保障性租赁住房供给，将符合条件的进城落户农业转移人口纳入当地住房保障范围。截至2021年底，18万进城落户农业转移人口享受公租房保障。启动灵活就业人员参加住房公积金制度试点。加强人文关怀，将农民工纳入常住地公共文化服务体系，大力开展示范性文化活动。

（四）农民工进城落户渠道更加畅通

围绕推进以人为核心的新型城镇化，统筹推进户籍制度改革，明确推动1亿左右农业转移人口和其他常住人口在城市落户的目标，户籍制度改革主体政策框架基本形成。制定出台"人、地、钱"挂钩机制等关键性配套政策，完善支持农业转移人口市民化的政策体系，建立农业转移人口市民化奖励机制。全国31个省（区、市）均出台了户籍制度改革实施意见，普遍放宽了农民工进城落户条件。

十三、加强党对"三农"工作的全面领导

（一）加强机构建设，增强工作合力

深入贯彻落实《中国共产党农村工作条例》，健全中央统筹、省负总责、市县乡抓落实的农村工作领导体制，层层落实五级书记抓乡村振兴责任。根据实际需要，将脱贫攻坚工

作中形成的有效做法运用到推进乡村振兴上，建立健全上下贯通、一抓到底的乡村振兴工作体系。地方各级党委政府一把手高度重视"三农"工作，特别是县委书记是乡村振兴"一线总指挥"。充分发挥各级党委农村工作领导小组牵头抓总、统筹协调作用，加强党委农村工作机构建设。各级党委农村工作领导小组发挥农村工作牵头抓总、统筹协调等作用，一体承担巩固拓展脱贫攻坚成果、全面推进乡村振兴议事协调职责。在党委农村工作领导小组领导下，党委农办、农业农村部门、乡村振兴部门拧成一股绳，从不同层面、不同角度、不同分工共同予以推进。

2020年底，中央明确将原国务院扶贫办重组为国家乡村振兴局，主要负责巩固拓展脱贫攻坚成果、统筹推进实施乡村振兴战略有关具体工作。2021年2月25日，国家乡村振兴局正式挂牌，平稳有序推动全国乡村振兴部门职能转换和队伍转型。截至2021年底，全国涉农市县乡村振兴局全部挂牌，工作力量得到进一步加强。依据过渡期内中央农办、农业农村部与国家乡村振兴局任务分工和运行办法，对照原国务院扶贫办机关和事业单位职责，逐条逐项细化分解工作任务，并明确到各司各单位，确保巩固拓展脱贫攻坚成果和乡村建设、乡村治理等重点任务有效推进，为过渡期内工作有序运行和平稳过渡提供组织保证。

中央农办、农业农村部、国家乡村振兴局协同发力，共促乡村振兴。中央农办主要发挥牵头抓总作用，农业农村部进行统筹，乡村振兴局抓相关具体工作。在全面推进乡村振兴中，上边有办部局统筹抓，中间有各地党委农办、农业农村部门、乡村振兴部门一起管，下边有基层组织和驻村工作队具体干，持续推动各地区各部门形成工作合力。

（二）组织开展中央1号文件督查

根据中央安排，由中央农办牵头、中央农村工作领导小组成员单位参加，对各省（区、市）党委和政府、涉及中央1号文件分工任务的中央和国家机关部门，以实地督查和书面督查相结合的方式，开展中央1号文件督查。对涉及中央1号文件分工任务的中央和国家机关部门，开展半年度书面督查，由中央农办秘书局汇总相关情况、起草半年度督查报告并报送中央农村工作领导小组。每年年底，在对各省（区、市）党委和政府、涉及中央1号文件分工任务的中央和国家机关部门开展的实地督查和书面督查基础上，起草形成中央1号文件督查报告并报党中央、国务院。

（三）组织开展乡村振兴督查

习近平总书记强调，"各省、自治区、直辖市党委和政府每年要向党中央报告实施乡村振兴战略进展情况""建立市县党政领导班子和领导干部推进乡村振兴战略的实绩考核制度"。贯彻落实党中央决策部署，中央农办每年汇总各地区乡村振兴进展情况并及时报送党中央、国务院。专门印发《关于建立推进乡村振兴战略实绩考核制度的意见》，督促各地推动乡村振兴实绩考核工作落实落地，并将相关情况及时报党中央、国务院。根据相关部署安排，2021年的乡村振兴督查（包括推进乡村振兴战略实绩考核督查）合并在中央1号文件督查中开展。由中央农办牵头、中央农村工作领导小组成员单位参加，对各省（区、市）党委和政府、中央和国家机关部门，开展实施中央1号文件贯彻落实情况督查（含全面推进乡村振兴督查和全国农村集体产权制度改革督查）。

（四）组织开展巩固脱贫成果后评估

习近平总书记在全国脱贫攻坚总结表彰大会上明确提出，适时组织开展巩固脱贫成果后评估工作，压紧压实各级党委和政府巩固脱贫攻坚成果责任，坚决守住不发生规模性返贫的底线。《中共中央 国务院关于实现巩固拓展脱贫攻坚成果同乡村振兴有效衔接的意见》等文件也对继续开展东西部协作和定点帮扶成效考核评价作出部署安排。为贯彻落实习近平总书记重要讲话精神和党中央、国务院决策部署，中央农村工作领导小组在吸收借鉴脱贫攻坚考核评估工作机制建设经验基础上，研究制定《巩固脱贫成果后评估办法》《东西部协作考核评价办法》《中央单位定点帮扶工作成效考核评价办法》，为开展巩固拓展脱贫攻坚成果同乡村振兴有效衔接考核评估提供了制度保障。

对象范围上，巩固脱贫成果后评估的对象为中西部22个省（区、市）党委和政府。东西部协作考核评价的对象为承担东西部协作任务的东部8个省市和西部10个省（区、市）。中央单位定点帮扶工作成效考核评价的对象为承担定点帮扶任务的中央单位。

组织实施上，在中央农村工作领导小组领导下，由中央和国家机关有关部门组成工作组负责组织实施。日常工作由国家乡村振兴局承担。

考核评估内容上，巩固脱贫成果后评估，突出以乡村振兴为引领，主要评估巩固拓展脱贫攻坚成果同乡村振兴有效衔接的责任落实、政策落实、工作落实和成效巩固4个方面情况，既关注巩固拓展脱贫攻坚成果、牢牢守住不发生规模性返贫的底线，也关注乡村振兴有关工作推进情况。具体内容指标，每年根据党中央、国务院的新部署新要求和工作进程、阶段特点，制定年度工作方案进行细化优化。东

西部协作考核评价，由聚焦脱贫攻坚转向巩固拓展脱贫攻坚成果、加强区域协作、推进乡村振兴，具体内容以协作双方年度东西部协作协议完成情况为基础，同时关注工作创新情况。中央单位定点帮扶工作成效考核评价，由聚焦脱贫攻坚转向巩固拓展脱贫攻坚成果和全面推进乡村振兴，主要评价组织领导、选派挂职干部、促进乡村振兴和工作创新4个方面内容。

方式方法上，巩固脱贫成果后评估，采取实地评估与平时情况相结合、客观成效与群众评价相结合、定量分析与定性分析相结合的方式进行综合评议。东西部协作考核评价，采取自评总结、实地考核评价与平时情况相结合的方式进行综合评议。中央单位定点帮扶工作成效考核评价，采取自评总结、分类评价、地方评价和平时情况相结合的方式进行综合评议。

结果运用上，考核评估结果经审定后予以通报，并送中央组织部，作为对省级党委和政府领导班子、主要负责同志综合考核评价，以及中央管理的领导班子和领导干部年度考核等工作的重要参考。对评价结果好的省（区、市）和中央单位予以表扬，对典型经验进行宣传推广。对存在突出问题的，根据不同情况综合采用约谈提醒、挂牌督办、责任追究、督促整改等措施。

2021年度考核评估在工作机制上主要作了以下优化创新：一是强化工作统筹。将巩固脱贫成果后评估、东西部协作考核评价、中央单位定点帮扶工作成效考核评价3项考核工作整合开展，同部署、同推进、同研究，提高工作效率，减轻基层负担。二是成立考核评估工作组。在中央农村工作领导小组领导下，组建由中央农办、中央组织部、国家乡村振兴局3家单位牵头、20家中央和国家机关单位参加的考核评估工作组负责组织实施。三是创新综合核

查方式。组建综合核查组，由22家中央和国家机关单位牵头，副部级领导同志带队，相关部门同志、专家学者、媒体记者参加，统一组织实地核查和媒体暗访，进一步增强考核评估的权威性。四是优化第三方评估。各省（区、市）第三方评估任务均委托农业院校或涉农院所承担，进一步增强考核评估的专业性。五是

强化结果应用。将巩固脱贫成果后评估结果划分为好、较好、一般、较差4个等次。对综合评价好的给予表扬和奖励，对好的经验做法宣传推广。对综合评价靠后的进行约谈提醒，对一些巩固拓展脱贫攻坚成果任务重、难度大的县挂牌督办。

十四、农村基层党组织建设

2021年，各地区、各部门认真学习贯彻习近平总书记关于加强农村基层党组织建设的重要指示批示精神和党中央部署要求，不断强化农村基层党组织建设，提高乡村治理水平。中央组织部制定印发《关于抓党建促乡村振兴的若干意见》，在全国组织部长会议、抓党建促乡村振兴电视电话会议、基层党建工作重点任务推进会持续作出安排部署，推动各地细化措施、抓好落实，为巩固拓展脱贫攻坚成果、全面推进乡村振兴提供坚强组织保证。

（一）选优配强乡镇领导班子特别是党委书记

推动各地认真抓好乡镇领导班子换届工作，突出政治标准，精准科学选配熟悉乡村产业、乡村建设、新型城镇化、生态环保、金融信贷、乡村治理等方面的优秀干部进入乡镇领导班子，特别是担任乡镇党政正职。加大从乡镇事业编制人员、优秀村党组织书记、到村任

职过的选调生、第一书记、驻村工作队员中选拔乡镇领导班子成员力度，每个乡镇择优配备1～2名。加大选拔优秀年轻干部力度，注意保留一部分熟悉农村情况、扎根基层的"老乡镇"，形成老中青相结合的合理年龄结构，建强乡村振兴"前沿作战部"。换届后，乡镇党政正职大学本科以上学历的占88.5%、提高2个百分点，乡镇党委书记大学本科以上学历的占88.3%、提高0.8个百分点；乡镇党政正职平均年龄40.8岁、下降2.1岁，乡镇党委书记平均年龄42.5岁、下降1.7岁。乡镇党委领导地位进一步强化，乡镇领导班子结构进一步优化，党政正职进一步配强。

（二）不断优化村"两委"班子特别是带头人队伍

2020年下半年以来，中央组织部会同民政部认真抓好村"两委"集中换届，推动各地先整顿后换届，坚持高线标准、把牢底线要求，

全面落实村党组织书记县级党委组织部门备案管理制度和村"两委"成员资格联审制度，大力选拔懂发展善治理、有干劲会干事、甘于奉献、敢闯敢拼、能够团结带领群众推进乡村振兴的优秀人员进入村"两委"班子。对做好村民委员会换届新冠肺炎疫情防控有关工作作出部署。截至2021年底，村"两委"换届基本完成，村党组织书记大专以上学历的占46.4%、提高19.9个百分点，村党组织书记平均年龄45.4岁、下降3.9岁。推动各地结合新一轮村"两委"换届，同步开展村民委员会下属委员会成员、村务监督委员会成员等人员的推选，进一步完善以村党组织为领导、村委会和村务监督委员会为基础、各类经济社会组织为纽带和补充的村级组织体系。福建、河南、湖南、广东、四川、宁夏6个省（区）开展"导师帮带制"试点工作，推动村干部在实战中练兵。加强对村干部特别是"一肩挑"人员的管理监督，强化基层纪检监察组织与村务监督委员会沟通协作、有效衔接，推动村干部想干事、能干事、干成事、不出事。

（三）持续向重点乡村选派驻村第一书记和工作队

2021年5月，中共中央办公厅印发了《关于向重点乡村持续选派驻村第一书记和工作队的意见》，推动各地和中央有关单位持续派强用好驻村第一书记和工作队。召开全国驻村帮扶工作推进会，推动向脱贫村、易地扶贫搬迁安置村（社区）、乡村振兴任务重的村、党组织软弱涣散村持续选派驻村第一书记和工作队，切实履行建强村党组织、推进强村富民、提升治理水平、为民办事服务4项职责。督促各地落实好同级组织部门备案管理、县乡党委日常管理、派出单位跟踪管理、强化激励保障要求，推动第一书记和工作队沉在村里扎实

干。2021年，共向19.4万个村选派第一书记18.6万人、工作队员56.3万人。

（四）大力开展乡村振兴干部教育培训

村"两委"换届后，推动各地全覆盖开展村"两委"成员任职培训，村党组织书记由省市两级培训的达到60%，村"两委"其他成员普遍由县级轮训。深入开展乡村振兴主题培训，2021年4月，中央组织部会同有关单位印发《关于实施新时代基层干部主题培训行动计划的通知》，召开全国基层干部教育培训工作现场推进会，推动各地实施"农村基层干部乡村振兴主题培训计划"，将有关农村基层干部全部培训一遍，重点抓好乡镇党委书记、村党组织书记集中培训。大力开展示范培训，中央组织部会同中央农办、农业农村部在中央党校（国家行政学院）、浦东干部学院举办省部级干部实施乡村振兴战略研讨班、全面推进乡村振兴战略专题研讨班、县委书记全面推进乡村振兴专题研讨班、乡镇和村党组织书记培训示范班、边疆民族地区和革命老区村党支部书记培训班，通过中国干部网络学院把优质培训资源直送基层，帮助基层干部提升能力素质。

（五）加强农村党员队伍建设

推动农村基层党组织认真落实"三会一课"和主题党日等制度，落实乡镇党委每年至少对农村党员集中培训1次等要求，教育引导农村党员自觉用党的创新理论武装头脑。推动县级党委组织部门和乡镇党委对发展党员严格把关、点到人头，加大在青年农民特别是致富能手、农村外出务工经商人员中发展党员力度，保持源头活水，2021年发展的农牧渔民党员中35岁及以下的占58%。全面推开排查整顿农村发展党员违规违纪问题工作，从源头上保持农村党员队伍先进性纯洁性。从项目、资

金、技术、信息等方面给予支持，力争每个有劳动能力的党员都有致富项目、每个村都有一批党员致富能手、每名党员致富能手至少结对帮带1户群众，充分发挥致富带富作用。

（六）推动发展壮大村级集体经济

中央组织部会同财政部、农业农村部抓好《关于坚持和加强农村基层党组织领导扶持壮大村级集体经济的通知》落实，推动各地选好2022年度中央财政扶持壮大村级集体经济试点村、编制实施方案，对正在实施的村加强指导，强化资金监管，防范化解风险。推动建设1 000个红色美丽村庄试点工作，挖掘运用红色资源、发展壮大村级集体经济。充分发挥好这两个项目的示范牵引作用，增强巩固拓展脱贫攻坚成果的物质基础。据农业农村部统计，截至2021年底，全国78.9%的村有集体经营收益，年经营收益5万元以上的村占59.2%，村党组织凝聚服务群众能力进一步增强。

（七）加强党组织领导的乡村治理体系

一是强化党组织领导。推动各地完善村党组织对村级各类组织和各项工作领导机制，积极推行村党组织书记通过法定程序担任村民委员会主任和村级集体经济组织负责人、合作经济组织负责人，全面落实村级重大事项决策"四议两公开"。配合编制部门推动乡镇管理体制改革深化落实，健全乡镇党委统一指挥和统筹协调机制，优化和综合设置乡镇机构，为乡镇扩权赋能。2021年，印发《关于夯实筑牢农村基层党组织战斗堡垒防范和整治"村霸"问题的意见》，切实从组织上防范和整治"村霸"问题，助推常态化扫黑除恶斗争。推动农村基层党组织和党员在新冠肺炎疫情防控中发挥作用，通过党员责任区、党员分片包干联户等方式，构建常态化管理和应急管理动态衔接机制，筑牢联防联控、群防群控的严密防线。

二是乡村治理体系建设试点示范工作深入推进。为鼓励地方在乡村治理的重要领域和关键环节积极创新、大胆实践，2019年以来，中央农办、农业农村部、中央组织部、中央宣传部、民政部、司法部等六部门联合在全国115个县（市、区）开展乡村治理体系建设试点示范工作。2021年，在山东省荣成市召开第二期试点工作交流会，围绕"三治筑基乡村振兴"交流研讨。在六部门的共同指导下，各地加强组织领导，统筹谋划、有序推进，在乡村治理的重点领域和关键环节，形成了一批可复制、可推广的好经验好做法。中央农办、农业农村部、中央宣传部、民政部、司法部、国家乡村振兴局等六部门开展第二批全国乡村治理示范村镇创建，认定了100个示范乡镇和994个示范村，为各地树立了一批身边的榜样。中央农办、农业农村部、国家乡村振兴局面向全国遴选推介第三批38个典型案例，印发通知并召开新闻发布会发布，印刷出版《全国乡村治理典型案例（三）》，这些案例充分展现了全国乡村治理工作的实践成果，成为乡村治理的金字招牌。此外，还组织各省编写形成全国乡村治理示范村镇典型经验系列丛书，充分发挥了典型经验的引领示范和辐射带动作用。

三是清单制、积分制等务实管用办法持续拓展应用。近年来，为解决基层组织负担重、村级权力运行不规范、为民服务不到位等问题，一些地方将清单制引入乡村治理，探索出了村级小微权力清单、承担事项清单、公共服务清单等做法，取得了较好的效果。2021年，农业农村部、国家乡村振兴局印发《关于在乡村治理中推广运用清单制有关工作的通知》，并专门召开在乡村治理中推广运用清单制暨农村移风易俗工作视频会，部署各地在乡村治理中推广应用清单制，推介了浙江省宁波市宁海县小微权力清单"36条"等10个清单制典型案例。持续深化积分制应用，中央农办、农业农村部、国家乡村振兴局、全国妇联印发推介第二批积分制典型案例的通知，鼓励妇联在乡村治理中充分发挥作用。在总结地方实践经验基础上，深入分析积分制、清单制以及整治高价彩礼、大操大办等方面典型做法的内在规律、关键环节，归纳提炼形成三个"一张图"，以乡村治理典型方式工作指南形式印发。

（八）加强对农村基层干部的激励关怀

中央组织部积极推动各地树立鲜明用人导向，县直机关提拔副科级以上干部优先考虑具有乡镇工作经历的干部。落实乡镇机关工作人员收入高于县直机关同职级人员20%以上、公务员年度考核优秀等次比例向乡镇倾斜、带薪年休假、健康体检等要求。健全从优秀村党组织书记中选拔乡镇领导班子成员、考录乡镇公务员、招聘乡镇事业编制人员常态化机制。落实《关于建立正常增长机制、进一步加强村级组织运转经费保障工作的通知》要求，适当提高"一肩挑"人员报酬，完善正常离任村干部待遇保障机制。截至2021年底，全国96.3%的县村党组织书记基本报酬达到所在县农村居民人均可支配收入两倍标准。大力推进村级组织减负，规范村级活动场所标识、挂牌。精准科学实施函询、谈话和问责，正确对待被问责和受处分的干部，树立好干部标杆，激励干部在全面推进乡村振兴中担当作为。

十五、村民自治

（一）健全村民自治机制

中共中央、国务院印发《关于加强基层治理体系和治理能力现代化建设的意见》，就基层治理改革创新作出系统部署，明确要求"健全基层群众自治制度"，并对加强村民委员会规范化建设、健全村民自治机制、增强村级组织动员能力、优化村级综合服务格局等作出具体部署。民政部、国家卫生健康委员会、国家中医药局、国家疾控局联合印发《关于加强村（居）民委员会公共卫生委员会建设的指导意见》，部署在乡镇党委和村党组织领导下，加强公共卫生委员会机制、队伍和能力建设，提高村公共卫生工作的规范化、体系化、社会化水平。开发建设全国基层政权建设和社区治理信息系统并上线运行，在省、市、县、乡、村分级部署应用，为全国49万个村民委员会开展线上填报数据等工作提供技术支撑。

（二）健全村级议事协商制度

依托村民理事会、村民议事会、村民决策听证会、民主评议等，组织群众用合法、习惯的方式有序解决好自己身边的问题。推行城乡社区议事协商目录制度，将涉及村民群众切身利益的协商事项列入目录，明确村级议事协商的具体内容。70%以上的县（市、区、旗）已经全面完成城乡社区议事协商目录制定。全面推行"四议两公开"，完善村党组织发挥主导作用的工作机制，健全完善村民会议、村民代表会议制度，凡属村庄经济发展、公共事务、大额资金使用、集体资产处置、收益分配等涉及村集体和村民群众切身利益的重大事项，都能通过村民会议、村民代表会议讨论决定。

（三）加强村级民主管理和监督

充分发挥村规民约引导村民群众加强自我约束、自我管理作用，进一步弘扬公序良俗、倡导健康文明绿色生活方式。推动道德评议会、红白理事会、禁毒禁赌会等群众组织有效发挥作用，不断强化村规民约的遵守和落实，有效提升乡村治理水平和文明程度。推动以县（市、区、旗）为单位及时修订完善村务公开范围，积极推行由村党组织纪委书记或纪检委员担任村务监督委员会主任，完善村务监督的具体制度，对村民委员会成员用钱用权行为的监督普遍加强。积极规范经济责任审计工作，开展村民委员会换届的地区中，普遍开展了针对村民委员会成员的离任经济责任审计工作。

（四）营造深入推进村民自治实践的良好氛围

司法部、民政部组织开展"全国民主法治示范村（社区）"复核工作，决定保留3 802个村（社区）"全国民主法治示范村（社区）"称号，发挥示范单位在农村民主法治建设方面的引领作用。民政部组织对51家"全国农村社区治理实验区"开展结项验收，总结提炼在深化村民自治实践方面行之有效的做法；遴选确认497家全国"村级议事协商创新实验试点单位"，围绕加强党的领导、畅通参与渠道、激发参与活力、提升议事协商实效等问题开展实践探索。建立健全村民自治领域常态化扫黑除恶工作机制，持续防范和整治"村霸"。

十六、乡村法治

（一）法治乡村建设

2021年以来，法治乡村建设水平持续提升，农业农村法律体系逐步健全，农业农村系统干部和农民群众的法治意识和法治素养稳步提高，全方位的公共法律服务不断向乡村延伸，多元化的纠纷化解手段日益丰富完善，法治理念、法治方法、法治服务进村入户，引导形成尊法学法守法用法浓厚氛围，为建设法治乡村营造了良好环境。

1. 建成较为完备的农业农村法律体系。 农业农村立法的一项基本任务是适时地将党的"三农"决策部署和行之有效的政策措施转化为法律，把党的意志转化为国家意志。截至2021年底，农业农村领域共有法律22部、行政法规28部、部门规章142部、规范性文件231件，涵盖乡村振兴、农业基本法、农村基本经营制度、农业生产资料管理、农业资源环境保护、农业产业发展、农业支持保护制度、农业产业和生产安全、农产品质量安全等方面。2021年，具有"三农"基础性地位的乡村振兴促进法颁布实施，全面推进乡村振兴的法律体系基本形成，农业农村治理总体上实现有法可依。这些法律法规将中央强农惠农支农的政策举措和改革成果法制化，稳定和完善了农村基本经营制度，巩固了农业基础性地位，在促进现代农业发展、维护农村和谐稳定、保护农民合法权益方面发挥了重要作用。

2. 加快制定修订出台重要涉农法律法规规章。 贯彻落实全国人大常委会、国务院有关立法规划、计划，围绕农业农村重要领域、重要事项，确定18部重点推进项目和27部立法调研项目，统筹做好法律法规规章立改废释，加快立法进度。一是强化粮食安全保障立法。起草粮食安全保障法，重点就耕地保护和粮食生产、储备、流通、加工等环节以及粮食应急、节约等方面的突出问题，有针对性地建立健全制度措施。修订农产品质量安全法，2021年10月已由全国人大常委会一审。制定反食品浪费法，于2021年4月公布并施行。修订《粮食流通管理条例》，于2021年4月15日起施行，将

粮食安全党政同责以行政法规的形式确定下来，取消了粮食收购许可制度。二是强化种子和耕地重点领域立法。修订种子法，在扩大植物新品种权保护范围及保护环节、建立实质性派生品种制度、完善侵权赔偿制度、完善法律责任等方面做出相应修改；种子法（修正草案）已于2021年12月经全国人大常委会审议通过，自2022年3月1日施行。制定黑土地保护法的研究论证和草案起草工作，形成了黑土地保护法（草案）；2021年12月，全国人大常委会对黑土地保护法进行了初次审议。推动完成土地管理法实施条例修改工作，新修订《土地管理法实施条例》于2021年9月1日起施行。三是强化动物疫病防控立法。按照党中央关于完善疫情防控相关立法、全面加强公共卫生安全的部署和要求，完成动物防疫法修订，于2021年5月1日起施行。这次修订，以保障公共卫生安全和人体健康为重点，对我国动物防疫理念与防疫制度作了重要完善和创新，意义重大。修订畜牧法，坚持统筹畜牧业公共卫生安全和高质量发展，完善公共卫生法治保障体系，保障重要畜禽产品有效供给，修订草案已于2021年10月经全国人大常委会一审。修订《生猪屠宰管理条例》，完善生猪屠宰全过程管理和动物疫病防控制度，于2021年8月1日起施行。协调推进进出境动植物检疫法修改。四是统筹做好部门规章制定工作。制定修订《农村土地经营权流转管理办法》《兽用生物制品经营管理办法》《农业农村部行政许可实施管理办法》《农业行政处罚程序规定》《长江水生生物保护管理规定》《农作物病虫害监测与预报管理办法》等6部规章。五是推进转基因作物产业化应用规章修订。以保障玉米、大豆转基因品种推广应用为目标，按照尊重科学、严格监管的要求，健全完善转基因安全评价、品种审定、生产经营、品种命名等配套管

理制度,修订《农业转基因生物安全评价管理办法》《主要农作物品种审定办法》《农作物种子生产经营许可管理办法》《农业植物品种命名规定》4部规章,为有序推进生物育种产业应用提供法治保障。六是强化重要立法项目研究。围绕渔业法、农村集体经济组织法、湿地保护法、黄河保护法和《农村宅基地管理办法(暂行)》《外来入侵物种管理办法》《拖拉机驾驶培训管理办法》《病死畜禽和病害畜禽产品无害化处理管理办法》《兽药注册办法》等,加强与立法机关和部内相关司局沟通联系,就有关问题开展专项研究,对有关法律草案进行修改完善,为下一步立法打好基础。七是强化规章和规范性文件清理。组织开展长江流域保护法规、规章、规范性文件清理,对3部规章、4件规范性文件提出了修改或废止意见。贯彻落实行政许可取消下放、加强事中事后监管要求,对10部规章和规范性文件的部分条款予以一揽子修改。

3.提升涉农干部和农民群众的法治意识和素养。落实"谁执法谁普法"责任制。按照《农业农村部普法责任清单》要求,完善涉农法律法规的普法责任分工,制定年度普法工作要点,强化普法考核评估。贯彻党中央、国务院关于推进全民普法的要求,农业农村部制定印发《农业农村系统法治宣传教育第八个五年规划(2021—2025年)》,明确在"八五"普法规划期间农业农村普法工作的理念、思路、机制,推动普法与法治实践相结合,提出农业农村普法专项行动,提升乡村治理法治化水平。全国"八五"普法规划明确提出要"开展面向家庭的普法主题实践活动,培育农村学法用法示范户",进一步注重发挥家教家风在基层社会治理中的重要作用。2021年7月,农业农村部、司法部印发《培育农村学法用法示范户实施方案》,就培育工作进行安排部署。力争用5

年时间,实现农村学法用法示范户覆盖全国每个行政村。组织设计发布农业农村普法标识,树立统一的农业农村普法品牌形象,提高农业农村普法的社会影响力。加强农村法治宣传,积极开展"送法下乡"活动。突出学习宣传习近平法治思想,推动习近平法治思想进农村、进社区、进家庭。结合国家宪法日、宪法宣传周、中国农民丰收节等重要时间节点,在农村深入开展"尊崇宪法、学习宪法、遵守宪法、维护宪法、运用宪法"主题宣传活动。大力宣传民法典、乡村振兴促进法、土地管理法、土地承包法等与农民群众关系密切的法律。2021年5月,组织开展以"美好生活·民法典相伴"为主题的"民法典宣传月"活动,坚持集中宣传和日常宣传相结合,重在日常宣传,使民法典走到群众身边、走进群众心里。仅2021年中国农民丰收节期间,全国县乡村就举办普法活动3 500场次,有效增强了群众的法治意识。广泛开展农业农村普法典型案例和优秀视频征集,营造依法推进乡村振兴良好氛围。充分利用"三下乡"活动,带动各地宣传解读土地承包、移民搬迁、婚姻家庭、财产纠纷、赡养继承、劳动劳务、禁毒防艾等与农民群众生产生活密切相关的法律问题,推进"法律进农村"。举办2021年全国"宪法进农村"主场活动。组织开展"防控疫情、法治同行"专项行动加强农村新冠肺炎疫情防控法治宣传教育,为常态化疫情防控提供法治保障。组织开展第八批"全国民主法治示范村(社区)"命名和乡村"法律明白人"培养工作。共命名1 045个村(社区)为第八批"全国民主法治示范村(社区)",通过总结、选树、推广先进典型,推动乡村秩序既充满活力又和谐有序。开展"全国民主法治示范村(社区)"2021年度复核工作,保留3 802个村(社区)"全国民主法治示范村(社区)"

称号。农业农村部联合司法部、中央宣传部等有关部门印发《乡村"法律明白人"培养工作规范（试行）》，推动各地培养村民中具有较好法治素养和一定法律知识、愿意积极参与法治实践、能发挥示范带头作用的人员成为"法律明白人"，发挥乡村"法律明白人"队伍熟悉农村常用法律知识、熟悉基层民情民意的优势，热心为农村群众开展法治宣传、提供法律帮助，为实施乡村振兴战略、推进法治乡村建设提供基层法治人才保障。

4. 提供便捷高效的公共法律服务。 印发《全国公共法律服务体系建设规划（2021—2025年）》，明确"十四五"时期依法有效拓展城镇法律服务资源向农村地区辐射的方式和途径，加强欠发达地区公共法律服务建设，不断健全完善乡村公共法律服务网络。建立乡（镇）、村（居）公共法律服务工作站、工作室56.2万个，全部建成"12348"公共法律服务热线呼叫中心，设置热线2 000余个，中国法律服务网、各省级法律服务网全面建成，三大平台服务领域不断拓展，服务资源不断丰富，服务能力不断增强，积极为乡村群众提供"一站式"服务，不断满足乡村群众多层次、多样化的法律服务需求。切实实施法律援助法，积极完善法律援助便民服务措施，深入开展"法援惠民生 助力农民工"和"1+1"中国法律援助志愿者行动等活动，有效维护农民工和生活困难农民的合法权益。2021年，全国法律援助机构共组织办理农民工和农民法律援助案件90万余件，受援人98.8万人。有效提升乡村公证服务和司法鉴定水平。开展"公证进乡村"活动，设立公证咨询联络点6.3万余个，通过视频公证、巡回办证、定期办证等为乡村群众"就近办"公证业务17.8万余件。拓展乡村公证服务领域，主动介入土地流转全过程，通过规范土地流转行为、完善土地流转合同等措施，维护乡村群众合法权益，2021年办理"三农"领域公证业务3.3万余件。开展司法鉴定机构进农村活动，指导各地司法鉴定机构和鉴定人发挥职能作用，服务农村基层社会治理，对乡村中涉及经济合同、产权归属等诉讼提供文书、痕迹等鉴定，为广大乡村群众提供及时便利的法律咨询、鉴定指引等服务。

5. 丰富多元纠纷化解手段。 部署开展矛盾纠纷排查化解专项活动，充分发挥人民调解职能作用，坚持排查在先、预防为主，坚持抓早抓小、应调尽调，切实把矛盾纠纷化解在基层。2021年全国人民调解组织共开展矛盾纠纷排查507.1万次，调解各类矛盾纠纷874.4万件，其中村调委会调解矛盾纠纷291万件，乡镇人民调解委员会调解矛盾纠纷132.3万件，为维护乡村社会和谐稳定作出了积极贡献。指导各地认真贯彻落实《关于加强人民调解员队伍建设的意见》和《全国人民调解工作规范》，进一步巩固充实村、乡镇人民调解委员会，完善乡村人民调解组织网络。大力加强村、乡镇人民调解委员会规范化建设，积极发展专职人民调解员队伍，采取多种形式，加大对乡村人民调解员的培训力度。截至2021年底，全国共有村调委会49.3万个、乡镇调委会3万个，实现了全覆盖；村调委会调解员208.6万人、乡镇调委会调解员21.4万人。不断延伸乡村仲裁保障和律师服务触角。充分发挥仲裁解决民商事纠纷的积极作用，融入乡村、街道、社区的基层社会治理，开展道路交通、农业生产经营、医患纠纷、建设工程等纠纷仲裁，依法妥善处理乡村群众在日常生活中涉及财产权益的各类民事纠纷。深入贯彻落实《关于进一步加强和规范村（居）法律顾问工作的意见》，持续加强村（居）法律顾问工作，积极推进乡村法治建设。截至2021年底，全国60.7万个村、社区中有60.1万个配备了法律顾问，全国担任村（居）法律顾问的律师、基层法律服务工作者和其他法律从业人员共计16.8万人。广大村（居）法律顾问为农村群众和村"两委"提供法律咨询、法律援助、法治宣传、法律顾问等服务，在推动乡村依法治理、服务和保障民生、维护社会和谐稳定等方面发挥了重要作用。

专栏13

乡村振兴促进法

《中华人民共和国乡村振兴促进法》于2021年6月1日起施行。本法贯彻落实党中央关于乡村振兴的重大决策部署，把乡村振兴的目标、原则、任务、要求等转化为法律规范，与2018年以来中央1号文件、乡村振兴战略规划、《中国共产党农村工作条例》等共同构建了实施乡村振兴战略的"四梁八柱"，进一步夯实了乡村振兴的制度体系，强化了走中国特色社会主义乡村振兴道路的顶层设计，夯实了良法善治的法律基础。本法把实践中行之有效的、可复制可推广的"三农"改革发展经验上升为法律规范，进一步保持政策的连续性、稳定性和权威性，举全党全社会之力推进乡村振兴，加快农业农村现代化，为新阶段促进农业高质高效、乡村宜居宜业、农民富裕富足提供有力法治保障。本法深入贯彻落实习近平法治思想和关于"三农"工作的重要论述，总结提升"三农"法治实践，明确了各级政府及有关部门推进乡村振兴的职责任务，针对乡村产业、人才、文化、生态、组织等振兴中的重点难点问题提出了一揽子举措，并对考核评价、年度报告、监督检查等提出具体要求，标志着乡村振兴战略迈入有法可依、依法实施的新阶段。在党和国家"三农"工作重心历史性转向全面推进乡村振兴的关键时刻，制定出台乡村振兴促进法意义重大、影响深远，为新阶段全面推进乡村振兴、加快农业农村现代化提供了坚实法治保障。

（二）农业综合执法及队伍建设

农业农村部认真贯彻党中央、国务院关于深化农业综合行政执法改革的部署要求，部署各地全面深化农业综合行政执法改革，推动省市县三级农业综合执法机构实现应建尽建。截至2021年底，全国农业综合行政执法改革基本到位。同时，推进各地坚持深化改革与队伍建设并重，着力健全制度、建强队伍、提升能力，充分发挥队伍执法护农保障作用，逐渐将其建成基层农业农村部门抓"三农"工作的一支重要可依靠力量。2021年，全国各级农业综合行政执法机构累计出动执法人员445.28万人次，查办各类违法案件10.46万件，罚没8.16亿元，吊销许可证照448张，挽回经济损失3.43亿元，农业综合执法在服务"三农"中心工作、维护农民群众合法权益、保障农产品质量安全和国家粮食安全等方面的作用日益凸显。

1. 整合执法力量，打造高效专业的执法队伍。按照中办、国办关于整合组建执法队伍的部署要求，指导督促各地农业农村部门加快推进农业综合行政执法改革，构建形成权责明晰、上下贯通、指挥顺畅、运行高效、保障有力的农业综合行政执法体系。一是分级组建机构实现一支队伍管执法。强力推动地方加快农业综合行政执法改革，集中行使包括种子、农药、农产品质量安全、兽医兽药、生猪屠宰、农业野生动植物保护、渔船渔港等近20个领域的执法职责。截至2021年底，全国已形成一支接近十万人的农业综合行政执法队伍，实现农业农村部门一支队伍管执法。二是开展培训练兵，打造高素质执法队伍。部署实施农业综合行政执法能力提升行动，印发实施全国农业综合行政执法人员培训大纲和考试大纲，组织编写培训教材，组织各地开展执法练兵比武活动。三是加强业务指导，提升基层执法办案能力。建立指导性案例和典型案例定期发布制度，先后发布18个农业执法指导性案例和40个典型案例。鼓励省市两级农业综合行政执法机构组建执法办案指导小组，对辖区内县级农业综合行政执法机构执法办案进行"下沉式指导"，有效提升基层执法队伍办案能力和水平。

2. 健全执法制度，夯实执法办案制度根基。大力推进农业综合行政执法规范化建设，健全完善执法制度，为基层执法提供有针对性和可操作性的指导，推动实现严格规范公正文明执法，努力做到执法公信力最大化，营造公平竞争的市场环境。一是规范执法事项。印发指导目录，明确了执法事项名称、实施依据和实施主体，充分发挥其督促约束各级农业农村部门行使权力、履行职责的"规尺"作用。加强对行政处罚、行政强制事项的源头治理，对照新修订的行政处罚法，对农业农村领域23部法律、28部部门规章、144部规章、244件规范性文件进行全面清理，对其中5部行政法规提出了修改建议报国务院，对20部规章和3件规范性文件中不符合行政处罚法的条款予以一揽子修改，进一步优化和精简了执法事项，减轻了市场主体负担。二是规范执法行为。制定印发《农业综合行政执法人员依法履职管理规

定》，激励约束执法人员依照法定权限和程序履行执法职责，始终树立法无授权不可为、法定职责必须为、法定程序须严守的意识。修订发布农业行政执法"三项制度"实施方案、《农业行政处罚程序规定》和《农业行政执法文书制作规范》及基本文书格式，细化了农业行政处罚从立案、调查取证、查封扣押到送达执行的程序规则，明确了农业行政执法文书在内容和形式上的制作要求，以标准化指引促进农业综合行政执法队伍规范文明执法。三是规范执法标准。制定印发《规范农业行政处罚自由裁量权办法》，细化地方各级农业农村部门行使自由裁量权的标准，为地方制定行政处罚自由裁量基准提供了基本遵循。指导各地分领域、分执法事项明确本省（区、市）自由裁量标准和适用条件并向社会公开，以科学合理的规则标准提升执法的透明度和公信力，降低遵从和执法成本，充分释放市场活力。

3. 创新机制方式，提高执法监管的效率效能。针对农业执法涉及领域多、覆盖面广、执法任务繁重和执法力量不足之间的矛盾，加强执法机制和方式创新，提升执法效能，增强市场主体的获得感。一是推进"双随机一公开"常态化。及时修订开展随机抽查监督检查事项清单，加强对农业领域生产经营单位的监督管理。督促指导各级农业综合行政执法机构及时建立"两库一单"并实行动态调整，严格按照"谁执法、谁录入、谁公开"的原则开展执法检查，确保执法检查的规范性和时效性，避免"检查任性"和执法扰民的现象发生。二是完善执法联动协同机制。广泛收集违法线索，对违法行为发现一起、查处一起，实现市场主体与执法机构同向发力。加强跨区域执法协作联动、信息共享，做到"一处发现、全国通报、各地联查"，让违法行为无所遁形。强化跨部

门执法协作，建立健全农业农村与公安、法院、检察院、市场监管等部门的线索通报、定期会商、联合执法等机制，汇聚净化市场秩序、维护市场主体合法权益的强大合力。三是加强执法信息化建设。将加强农业执法信息化建设相关部署要求写入"十四五"全国农业农村信息化发展规划和"十四五"数字农业农村建设规划，加强执法信息系统建设和监管执法数据互联互通，提高事前预警、在线办案、智慧执法水平。升级改造全国农业行政执法信息共享平台，实现农业综合行政执法数据采集、信息共享和执法办案综合应用，打破不同区域、不同层级执法机构之间的信息壁垒，提升农业综合行政执法效能，更好地服务于"三农"领域公平市场竞争环境的构建。

（三）推进平安乡村建设

2021年以来，中央明确平安乡村建设是平安中国建设的重要内容，统筹整合好平安乡村建设力量，增强农村社会治安防控能力和农村矛盾纠纷排查化解力度，积极推动社区矫正工作，平安乡村建设成效显现。

1. 将平安乡村建设纳入平安中国建设总体格局。 中办、国办印发关于建设更高水平的平安中国的文件，就创新基层社会治理、深化平安创建等作出专门部署，为平安乡村建设指明方向。中央政法工作会议对坚持和发展新时代"枫桥经验"，树立大抓基层、大抓基础的导向，让优势资源倾斜传导至基层等提出明确要求。

2. 统筹整合农村平安建设力量。 深入贯彻落实《中国共产党政法工作条例》，配备乡镇（街道）政法委员统筹基层政法和平安建设工作。推动派出所所长进乡镇（街道）党（工）委班子，社区民警进村（居）"两委"班子，打造社区警务团队。

3. 着力提高农村社会治安防控能力。 以提升基层风险隐患预测预警预防能力为目标，加快构建防控机制顺畅、保障体系健全、基础支撑有力的现代化社会治安防控体系。加强以派出所为重点的治安防控基础建设，推进派出所"两队一室"警务运行机制改革，开展创建"枫桥式公安派出所"活动，农村地区社会治安秩序明显改善。

4. 全面加强农村矛盾纠纷排查化解。 注重矛盾纠纷前端预防、源头化解、关口把控，有效整合人民调解、行政调解、司法调解等各种解纷资源，推动构建党委领导下的基层多元解纷格局，实现对矛盾纠纷的早预警、早消除。全面推进一站式多元解纷平台和诉源治理体系建设，加强基层公共法律服务，推动群众遇到问题找法、化解矛盾靠法，深入开展"法律进农村（社区）"系列活动。

5. 推动社区矫正工作。 切实加强对农村社区矫正对象的监督管理和教育工作。2021年，全国新接收农村社区矫正对象42.0万人，现有农村社区矫正对象46.8万人，占社区矫正对象总数的70.5%。各地不断创新和丰富对农村社区矫正对象的教育矫正措施，根据农村社区矫正对象的性别、年龄、心理特点、健康状况、犯罪原因、犯罪类型、犯罪情节、悔罪表现等情况，制定有针对性的矫正方案，实现分类管理、个别化矫正。通过集体教育、个人自学等方式，加强法治和道德教育，增强其法治观念，提高其道德素质和悔罪意识。根据社区矫正对象的个人特长，组织其参加公益活动，帮助其修复社会关系，培养其社会责任感。2021年，全国组织农村社区矫正对象集中教育479.8万人次，开展心理辅导81.3万人次，组织公益活动参与426.4万人次。切实维护农村社区矫正工作安全稳定。充分发挥村委会、矫正小组、治保调解组织以及"网格化管理"等载体作用，不断提高监督管理水平，防止和减少社区矫正对象脱管、漏管和再犯罪。推动社会力量参与，为农村社区矫正对象融入社会创造条件。各地社区矫正机构注重总结和推广新时代"枫桥经验"，坚持专群结合，整合社会力量共同做好社区矫正工作。着力推动村（居）社区矫正工作站、公益活动基地等基础建设。截至2021年底，共有公益活动基地15 948个、教育基地6 825个、就业基地5 405个。各地积极协调民政等有关部门，加大帮扶力度，及时了解掌握农村社区矫正对象的困难和需求，协调解决就业、就学、最低生活保障、临时救助、社会保险等问题。2021年，将符合最低生活保障条件的5 797名农村社区矫正对象纳入最低生活保障范围，为符合条件的87 032名农村社区矫正对象落实责任田，为75 920名农村社区矫正对象提供技能培训，为130 962名农村社区矫正对象提供就业和就学指导，帮助其提高就业谋生和适应社会的能力，有力促进社区矫正对象顺利融入社会，取得良好的社会效果。

（四）开展农村地区扫黑除恶工作

2021年以来，根据以习近平同志为核心的党中央关于常态化开展扫黑除恶斗争的决策部署，公安部认真落实中共中央办公厅、国务院办公厅《关于常态化开展扫黑除恶斗争巩固专项斗争成果的意见》相关要求，逐步建立健全农村地区扫黑除恶常态化机制，有效巩固提升扫黑除恶专项斗争成果。

1.集中整治农村涉黑涉恶团伙。2021年，公安部先后印发《公安部关于常态化开展扫黑除恶斗争的意见》《公安机关进一步加强打击和整治"村霸"等农村黑恶势力工作方案》《公安部打击和整治"村霸"等农村黑恶势力重点任务分工方案》，将打击和整治农村黑恶

势力作为常态化开展扫黑除恶斗争的工作重点，部署各地公安机关充分发挥职能作用，持续保持对农村黑恶势力的严打高压态势，加强农村社会治安综合治理，坚决维护农村地区社会治安稳定。严打"沙霸""矿霸"。深入落实习近平总书记重要指示精神，部署全国公安机关开展为期一年的打击整治"沙霸""矿霸"等自然资源领域黑恶犯罪专项行动，2021年，共打掉涉黑涉恶组织153个，抓获犯罪嫌疑人3 033人，破获案件2 432起。内蒙古主动对接水利、自然资源等部门，打掉涉黑组织3个、恶势力集团2个、恶势力团伙6个。四川收集、摸排"沙霸""矿霸"等线索1 700余条，从中打掉黑社会性质组织3个、恶势力犯罪集团7个、恶势力团伙2个。严打"乡霸""村霸"等农村黑恶势力。公安机关紧密结合县乡人大和村（社区）"两委"集中换届，加强与组织、民政部门的配合，共打掉农村地区黑社会性质组织38个、恶势力犯罪集团183个，依法查处涉黑涉恶村（社区）"两委"成员84人。北京打掉在大兴区魏善镇盘踞多年的周广森涉黑组织，抓获犯罪嫌疑人49名，破获刑事案件62起，缴获枪支2支。贵州协助组织部门对5.04万名村（社区）"两委"候选人开展背景审查，发现不符合候选人资格610人，打掉农村地区黑恶团伙6个。通过对农村地区涉黑涉恶犯罪的持续高压态势打击和整治，农村地区黑恶势力犯罪活动明显减少，社会治安环境明显好转，有力夯实了党的基层政权。

2.建立健全农村地区扫黑除恶常态化机制。一是部署农村地区扫黑除恶常态化工作。2021年4月29日，常态化扫黑除恶启动后的第一次全国扫黑办主任会议召开，将持续防范和整治"村霸"列为常态化开局之年"十件实事"之一，会后全年紧抓不懈，推动各地坚决打击农村地区违法犯罪活动，确保农村地区扫

黑除恶常态化机制落地见效。中办印发《关于夯实筑牢农村基层党组织战斗堡垒防范和整治"村霸"问题的意见》，推动解决农村地区扫黑除恶重点难点问题。二是创新农村基层组织建设机制。充分发挥职能作用，严格落实村"两委"班子成员资格联审机制，优化村党组织带头人队伍。协同相关部门持续选派驻村第一书记和工作队，有条件的地区由政法干警兼任党组织副书记，帮助建强村党组织、为民办事服务、推进强村富民、提升治理水平。结合村"两委"换届，由县乡领导班子成员带队走村入户，对突出问题进行重点排查整顿。推动创新完善村党组织体系，推行网格化管理和服务，提升党建引领乡村治理精准化、精细化水平。三是提升农村基层防范能力。在有条件的

地方，积极推行村党组织书记通过法定程序担任村委会主任和村级集体经济组织、合作经济组织负责人，村级重大事项决策实行"四议两公开"。进一步深化法治乡村、平安乡村建设，完善乡村公共法律服务体系，加强民主管理监督和协商，完善村规民约，涵养文明新风，提升防范能力，铲除黑恶势力滋生土壤。

3. 积极做好农村涉黑涉恶社区矫正对象排查和服务管理工作。 各地社区矫正机构在落实严格监督管理措施的同时，组织开展扫黑除恶主题教育和多种宣传活动，营造全社会共同参与常态化扫黑除恶斗争的浓厚氛围。积极加强与公安机关协调配合，积极深挖、及时移交涉黑涉恶等犯罪线索，共同推进常态化扫黑除恶斗争走深走实。

十七、乡村德治

（一）大力拓展新时代文明实践中心建设

1. 加强顶层设计。 坚持深入贯彻落实党的十九届五中全会关于拓展新时代文明实践中心建设的部署，按照中央政治局常委会2021年工作要点安排，以中共中央办公厅名义印发《关于拓展新时代文明实践中心建设的意见》，着眼服务乡村振兴战略，注重发挥新时代文明实践中心成风化俗、以文化人作用，更加突出培育和践行社会主义核心价值观相关内容，明确提出下一步工作总体目标、工作原则、重点任

务，推动新时代文明实践中心建设由试点探索转为全面展开、由试点县（市、区）向全国范围的县级行政区全面覆盖，为更好促进乡村德治提供有力保障。

2. 强化工作推进。 中央文明办组织召开拓展新时代文明实践中心建设工作电视电话会议，深入学习领会习近平总书记重要指示精神，总结试点成效，交流经验做法，研究部署深化拓展的思路举措，进一步推动基层宣传思想工作和精神文明建设实起来、强起来。组织召开拓展新时代文明实践中心建设座谈会，重

点听取新时代文明实践中心建设在推进乡村德治、助力乡村振兴等方面的经验做法。中央宣传部、中央文明办印发《2021年建设新时代文明实践中心重点工作安排》，结合党史学习教育，推动各地突出"永远跟党走"主题，面向城乡基层特别是广大农村地区，广泛开展宣讲志愿服务行动和"我为群众办实事"实践活动，为促进乡村德治压实责任、细化举措。

3. 总结经验典型。 中央文明办面向各地征集新时代文明实践中心创新做法，特别是促进乡村德治的有效做法，结集形成、公开出版《工作方法100例》《建设新时代文明实践中心怎么干（上下册）》，并注重推广身边事网格办、百姓议事堂、文明实践"积分银行"、红白事"减负"等典型案例，引导各地学习借鉴、改进提高。

（二）加强农村思想道德建设

贯彻落实《关于新时代加强和改进思想政治工作的意见》，持续推动《新时代爱国主义教育实施纲要》各项任务要求落地见效。中央宣传部等十五部门联合部署开展文化科技卫生"三下乡"活动，组织有关中央部门开展集中示范活动，把优秀精神文化产品和服务送下乡，助力乡村振兴。围绕庆祝中国共产党成立100周年，组织开展"永远跟党走"群众性主题宣传教育活动，在农村基层组织学习体验、主题宣讲等活动，凝聚奋进新时代的昂扬斗志。弘扬和践行社会主义核心价值观，深入城乡基层组织"核心价值观百场讲坛"，围绕弘扬优良家风等主题开展宣传宣讲，推动培育文明乡风、良好家风、淳朴民风。持续加大农村先进典型选树宣传力度，深化邱军、孙丽美、刘晓妮等"时代楷模""最美人物"学习宣传。开展第九届全国服务农民、服务基层文化建设先进集体评选表彰，充分发挥先进典型

的示范带动作用，引导农民群众见贤思齐、崇德向善。

（三）深化农村群众性精神文明创建活动

围绕"三农"工作重心的历史性转移，立足于全面推进乡村振兴、促进城乡融合发展的国家战略，坚持以文明村镇创建、城乡文明共建为载体，把习近平总书记关于深入实施乡村振兴战略、强化乡村德治等的重要论述和重要指示批示精神有效落实到城乡基层，切实转化为乡村"两个文明"蓬勃发展的生动实践。在修订《全国文明城市测评体系》中，把文明村镇创建作为重要测评内容，从实施乡村建设行动、加强乡村公共基础设施建设、培育文明乡风、提升乡村德治建设水平等方面专门制定测评标准，特别是在《全国县级文明城市测评体系》中首次单列"城乡融合发展"测评项目，并在全国文明城市年度测评中首次将抽查省级以上文明村镇列为实地测评项目，引导各地统筹城乡文明创建协调发展、一体推进，更好实现以城带乡、城乡互促，有效激发文明村镇创建内生动力，更好服务乡村德治工作提质升级。注重家庭家教家风建设。2021年7月，中央宣传部等七部门联合印发《关于进一步加强家庭家教家风建设的实施意见》，坚持以文明家庭创建活动为载体，指导各地常态化开展寻找"最美家庭"活动，积极开展"五好家庭""身边好人""星级文明户"以及"好媳妇""好儿女""好公婆""好邻居"等评选活动、学习宣传、帮扶礼遇，以典型示范引导农民群众从自身做起、从家庭做起，重家教、树家风，推动形成社会主义家庭文明新风尚。

（四）坚持推进移风易俗建设文明乡风

为落实《关于进一步推进移风易俗 建设文明乡风的指导意见》，农业农村部联合国家乡

村振兴局组织开展第二批全国村级"文明乡风建设"典型案例征集推介活动,向社会公开推介25个反映各地党建引领汇聚民心、村规民约遏制陋习、传统美德淳化民风、家训家教浸润乡里等典型案例,发挥典型示范作用。农业农村部、国家乡村振兴局组织第二届"县乡长说唱移风易俗"活动,遴选各地文明乡风建设新举措、新成效相关精彩节目视频在新媒体平台陆续推出。依托新时代文明实践中心、县级融媒体中心、文化服务中心等阵地,通过宣传栏、阅报栏、社区广播、乡村"大喇叭"、上门宣传以及采取积分制等形式,发挥好党员干部的示范带头作用和乡风评议、邻里舆论等社会舆论督促作用。发挥村规民约和村民议事会、道德评议会、红白理事会、禁毒禁赌会等农村各类自治组织作用,推动文明风尚行动和公益广告宣传,把反对铺张浪费、大操大办、人情攀比等深化移风易俗的基本要求有机嵌入农村各类生活场景、有效融入农民群众日常生产生活,引导广大农民群众抵制不良风气,自觉培育文明乡风、良好家风、淳朴民风。中央文明办印发《关于持续深化精神文明教育 大力倡导文明健康绿色环保生活方式的通知》,积极提倡勤劳节俭美德,培育健康生活方式,推动各地大力倡导讲究个人卫生、保持社交距离、使用公筷公勺等文明行为习惯,深入开展爱国卫生运动,大力普及健康知识,全面推进垃圾分类,形成文明健康的交往模式、绿色环保的生活方式。加强节日期间消费引导,倡导勤俭节约之风,依托传统节日振兴,培育新风良俗。

(五)保护传承优秀农耕文化

中华文明根植于农耕文明。传统村落是中华农耕文明的重要载体和优秀基因库,承载着中华民族的历史记忆,寄托着中华各族儿女的乡愁。截至2021年底,住房和城乡建设部会同有关部门分5批将6 819个传统村落列入国家级保护名录并实施挂牌保护,52万栋历史建筑和传统民居、3 380项省级以上非物质文化遗产得到了保护传承。2021年制作并播出了以传统村落为题材的《中国传统建筑的智慧》纪录片,在《人民日报》开设"走进传统村落"专栏,引起各方热烈反响,唤起了全社会共同保护和传承优秀传统文化的意识。2021年11月,农业农村部、国家乡村振兴局认定山西阳城蚕桑文化系统等21个农业系统为第六批中国重要农业文化遗产,农业文化遗产总数达到138项,涉及的农业品类不断丰富、生态类型更加多样、区域和民族分布持续优化。将以重要农业文化遗产保护传承为重点内容的"农耕文化传承保护工程"纳入中华优秀传统文化传承发展工程"十四五"重点项目规划。建立农业文化遗产保护传承工作年度报告、遗产保护与发展规划实施情况监测制度,指导遗产地更好地履行保护传承责任。组织开展"农业文化遗产里的中国"系列直播等宣传活动,在世界粮食日、世界环境日、中国农民丰收节等重要节点推出"农业文化遗产"专题报道。组织第二届二十四节气文化创意设计大赛。加强农村地区非物质文化遗产保护利用,2021年12月,文化和旅游部联合相关部门印发《关于持续推动非遗工坊建设助力乡村振兴的通知》,明确将继续支持各地以非遗工坊为抓手,以乡村振兴重点帮扶县、易地扶贫搬迁安置区为重点,开展非遗助力乡村振兴工作。截至2021年底,脱贫地区共建设非遗工坊1 100余家,覆盖370余个脱贫县和70余个国家乡村振兴重点帮扶县。在2021年文化和自然遗产日期间,举办"百年百艺·薪火相传"中国传统工艺邀请展,全面展示传统工艺振兴成果。举办"云游非遗·影像展",对2 000余部非物质文化遗产题材影片、纪录片进行公益性展播。

（六）丰富农村文化生活

2021年4月，中央宣传部编制《中华优秀传统文化传承发展工程"十四五"重点项目规划》，印发《推进乡村文化振兴工作方案》等，对保护传承发展优秀传统文化、提升乡村公共文化服务效能作出明确部署。持续推进中国传统节日振兴工程，不断深化"我们的节日"主题活动。组织开展"我们的中国梦"——文化进万家等文化惠民活动，更好满足人民群众精神文化新期待。2021年11月，国家电影局印发《"十四五"中国电影发展规划》，持续促进农村电影放映优化升级，改善农村观影条件，培育建强农村院线，提高影片供给质量和效率，继续扶持乡镇影院建设运营。加强对"三农"题材文艺创作的支持引导，推出《太阳转身》《山海情》《我们是第一书记》《新刘三姐》《千顷澄碧的时代》等"三农"题材优秀文艺作品。建好用好农家书屋，组织开展"2021新时代乡村阅读季"和"我的书屋·我的梦"农村少年儿童阅读实践活动，为农村配送新时代党的创新理论主题出版物，依托农家书屋管理员、志愿者打造群众宣讲员队伍，评选乡村振兴阅读推广人、书香家庭等，激发乡村文化内生力。推进农村地区"扫黄打非"基层站点建设运行的质量和效能提升，不断巩固思想文化阵地。

积极组织乡村振兴题材电视剧网络剧的创作生产，展现农村脱贫攻坚成就和人民群众生活不断改善的新面貌。2021年，积极推动《山海情》《江山如此多娇》《经山历海》《在希望的田野上》《温暖的味道》《日头日头照着我》《向往的生活》《那些日子》等乡村振兴题材剧的制作播出。推出《极限挑战宝藏行 绿水青山公益季》《奔跑吧 黄河篇2》等聚焦美丽乡村建设的新一季品牌综艺节目，扶持引导《小凉帽3》《下姜村的绿水青山梦2》等讲述乡村发展变迁故事的重点动画片创作。继续向新疆、西藏、青海、四川康巴、吉林延边等民族地区捐赠国产电视剧少数民族语版本译制片片源和国产优秀电视动画片片源等，进一步充实丰富了原"三区三州"等地区人民群众的精神文化生活。

引导广大文艺工作者深入乡村和脱贫攻坚工作一线采风实践，体验生活、演出慰问，创作体现脱贫攻坚和乡村振兴成果的优秀作品。创作推出话剧《青松岭的日子》《高沙窝脱贫记》等一大批弘扬社会主义核心价值观、展现新时代农村风貌的优秀舞台艺术作品，以及《天梯》《在路上》《人民楷模——高德荣》《莺歌燕舞满江南》《梨园喜入村》等优秀农村题材美术作品。加大对乡村振兴题材作品的演出演播支持力度，实施戏曲公益性演出（濒危剧种免费或低票价演出）项目，推动传统戏曲普及。支持全国106个无国办团体剧种和121个仅有一个国办团体的剧种开展以传统经典剧目为主的公益性演出活动。启动以"永远跟党走 书香伴小康"为主题的"2021新时代乡村阅读季"活动，近3亿人次参与活动，线上阅读人数较2020年翻一番，越来越多的农民群众开卷读书、爱上阅读。建强用好县级融媒体中心，充分发挥已建成运行的2 585个县级融媒体中心重要作用，紧紧围绕"引导群众、服务群众"的功能定位，不断拓展"媒体＋政务＋服务"能力，助力乡村振兴。

（七）推进农村地区全民健身发展

国务院印发《全民健身计划（2021—2025年)》；中办、国办印发《关于构建更高水平的全民健身公共服务体系的意见》中提出，要推动全民健身公共服务资源向农村倾斜，完善农村全民健身公共服务网络，推动县（市、区）、乡镇（街道）、行政村（社区）三级公共健身设施建设。国家体育总局会同国家发展和改革委员会、财政部、国家卫生健康委员会、应急管理部印发《全民健身基本公共服务标准（2021年版）》，对在行政村举办群众健身活动和比赛提出要求，明确政府兜底保障责任。利用中央集中彩票公益金、中央预算内投资等，引导支持各地建设完善服务城乡居民的全民健身场地设施。2021年，组织实施"十四五"时期全民健身设施补短板工程，支持建设群众身边的体育公园、全民健身中心、公共体育场等项目共计177个。实施"全民健身场地器材补短板乡镇/街道项目"，支持20个省（区）在尚未配备全民健身场地器材的脱贫县乡镇（街道）配置全民健身场地器材，补助项目共1 000个。据不完全统计，截至2021年底，农民体育健身工程已覆盖全国几乎所有行政村，我国乡镇场地设施覆盖率超过88%，街道场地设施覆盖率超过85%。修订《大型体育场馆免费或低收费开放补助资金管理办法》，

将县级中小型公共体育场馆和全民健身中心纳入中央财政补助范围，享受中央财政补助的场馆覆盖全国1 000多个县级行政区域。紧紧围绕满足农村群众需求，在全运会群众赛事活动中设置农村乡镇组，在农村广泛开展篮球、乒乓球、广场舞等农民喜爱的体育项目。以"庆丰收、感党恩"为主题组织举办第三届全国农民广场舞大赛、美丽乡村健康跑、水果采收邀请赛、跳绳线上竞赛等多种形式的农民体育赛事活动。支持开展小型多样分散赛事活动，丰富农村地区赛事活动供给，在让农村群众充分体验体育健身活动带来的幸福和快乐的同时，展示新时代农民健康向上、团结协作的精神面貌。推动农村地区完善全民健身组织。体育总会、老年人体育协会和各单项运动协会等全民健身组织不断向乡镇、村延伸拓展，在开展群众体育赛事活动、进行科学健身指导方面发挥了日益重要的作用。截至2021年，全国已建立28个省级社会体育指导员协会、200多个地市级社会体育指导员协会、800多个县级社会体育指导员协会。

十八、农村应急管理和消防安全

（一）农村应急管理体系建设扎实推进

推动将基层应急能力提升计划纳入《"十四五"国家综合防灾减灾规划》，明确提出健全乡镇（街道）应急、消防组织体系，实

现有机构、有场所、有人员、有基本的装备和物资配备等意见，截至2021年底，全国2/3乡镇（街道）独立设置应急管理机构或加挂相应牌子。

1.全面开展农村风险隐患排查治理。应

急管理部牵头组织17个部门联合开展第一次全国自然灾害综合风险普查，在完成普查试点"大会战"和全国122个县（市、区）普查试点工作基础上，全面启动全国范围内普查调查工作，指导开展农村风险隐患调查。针对"小化工"向农村转移等突出问题，国务院安全生产委员会部署各地开展了为期一年的非法违法"小化工"专项整治工作。应急管理部组织各地区各有关部门广泛开展安全生产月、全国防灾减灾日、"119"消防宣传月等宣传教育活动；针对市、县、乡集中换届情况指导各地开展防汛抗旱行政首长培训1 441班次、4.8万人次。

2.逐步完善农村风险监测预警手段。应急管理部利用卫星遥感等手段加强农村多灾易灾地区灾害风险监测，定期开展自然灾害综合风险形势会商研判，及时发布风险提示信息；实施自然灾害监测预警信息化、国家地震烈度速报与预警等工程，加强面向偏远农村、牧区、山区的预警信息服务；及时下达森林草原防火提醒函、督办函和警示函，督促做好林牧区火灾防控工作；推动指导各地通过专兼职相结合等方式，在洪涝、地震、地质、台风等灾害多发易发地区基本实现灾害信息员A、B角全覆盖，全国灾害信息员数量达99.6万人；指导建立灾害风险隐患信息报送工作体系，推动乡镇（街道）建立健全信息报送队伍；加大以农村乡镇企业为主的烟花爆竹生产经营企业安全监管力度，强化烟花爆竹生产企业安全风险监测预警系统建设应用。国家防汛抗旱总指挥部办公室印发《关于加强强降雨期间山丘区人员转移避险工作的指导意见》，指导高风险地区做好农村、山区人员转移避险工作。应急管理部、国家广播电视总局联合印发《应急广播管理暂行办法》，强化农村应急广播服务，大力推广"村村通"应急广播建设经验，提升农村地区灾害预警信息传递效率。经各方面共同努力，全国生产安全事故起数和死亡人数同比分别下降9.0%和4.0%，未发生特别重大事故，自然灾害受灾人次、因灾死亡失踪人数、倒塌房屋数量和直接经济损失较2016—2020年5年均值分别下降28%、10.4%、18.6%和5.5%。

3.抢险救援和救灾救助有力实施。针对四川冕宁和云南玉龙森林火灾、云南漾濞6.4级和青海玛多7.4级地震、强台风"烟花"、河南郑州"7·20"特大暴雨灾害、黄河罕见秋汛等重特大灾害，应急管理部2021年累计出动国家综合性消防救援队伍25万人次，营救疏散转移群众20多万人，启动国家救灾应急响应15次，中央财政下拨中央自然灾害救灾资金62.86亿元、中央冬春救助资金51.98亿元，会同国家粮食和储备局组织调拨帐篷、折叠床、棉被等中央救灾储备物资19批次共67.7万件，支持地方做好受灾群众紧急转移安置、过渡性生活救助、倒损民房恢复重建等工作，有效保障受灾群众的基本生活。

（二）持续推进农村消防基础设施建设

应急管理部指导新建乡镇专职消防队3 200余支，配备小型水罐消防车、消防摩托车、高压便携水泵等装备器材，组织开展灭火救援业务培训，提升灭火救援实战能力；推进实施《"十四五"国家消防工作规划》，指导各地结合乡镇国土空间规划、村庄规划编制实施及农村人居环境整治提升、平安公路建设等，同步规划建设农村消防设施、消防水源、消防车通道等公共消防设施，设置消防器材配置点，加强维护管理，满足应急救援需要；积极推动将农村消防工作和消防基础设施建设纳入中央财政支持新农村建设的转移支付范围，指导各级消防救援队伍积极争取地方财政部门加大农村消防工作经费投入。各地消防救援机构积极协调相关部门为299个易地扶贫搬迁安置点依法补办消防手续，推动6 335个安置点打通消防车通道，新建辖区消防救援站33个、政府专职消防队217个、微型消防站5 383个，新增举高类消防车45辆，督促各安置点整改火灾隐患4.3万处，推动621个安置点聘请物业服务企业、800余个安置点新建室外消火栓、38个安置点增设自动消防设施，新增电动自行车集中充电桩1万余个、集中充电棚2 200多个，有效减轻了安置点消防安全风险。部署各地消防救援机构强化粮棉油储备库、用作经营场所的农村自建房、易地扶贫搬迁集中安置区、连片村寨、农村产业工业园、养老院、特色小镇等重点场所的消防安全管理，开展风险评估，修订完善灭火救援预案。依托农村综合服务设施建立消防安全宣传教育场所，每年对村民集中开展1次消防安全培训，定期组织灭火、逃生疏散演练等活动；2021年评选出广西"守望乡村"消防宣传服务项目、云南巩固拓展脱贫攻坚"消防守护"计划等4个农村类优秀消防志愿服务项目。中央组织部、农业农村部、应急管理部联合组织1万余名村"两委"成员、到村任职选调生开展消防安全培训。

（三）加强农村社区疫情防控能力

2021年，中央财政支持实施疾控机构能力建设项目，重点向工作条件差、财政保障不足、人员能力弱的疾控中心倾斜，每个县级疾控机构补助资金200万元，共计补助8.54亿元，不断完善公共卫生实验室网络体系，提升疾控机构实验室装备水平，提高人员队伍能力，持续提升应对重大疫情及突发公共卫生事件能力。发挥乡镇卫生院哨点作用，90%以上的乡镇卫生院设置发热诊室（门诊、哨点）。民政部、国家卫生健康委、国家中医药局、国家疾控局联合印发《关于加强村（居）民委员会公共卫生委员会建设的指导意见》，指导各地做实公共卫生委员会，加强基层卫生治理能力。编发《新冠肺炎疫情社区防控指导手册》，为各地提升农村社区疫情防控能力提供依据。

（四）强化为农气象服务

2021年7月，农业农村部、水利部、应急管理部、中国气象局联合下发《关于切实做好当前农业防灾减灾工作 千方百计夺取全年粮食和农业丰收的通知》，中国气象局报送各类农业气象专题服务材料220余期，向125万个新型农业经营主体提供"直通式"气象服务。中国气象局组织开展水稻、玉米种子培育气象服务试点，基本建立业务流程和工作规范；与农业农村部联合完成第一批15个特色农业气象服务中心三年综合评估。组织做好关键季节、重大灾害等方面气象服务，设施农业寒潮影响、枸杞高温预报预警等特色服务成效显著。初步建成基于"云+端"的国家级农业气象业务系统，完成全国农业气象数据与产品共享平台建设。开展全国农业气象灾害格点化监测预报产品业务应用。发布农业天气通3.0版本。开展人工影响天气飞机作业1 126架次，人工增雨累计增加降水约295亿吨，防雹保护面积约64万平方公里。制定《气象预警信息应急广播发布试点工作方案》《气象灾害预警信息短信精准靶向发布试点工作方案》，开展预警精准靶向发布试点工作，加强与工信、广电部门对接，进一步提高预警信息公众覆盖率。面向农村、牧区、山区、海区等偏远地区，优化完善气象灾害预警信息社会再传播机制。开展水稻高温热害、小麦病虫害、草地贪夜蛾等气象预报预警服务。

2021年乡村振兴大事记

1月

1日

《人民日报》报道：从2021年1月1日零时起，长江流域重点水域开始实行十年禁渔。

《农民日报》报道：2020年12月30日，中国农业再保险股份有限公司获中国银保监会批复开业。

7日

《人民日报》报道：1月6日，全国优秀农民工和农民工工作先进集体表彰大会在京召开，全国994位优秀农民工和100个农民工工作先进集体受到表彰。

13日

《经济日报》报道：中共中央办公厅、国务院办公厅印发了《关于全面推行林长制的意见》。

18日

《人民日报》报道：2015年以来持续开展的化肥农药使用量零增长行动实现预期目标，经科学测算，2020年我国水稻、小麦、玉米三大粮食作物化肥利用率为40.2%、农药利用率为40.6%。

2月

8日

《经济日报》报道：《农村土地经营权流转管理办法》正式颁布，自3月1日起施行。

19日

《人民日报》报道：第十三届全国人民代表大会常务委员会第二十五次会议于2021年1月22日修订通过《中华人民共和国动物防疫法》，自2021年5月1日起施行。

22日

《人民日报》报道：中共中央、国务院发布《关于全面推进乡村振兴加快农业农村现代化的意见》。

24日

《人民日报》报道：中共中央办公厅、国务院办公厅印发了《关于加快推进乡村人才振兴的意见》。

26日

《人民日报》报道：2月25日，全国脱贫攻坚总结表彰大会在北京人民大会堂隆重举行。经过全党全国各族人民共同努力，在迎来中国共产党成立100周年的重要时刻，我国脱贫攻坚战取得了全面胜利，现行标准下9 899万农村贫困人口全部脱贫，832个贫困县全部摘帽，12.8万个贫困村全部出列，区域性整体贫困得到解决，完成了消除绝对贫困的艰巨任务，创造了又一个彪炳史册的人间奇迹。

《人民日报》报道：中共中央政治局委员、国务院副总理胡春华25日下午出席国家乡村振兴局挂牌仪式。他强调，要深入学习领会习近平总书记重要指示精神，认真贯彻落实全国脱贫攻坚总结表彰大会精神，按照党中央、国务院决策部署，在巩固拓展脱贫攻坚成果基础上，做好乡村振兴这篇大文章，实现脱贫攻坚与乡村振兴的有效衔接。

29日

《农民日报》报道：1月28日，中央农办、农业农村部召开全国村庄清洁行动部署暨春季战役视频推进会。

3月

4日

《农民日报》报道：3年以来，全国累计发放精准扶贫贷款9.2万亿元，涉农扶贫保险累计提供风险保障3.5万亿元，行政村已基本实现基础金融服务全覆盖，大病保险已覆盖11.3亿名城乡居民。

《经济日报》报道：3月2日，农村水利水电工作会议在北京召开。会议指出，"十三五"以来，我国全面打赢农村饮水安全脱贫攻坚战，农村自来水普及率达到83%。

14日

《人民日报》报道：以第九次全国森林资源清查期末2018年为基准测算，全国林地林木资产总价值为25.05万亿元，其中林地资产9.54万亿元、林木资产15.52万亿元；森林生态系统提供生态服务价值为15.88万亿元；首次开展评估的森林文化价值约为3.10万亿元。

16日

《人民日报》报道：15日，农业农村部、退役军人事务部和全国妇联共同召开全国推动返乡入乡人员创业就业工作视频会。2020年，全国各类返乡入乡创业创新人员达到1 010万人，比2019年增加160万人，同比增长19%，是近年来增加最多、增长最快的一年。

23日

《人民日报》报道：中共中央、国务院发布《关于实现巩固拓展脱贫攻坚成果同乡村振兴有效衔接的意见》。

25日

《农民日报》报道：农业农村部正式印发《关于开展全国农业种质资源普查的通知》及《全国农业种质资源普查总体方案（2021—2023年）》，决定在全国范围内开展农作物、畜禽、水产种质资源普查。

31日

《人民日报》报道：国务院办公厅印发《关于加强草原保护修复的若干意见》。

4月

8日

《人民日报》报道：国务院第121次常务会议修订通过《粮食流通管理条例》，自2021年4月15日起施行。

9日

《经济日报》报道：我国农业社会化服务专业组织已超过90万家，服务面积达16亿亩次，服务农户7 000万余户。

《农民日报》报道：4月8日，农业农村部召开脱贫地区产业发展工作视频会，会议通报了农业农村部、国家发展和改革委员会、财政部、中国人民银行、国家乡村振兴局等10个部门印发的《关于推动脱贫地区特色产业可持续发展的指导意见》。

13日

《经济日报》报道：财政部等11个部门联合发布《关于继续支持脱贫县统筹整合使用财政涉农资金工作的通知》明确，2021—2023年支持脱贫县延续整合试点政策，2024—2025年政策实施范围调整至国家乡村振兴重点帮扶县，确保平稳过渡。

22日

《农民日报》报道：4月20日，"2021中国农业展望大会"在京召开。大会主题为"稳预期 固安全"。

《人民日报》报道：截至目前，我国清查核实农村集体资产6.5万亿元、集体土地等资源65.5亿亩，确认集体成员9亿人，完成了农村承包地确权登记颁证，将15亿亩承包地确权给2亿户农户，完善承包合同并颁发2亿份证书，基本实现"底清账明"。

28日

《农民日报》报道：农业农村部印发《关于全面推进农业农村法治建设的意见》。

30日

《农民日报》报道：第十三届全国人民代表大会常务委员会第二十八次会议于2021年4月29日通过《中华人民共和国乡村振兴促进法》，自2021年6月1日起施行。

5月

8日

《农民日报》报道：人社部、国家发展和改革委员会、财政部、农业农村部、国家乡村振兴局等五部门印发《关于切实加强就业帮扶巩固拓展脱贫攻坚成果助力乡村振兴的指导意见》。

10日

《农民日报》报道：财政部下达2021年度补助地方水利发展资金574亿元，较2020年增长3.1%，将重点支持解决农村水利五方面薄弱环节。

12日

《人民日报》报道：中共中央办公厅印发了《关于向重点乡村持续选派驻村第一书记和工作队的意见》。

26日

《人民日报》报道：中国人民银行、中央农办、农业农村部、财政部、银保监会和证监会发布《关于金融支持新型农业经营主体发展的意见》。

6月

3日

《人民日报》报道：国务院办公厅印发《关于科学绿化的指导意见》。

6日

《农民日报》报道：2021年全国"放鱼日"水生生物增殖放流活动在各地同步举行。

9日

《人民日报》报道：人力资源和社会保障部、国家乡村振兴局8日召开表彰大会，授予北京市支援合作办公室支援合作三处等153个集体"全国乡村振兴（扶贫）系统先进集体"称号，授予赵勇等257名同志"全国乡村振兴（扶贫）系统先进个人"称号。

15日

《农民日报》报道：6月11日，农业农村部、市场监管总局、公安部、最高人民法院、最高人民检察院、工业和信息化部、国家卫生健康委员会七部门联合召开食用农产品"治违禁 控药残 促提升"三年行动部署启动视频会议。

24日

《人民日报》报道：住房和城乡建设部、农业农村部、国家乡村振兴局联合印发《关于加快农房和村庄建设现代化的指导意见》，提出了加快农房和村庄建设现代化的政策措施。

7月

3日

《光明日报》报道：为有效化解农资价格上涨对农民种粮收益的影响、稳定农民收入、保护农民种粮积极性，中央财政下达实际种粮农民一次性补贴资金200亿元。

10日

《人民日报》报道：中共中央总书记、国家主席、中央军委主席、中央全面深化改革委员会主任习近平7月9日下午主持召开中央全面深化改革委员会第二十次会议，审议通过了《关于加快构建新发展格局的指导意见》《种业振兴行动方案》《青藏高原生态环境保护和可持续发展方案》《关于推进自由贸易试验区贸易投资便利化改革创新的若干措施》。

11日

《经济日报》报道：财政部会同农业农村部、银保监会联合发布《关于扩大三大粮食作物完全成本保险和种植收入保险实施范围的通知》，明确自2021年1月1日起，在河北、内蒙古、辽宁、吉林、黑龙江等13个粮食主产省份的产粮大县，针对稻谷、小麦、玉米三大粮食作物开展完全成本保险和种植收入保险。

《人民日报》报道：中共中央、国务院印发《关于加强基层治理体系和治理能力现代化建设的意见》。

17日

《人民日报》报道：16日，全国"万企兴万村"行动启动大会在山东潍坊举行，聚焦乡村振兴。会议由全国工商联、农业农村部、国家乡村振兴局、中国光彩会、中国农业发展银行、中国农业银行共同主办。

20日

《经济日报》报道：农业农村部印发了《关于加快发展农业社会化服务的指导意见》。

《光明日报》报道：人力资源和社会保障部办公厅、国家发展和改革委员会办公厅、国家乡村振兴局综合司联合印发《关于开展易地扶贫搬迁安置区就业协作帮扶专项活动的通知》。

22日

《农民日报》报道：国家发展和改革委员会、财政部、水利部、农业农村部联合发布《关于深入推进农业水价综合改革的通知》。

23日

《人民日报》报道：国务院总理李克强签署国务院令，公布修订后的《生猪屠宰管理条例》，自2021年8月1日起施行。

31日

《人民日报》报道：国务院总理李克强签署国务院令，公布修订后的《中华人民共和国土地管理法实施条例》，自2021年9月1日起施行。

8月

20日

《光明日报》报道：水利部联合国家发展和改革委员会、财政部、人力资源和社会保障部、生态环境部、住房和城乡建设部、农业农村部、国家卫生健康委员会、国家乡村振兴局等有关部门印发《关于做好农村供水保障工作的指导意见》。

21日

《经济日报》报道：国务院办公厅印发《关于加快农村寄递物流体系建设的意见》。

24日

《经济日报》报道：农业农村部、水利部等七部门联合印发《国家黑土地保护工程实施方案（2021—2025年）》。

27日

《科技日报》报道：国务院第三次全国国

土调查领导小组办公室、自然资源部、国家统计局发布《第三次全国国土调查主要数据公报》，2019年末全国耕地12 786.19万公顷（191 792.79万亩）。

9月

2日

《人民日报》报道：国务院总理李克强9月1日主持召开国务院常务会议，通过《中华人民共和国农产品质量安全法（修订草案）》。

11日

《经济日报》报道：9月10日，国家主席习近平向国际粮食减损大会致贺信。习近平指出，粮食安全是事关人类生存的根本性问题，减少粮食损耗是保障粮食安全的重要途径。当前，新冠肺炎疫情全球蔓延，粮食安全面临挑战，世界各国应该加快行动，切实减少世界粮食损耗。

13日

《人民日报》报道：中共中央办公厅、国务院办公厅印发了《关于深化生态保护补偿制度改革的意见》。

16日

《人民日报》报道：农业农村部等六部门联合印发《"十四五"全国农业绿色发展规划》，这是我国首部农业绿色发展专项规划。

17日

《农民日报》报道：经国务院批复，《全国高标准农田建设规划（2021—2030年）》正式印发实施。

23日

《人民日报》报道：在第四个中国农民丰收节到来之际，中共中央总书记、国家主席、中央军委主席习近平代表党中央，向全国广大农民和工作在"三农"战线上的同志们致以节日的祝贺和诚挚的慰问。习近平强调，民族要复兴，乡村必振兴。各级党委和政府要贯彻党中央关于"三农"工作的大政方针和决策部署，坚持农业农村优先发展，加快农业农村现代化，让广大农民生活芝麻开花节节高。

24日

《农民日报》报道：9月23日，2021年度"全国十佳农民"在浙江省嘉兴市中国农民丰收节活动主会场揭晓。王占杰、王颖、尤良英、邢青松、达娃次仁、张继新、俞学文、黄磊、蒋洪波、董敏芳10位优秀农民获得2021年度"全国十佳农民"项目资助。

25日

《人民日报》报道：全国农村人居环境整治提升现场会在浙江省丽水市景宁县召开。中共中央政治局委员、国务院副总理胡春华强调，要认真贯彻习近平总书记重要指示精神，按照党中央、国务院决策部署，完善政策举措，强化责任落实，确保新发展阶段农村人居环境整治提升开好局、起好步。

10月

1日

《农民日报》报道：农业农村部发布《关于认定2021年度农业农村信息化示范基地的通知》，黑龙江省七星农场等106家单位被认定为2021年度农业农村信息化示范基地，有效期为4年。

9日

《经济日报》报道：中共中央、国务院印发了《黄河流域生态保护和高质量发展规划纲要》。

10日

《农民日报》报道：农业农村部办公厅与中国农业银行办公室联合制定了《关于金融支持农业产业化联合体发展的意见》。

11月

1日

《人民日报》报道：中共中央办公厅、国务院办公厅印发了《粮食节约行动方案》。

10日

《人民日报》报道：国务院总理李克强日前签署国务院令，公布《地下水管理条例》，自2021年12月1日起施行。

19日

《农民日报》报道：农业农村部印发《关于拓展农业多种功能 促进乡村产业高质量发展的指导意见》。

29日

《农民日报》报道：为稳定农户种粮收益，支持现代农业发展，更好保障国家粮食安全，2021年，中央财政安排农业保险保费补贴资金333.45亿元，较上年增长16.8%。

12月

1日

《农民日报》报道：11月29日，农业农村部、工业和信息化部在京联合召开农机装备补短板工作推进会议，会议强调，要坚持问题导向，瞄准农业生产需求，着眼全产业链强化农机装备研发制造和推广应用，加快补齐短板弱项，促进农业机械化转型升级，更好支撑全面推进乡村振兴、加快农业农村现代化。

6日

《人民日报》报道：中共中央办公厅、国务院办公厅印发了《农村人居环境整治提升五年行动方案（2021—2025年）》。

7日

《人民日报》报道：12月6日，国家统计局公布全国粮食生产数据显示：2021年全国粮食总产量13 657亿斤，比上年增加267亿斤，增长

2.0%，全年粮食产量再创新高，连续7年保持在1.3万亿斤以上。粮食生产喜获"十八连丰"。

8日

《农民日报》报道：农业农村部印发《长江生物多样性保护实施方案（2021—2025年）》。这是我国首个针对长江水生生物多样性保护出台的专项实施方案。

9日

《人民日报》报道：国务院印发了《"十四五"推进农业农村现代化规划》。《规划》提出，到2025年，农业基础更加稳固，乡村振兴战略全面推进，农业农村现代化取得重要进展。梯次推进有条件的地区率先基本实现农业农村现代化，脱贫地区实现巩固拓展脱贫攻坚成果同乡村振兴有效衔接。

10日

《农民日报》报道：12月9日，农业农村部召开全国农垦改革发展工作视频会。会议强调，"十四五"时期要进一步贯彻落实党中央、国务院决策部署，持续深化改革，推进现代农业高质量发展，加强农垦管理部门能力建设，大力弘扬农垦精神，开展多种形式的联合与合作，为全面推进乡村振兴、加快农业农村现代化作出更大贡献。

14日

《农民日报》报道：12月13日，农业农村部、财政部、国家发展和改革委员会在京召开全国农业现代化示范区创建工作视频会。会议强调，要扎实推进农业现代化示范区建设，因地制宜探索不同类型、不同条件地区农业现代化模式，率先在点上实现突破，示范带动全国面上农业现代化整体水平提升。

17日

《农民日报》报道：国家乡村振兴局、中华全国工商业联合会印发《"万企兴万村"行动倾斜支持国家乡村振兴重点帮扶县专项工作

方案》。

20日

《农民日报》报道：农业农村部择优遴选确定北京市平谷区等100个县（市、区）、中化现代农业有限公司等100个服务组织为全国农业社会化服务创新试点单位，并原则同意以上200个试点单位的实施方案。试点期限为3年，自2021年11月起至2024年10月止。

21日

《科技日报》报道：近10年，中国大宗粮油作物产量年增长率为0.5%，形成了"南方稳产、北方优势产区集聚"的总体格局。

24日

《农民日报》报道：12月20日，农业农村部市场与信息化司联合农业农村部信息中心在京发布《2021全国县域农业农村信息化发展水平评价报告》。《报告》显示，2020年全国县域农业农村信息化发展总体水平达37.9%，较上年提升1.9个百分点。

25日

《人民日报》报道：全国根治拖欠农民工工资工作暨农民工工作电视电话会议12月24日在京召开。中共中央政治局常委、国务院总理李克强作出重要批示。批示指出：各地区各有关部门要认真贯彻党中央、国务院决策部署，坚持以人民为中心，继续扎实做好"六稳""六保"工作，强化就业优先，大力支持中小微企业、个体工商户等市场主体纾困发展，着力稳定和扩大农民工就业，多措并举拓展农民工就业渠道。

27日

《人民日报》报道：中央农村工作会议25日至26日在北京召开。会议强调，要全力抓好粮食生产和重要农产品供给，稳定粮食种植面积，大力扩大大豆和油料生产，确保2022年粮食产量稳定在1.3万亿斤以上。

附　表

附表说明

1.本附表简要地列入了2004—2021年有关农业部门的主要统计指标数字，内容涉及农业在国民经济中的地位、农村劳动力、农业投入、土地资源、农业生产、农村居民收入及支出、农产品价格、农产品进出口等方面。

2.由于统计指标及统计口径的变更与调整，某些指标因缺乏资料而中断。根据这些情况，本附表也酌情进行了一定的调整。

3.表中数据凡未加注释的均来自国家统计局，对于来自其他部门的数据各表下方附有注释。

4.表中四大经济地区划分：东部地区为北京、天津、河北、上海、江苏、浙江、福建、山东、广东和海南共10个省份；中部地区为山西、安徽、江西、湖南、湖北、河南共6个省份；西部地区为内蒙古、广西、重庆、四川、云南、贵州、西藏、陕西、甘肃、宁夏、青海、新疆共12个省份；东北地区为辽宁、吉林和黑龙江共3个省份。

5.与往年一样，本报告（包括附表）所有统计资料和数据均未包括香港、澳门特别行政区和台湾。

6.表中符号说明：

"..."表示数字不足本表最小单位数；

"/"表示无该项指标数据；

"空格"表示数据不详或截至本报告印刷之前尚未公布。

7.各表字段尾如带有附加括号的数字（1）、（2）、（3）等表示表下方有注释。

表1 农村经济在国民经济中的地位

年份	农林牧渔业增加值占国内生产总值的比重 (%)	第一产业就业人数占就业总人数的比重 (%)	乡村就业人数占就业总人数的比重 (%)	农村消费品零售额占全社会消费品零售额的比重 (1) (%)	农业各税占税收总额的比重 (2) (%)	用于农业支出占财政支出的比重 (3) (%)	农业贷款占金融机构人民币各项贷款的比重(%)	农产品进口额占进口总额的比重 (%)	农产品出口额占出口总额的比重 (%)
2004	13.2	46.9	63.2	34.1	3.7	10.0	5.5	5.0	3.9
2005	12.0	44.8	62.0	32.8	3.3	7.2	5.9	4.3	3.6
2006	11.0	42.6	60.5	32.5	3.1	7.9	5.9	4.0	3.2
2007	10.5	40.8	58.9	32.3	3.2	6.8	5.9	4.3	3.0
2008	10.5	39.6	57.5	32.0	3.1	7.2	5.8	5.1	2.8
2009	9.9	38.1	56.1	32.8	4.1	8.8	5.4	5.2	3.3
2010	9.6	36.7	54.4	13.3	4.1	9.0	/	5.2	3.1
2011	9.5	34.8	53.0	13.2	3.8	9.1	/	5.4	3.2
2012	9.4	33.6	51.6	13.3	/	9.5	/	6.1	3.1
2013	9.2	31.4	50.3	13.4	/	9.5	/	6.1	3.1
2014	8.9	29.5	49.1	13.7	/	/	/	6.2	3.0
2015	8.7	28.3	47.8	13.9	/	/	/	6.9	3.1
2016	8.4	27.7	46.6	14.0	/	/	/	7.0	3.5
2017	7.8	27.0	45.3	15.7	/	/	/	6.9	3.4
2018	7.3	26.1	44.0	14.5	/	/	/	6.5	3.2
2019	7.5	25.1	42.9	14.7	/	/	/	7.3	3.2
2020	8.0	23.6	38.4	13.5	/	/	/	8.3	2.9
2021	7.6	22.9	37.3	13.4	/	/	/	8.2	2.5

注：(1) 根据新颁布的《统计上划分城乡的规定》，2010年及以后农村消费品零售额的统计范围由原来的"市、县、县以下"调整为"乡及乡以下"。
(2) 2009年农业税包括三部分：耕地占用税、契税和烟叶税。
(3) 2007年及以后用于农业支出是指农林水事务支出。

表2 农林牧渔业产值及构成（按当年价格计算）

单位：亿元

年份	农林牧渔业总产值	农林牧渔业增加值	农业增加值	林业增加值	牧业增加值	渔业增加值	服务业	农林牧渔业增加值构成（%）				
								农业增加值	林业增加值	牧业增加值	渔业增加值	服务业
2004	36 239.0	21 410.7	11 827.7	905.6	5 953.7	2 081.1	456.9	55.7	4.3	28.1	9.8	2.2
2005	39 450.9	22 416.2	12 758.5	975.5	6 506.9	2 327.2	(151.8)	56.9	4.4	29.0	10.4	(0.7)
2006	40 810.8	24 036.4	13 937.0	1 099.2	5 811.8	2 415.5	772.8	58.0	4.6	24.2	10.0	3.2
2007	48 651.8	28 483.7	15 988.9	1 272.9	7 796.7	2 723.8	701.4	56.1	4.5	27.4	9.6	2.5
2008	57 420.8	33 428.1	18 151.0	1 459.0	9 985.0	3 172.0	661.1	54.3	4.4	29.9	9.5	2.0
2009	59 311.3	34 659.7	19 738.7	1 579.0	9 412.3	3 424.1	505.6	56.9	4.6	27.2	9.9	1.5
2010	67 763.1	39 619.0	23 684.5	1 744.2	10 022.1	3 903.8	1 179.0	59.8	4.4	25.3	9.9	2.9
2011	78 837.0	46 122.6	27 042.8	2 089.2	12 431.4	4 590.0	/	58.6	4.5	27.0	10.0	/
2012	86 342.2	50 581.2	30 216.1	2 281.3	13 128.4	5 266.9	/	59.7	4.5	26.0	10.4	/
2013	93 173.7	54 692.4	33 147.2	2 569.3	13 762.8	5 842.5	/	60.6	4.7	25.2	10.7	/
2014	97 822.5	57 472.2	35 257.5	2 793.0	14 025.3	6 260.2	/	61.3	4.9	24.4	10.9	/
2015	101 893.5	59 852.6	37 029.7	2 895.8	14 360.0	6 569.1	/	61.9	4.8	24.0	11.0	/
2016	106 478.7	62 451.0	38 152.4	3 025.3	15 492.0	6 995.6	/	61.1	4.8	24.8	11.2	/
2017	109 331.7	64 660.0	36 675.3	3 177.1	18 579.4	7 321.2	/	56.7	4.9	28.7	11.3	/
2018	113 579.5	67 558.7	/	/	/	/	/	/	/	/	/	/
2019	123 967.9	73 576.9	/	/	/	/	/	/	/	/	/	/
2020	137 782.2	81 396.5	/	/	/	/	/	/	/	/	/	/
2021	147 013.4	86 775.0	/	/	/	/	/	/	/	/	/	/

表3　农业物质生产条件

年份	农业机械总动力（万千瓦）	大中型拖拉机（万台）	小型拖拉机（万台）	农村用电量（亿千瓦时）	灌溉面积（万公顷）	化肥施用量（纯量）（万吨）	复合肥（万吨）	农用塑料薄膜使用量（万吨）	农用柴油使用量（万吨）	农药使用量（万吨）
2004	64 027.9	/	/	3 933.0	5 447.8	4 636.6	1 204.0	168.0	1 819.5	138.6
2005	68 397.8	139.6	1 526.9	4 375.7	5 502.9	4 766.2	1 303.2	176.2	1 902.7	146.0
2006	72 522.1	171.8	1 567.9	4 895.8	5 575.1	4 927.7	1 385.9	184.5	1 922.8	153.7
2007	76 589.6	206.3	1 619.1	5 509.9	5 651.8	5 107.8	1 503.0	193.7	2 020.8	162.3
2008	82 190.4	299.5	1 722.4	5 713.2	5 847.2	5 239.0	1 608.6	200.7	1 887.9	167.2
2009	87 496.1	351.6	1 750.9	6 104.4	5 926.1	5 404.4	1 698.7	208.0	1 959.9	170.9
2010	92 780.5	392.2	1 785.8	6 632.3	6 034.8	5 561.7	1 798.5	217.3	2 023.1	175.8
2011	97 734.7	440.6	1 811.3	7 139.6	6 168.2	5 704.2	1 895.1	229.5	2 057.4	178.7
2012	102 559.0	485.2	1 797.2	7 508.5	6 303.6	5 838.8	1 990.0	238.3	2 107.6	180.6
2013	103 906.8	527.0	1 752.3	8 549.5	6 347.3	5 911.9	2 057.5	249.3	2 154.9	180.2
2014	108 056.6	568.0	1 729.8	8 884.4	6 454.0	5 995.9	2 115.8	258.0	1 807.0	180.7
2015	111 728.1	607.3	1 703.0	9 026.9	6 587.3	6 022.6	2 175.7	260.4	2 197.7	178.3
2016	97 245.6	645.4	1 671.6	9 238.3	6 714.1	5 984.1	2 207.1	259.3	2 117.1	175.4
2017	98 783.3	670.1	1 634.2	9 524.4	6 781.6	5 859.4	2 220.3	252.8	2 095.11	165.51
2018	100 371.7	422.0	1 818.3	9 358.5	6 827.2	5 653.4	2 268.8	246.7	2 003.39	150.4
2019	102 758.3	443.9	1 780.4	9 482.9	6 867.9	5 403.6	2 230.7	240.8	1934	139.2
2020	105 622.1	477.3	1 727.6	9 717.2	6 916.1	5 250.7	2 221.0	238.9	1 848.2	131.3
2021	107 764.3	489.1	1 675.0	6 736.3	6 962.5	5 191.3	2 294.0			

表 4 农作物播种面积

单位：万公顷

年份	农作物总播种面积	粮食作物播种面积	稻谷	小麦	玉米	大豆	油料	棉花	糖料	蔬菜	果园面积
2004	15 355.3	10 160.6	2 837.9	2 162.6	2 544.6	958.9	1 443.1	569.3	156.8	1 756.0	976.8
2005	15 548.8	10 427.8	2 884.7	2 279.3	2 635.8	959.1	1 431.8	506.2	156.4	1 772.1	1 003.5
2006	15 214.9	10 495.8	2 893.8	2 361.3	2 846.3	928.0	1 173.8	581.6	156.7	1 663.9	1 012.3
2007	15 039.6	10 599.9	2 897.3	2 377.0	3 002.4	875.4	1 234.4	519.9	175.6	1 561.5	980.5
2008	15 369.0	10 754.5	2 935.0	2 371.5	3 098.1	912.7	1 323.2	527.8	192.6	1 653.9	1 022.1
2009	15 559.0	11 025.5	2 979.3	2 444.2	3 294.8	919.0	1 344.5	448.5	180.4	1 667.0	1 045.4
2010	15 678.5	11 169.5	3 009.7	2 445.9	3 497.7	851.6	1 369.5	436.6	180.9	1 620.1	1 068.1
2011	15 985.9	11 298.0	3 033.8	2 452.3	3 676.7	788.9	1 347.1	452.4	183.4	1 791.0	1 080.8
2012	16 182.7	11 436.8	3 047.6	2 457.6	3 910.9	717.2	1 343.5	436.0	188.7	1 849.7	1 099.0
2013	16 345.3	11 590.8	3 071.0	2 447.0	4 129.9	679.1	1 343.8	416.2	184.4	1 883.6	1 104.3
2014	16 496.6	11 745.5	3 076.5	2 447.2	4 299.7	680.0	1 339.5	417.6	173.7	1 922.4	1 160.8
2015	16 682.9	11 896.3	3 078.4	2 459.6	4 496.8	650.6	1 331.4	377.5	157.3	1 961.3	1 121.2
2016	16 693.9	11 923.0	3 074.6	2 469.4	4 417.8	720.2	1 319.1	319.8	155.5	1 955.3	1 090.3
2017	16 633.2	11 798.9	3 074.7	2 450.8	4 239.9	824.5	1 322.3	319.5	154.6	1 998.1	1 113.6
2018	16 590.2	11 703.8	3 018.9	2 426.6	4 213.0	841.3	1 287.2	335.4	162.3	2 043.9	1 187.5
2019	16 593.1	11 606.4	2 969.4	2 372.8	4 128.4	933.2	1 292.5	333.9	161.0	2 086.3	1 227.7
2020	16 748.7	11 676.8	3 007.6	2 338.0	4 126.4	988.2	1 312.9	316.9	156.8	2 148.5	1 264.6
2021	16 869.5	11 763.1	2 992.1	2 356.7	4 332.4	841.5	1 301.2	302.8	145.8	2 198.6	1 280.8

表5 农业自然灾害及除涝治碱情况

单位：万公顷

年份	受灾面积	水灾面积	旱灾面积	成灾面积	水灾面积	旱灾面积	成灾面积占受灾面积比例(%)	除涝面积	水土流失治理面积
2004	3 710.6	731.4	1 725.3	1 629.7	374.7	848.2	43.9	2 119.8	9 200.0
2005	3 881.8	1 093.2	1 602.8	1 996.6	604.7	847.9	51.4	2 134.0	9 465.4
2006	4 109.1	800.3	2 073.8	2 463.2	456.9	1 341.1	59.9	2 137.6	9 749.1
2007	4 899.2	1 046.3	2 938.6	2 506.4	510.5	1 617.0	51.2	2 141.9	9 987.1
2008	3 999.0	647.7	1 213.7	2 228.4	365.6	679.8	55.7	2 142.5	10 158.7
2009	4 721.4	761.3	2 925.9	2 123.4	316.2	1 319.7	45.0	2 158.4	10 454.5
2010	3 742.6	761.3	2 925.9	1 853.8	702.4	898.7	49.5	2 169.2	10 680.0
2011	3 247.1	686.3	1 630.4	1 244.1	284.0	659.9	38.3	2 172.2	10 966.3
2012	2 496.2	773.0	934.0	1 147.5	414.5	350.9	46.0	2 185.7	11 186.2
2013	3 135.0	875.7	1 410.0	1 430.3	485.9	585.2	45.6	2 194.3	10 689.2
2014	2 489.1	471.8	1 227.2	1 267.8	270.4	567.7	50.9	2 236.9	11 160.9
2015	2 177.0	562.0	1 061.0	1 238.0	332.7	586.3	56.9	2 271.3	11 554.7
2016	2 622.1	853.1	987.3	1 367.0	433.8	613.1	52.1	2 306.7	12 041.2
2017	1 847.8	580.9	987.5	920.0	302.0	444.0	49.8	2 382.4	12 583.9
2018	2 081.4	728.3	771.2	1 057.0	255.0	262.0	50.8	2 426.2	13 153.2
2019	1 925.7	668.0	783.8	791.0	261.0	111.4	41.1	2 452.9	13 732.5
2020	1 996.0	719.0	508.0	799.3	303.6	250.7	40.0	2 458.6	14 312.2
2021	1 173.9	476.0	342.6	468.2	468.2	468.2	39.9	2 461.9	14 955.2

注：自2019年起不再统计成灾面积，改为绝收面积。

表6　主要农产品产量

单位：万吨

年份	粮食作物总产量	谷物				大豆	油料总产量	棉花总产量	甘蔗总产量	甜菜总产量	水果总产量
		谷物总产量	稻谷	小麦	玉米						
2004	46 947	41 157	17 909	9 195	13 029	1 740	3 066	632	8 985	586	15 341
2005	48 402	42 776	18 059	9 745	13 937	1 635	3 077	571	8 664	788	16 120
2006	49 804	45 099	18 172	10 847	15 160	1 597	2 640	753	9 709	751	17 102
2007	50 413.9	45 963.0	18 638.1	10 952.5	15 512.3	1 273	2 787.0	759.7	11 179.4	902.9	16 800.1
2008	53 434.3	48 569.4	19 261.2	11 293.2	17 212.0	1 554	3 036.8	723.2	12 152.1	853.9	18 108.8
2009	53 940.9	49 243.3	19 619.7	11 583.4	17 325.9	1 498	3 139.4	623.6	11 200.4	546.5	19 093.7
2010	55 911.3	51 196.7	19 722.6	11 614.1	19 075.2	1 508	3 156.8	577.0	10 598.2	705.1	20 095.4
2011	58 849.3	54 061.7	20 288.3	11 862.5	21 131.6	1 449	3 212.5	651.9	10 867.4	795.8	21 018.6
2012	61 222.6	56 659.0	20 653.2	12 254.0	22 955.9	1 305	3 285.6	660.8	11 574.6	877.2	22 091.5
2013	63 048.2	58 650.4	20 628.6	12 371.0	24 845.3	1 195	3 287.4	628.2	11 926.4	628.7	22 748.1
2014	63 964.8	59 601.5	20 960.9	12 832.1	24 976.4	1 215	3 371.9	629.9	11 578.8	509.9	23 302.6
2015	66 060.3	61 818.4	21 214.2	13 263.9	26 499.2	1 179	3 390.5	590.7	10 706.4	508.8	24 524.6
2016	66 043.5	61 666.5	21 109.4	13 327.1	26 361.3	1 294	3 400.0	534.3	10 321.5	854.5	24 405.2
2017	66 160.7	61 520.5	21 267.6	13 433.4	25 907.1	1 511	3 475.2	565.3	10 440.4	938.4	25 241.9
2018	65 789.2	61 003.6	21 212.9	13 144.0	25 717.4	1 597	3 433.4	610.3	10 809.7	1 127.7	25 688.4
2019	66 384.3	61 369.7	20 961.4	13 359.6	26 077.9	1 809	3 493.0	588.9	10 938.8	1 227.3	27 400.8
2020	66 949.2	61 674.3	21 186.0	13 425.4	26 066.5	1 960	3 586.4	591.0	10 812.1	1 198.4	28 692.4
2021	68 284.7	63 275.7	21 284.2	13 694.4	27 255.1	1 640	3 613.2	573.1	10 666.4	785.1	29 970.1

注：水果总产量含果用瓜产量。

表7 养殖业情况

年份	大牲畜年末存栏（万头）	猪年末存栏（万头）	羊年末存栏（万头）	肉类产量（万吨）	猪肉（万吨）	牛肉（万吨）	羊肉（万吨）	禽肉（万吨）	禽蛋产量（万吨）	奶类产量（万吨）	水产品总产量（万吨）
2004	13 191	42 123	30 426	6 609	4 341	560	333	1 351	2 371	2 368	4 247
2005	12 895	43 319	29 793	6 939	4 555	568	350	1 464	2 438	2 865	4 420
2006	12 325.7	41 854.4	28 337.6	7 099.9	4 650.3	590.3	367.7	1 507	2 424.0	3 051.6	4 584
2007	11 998.2	43 933.2	28 606.7	6 916.4	4 307.9	626.2	385.7	1 448	2 546.7	3 055.2	4 747.5
2008	11 529.7	46 433.1	28 823.7	7 370.9	4 682.0	617.7	393.2	1 534	2 699.6	3 236.2	4 895.6
2009	11 380.8	47 177.2	29 063.0	7 706.7	4 932.8	626.2	399.4	1 595	2 751.9	3 153.9	5 116.4
2010	11 074.6	46 765.2	28 730.2	7 993.6	5 138.4	629.1	406.0	1 656	2 776.9	3 211.3	5 373.0
2011	10 580.0	47 074.8	28 664.1	8 023.0	5 131.6	610.7	398.0	1 709	2 830.4	3 262.8	5 603.2
2012	10 248.4	48 030.2	28 512.7	8 471.1	5 443.5	614.7	404.5	1 823	2 885.4	3 306.7	5 481.8
2013	10 008.6	47 893.1	28 935.2	8 632.8	5 618.6	613.1	409.9	1 798	2 905.5	3 118.9	5 721.7
2014	9 952.0	47 160.2	30 391.3	8 817.9	5 820.8	615.7	427.6	1 751	2 930.3	3 276.5	5 975.8
2015	9 929.8	45 802.9	31 174.3	8 749.5	5 645.4	616.9	439.9	1 826	3 046.1	3 295.5	6 182.9
2016	9 559.9	44 209.2	29 930.5	8 628.3	5 425.5	616.9	460.3	1 888	3 160.5	3 173.9	6 379.5
2017	9 763.6	44 158.9	30 231.7	8 654.4	5 451.8	634.6	471.1	2 097	3 096.3	3 148.6	6 445.3
2018	9 625.5	42 817.1	29 713.5	8 624.6	5 403.7	644.1	475.1	/	3 128.3	3 176.8	6 457.7
2019	9 877.4	31 040.7	30 072.1	7 758.8	4 255.3	667.3	487.5	/	3 309.0	3 297.6	6 480.4
2020	10 265.1	40 650.4	30 654.8	7 748.4	4 113.3	672.4	492.3	2 361	3 467.8	3 529.6	6 549.0
2021	10 486.8	44 922.4	31 969.3	8 990.0	5 295.9	697.5	514.1	/	3 408.8	3 778.1	6 463.7

注：水产品总产量含远洋捕捞产量，导致地区产量之和不完全等于全国总产量。

表 8　农产品供需及价格情况：稻米

年份	面积 (万公顷)	单产 (公斤/公顷)	生产量 (万吨)	稻米进口量 (万吨)	稻米出口量 (万吨)	早籼米批发价 标一 [1] (元/吨)	晚籼米批发价 标一 [1] (元/吨)	粳米批发价标 一 [1] (元/吨)	国际市场价 [2] (美元/吨)
2004	2 837.9	6 311	17 909	76.6	90.9	2 315.6	2 424.1	2 648.0	244.5
2005	2 884.7	6 260	18 059	52.2	68.6	2 161.4	2 288.9	2 785.9	290.5
2006	2 893.8	6 280	18 172	73.0	125.3	2 181.0	2 302.4	2 913.6	311.2
2007	2 897.3	6 433	18 638.1	48.7	134.3	2 402.0	2 559.0	2 857.1	334.5
2008	2 935.0	6 563	19 261.2	33.0	97.2	2 638.5	2 823.5	2 963.7	697.5
2009	2 979.3	6 585	19 619.7	35.7	78.6	2 751.3	2 916.3	3 273.6	583.5
2010	3 009.7	6 553	19 722.6	38.8	62.2	2 985.9	3 166.7	3 879.8	520.0
2011	3 033.8	6 687	20 288.3	59.8	51.6	3 590.9	3 877.8	4 346.4	566.2
2012	3 047.6	6 777	20 653.2	236.9	27.9	3 831.5	4 145.7	4 353.7	590.4
2013	3 071.0	6 717	20 628.6	227.1	47.8	3 829.3	4 029.9	4 598.8	532.7
2014	3 076.5	6 813	20 960.9	257.9	41.9	3 876.2	4 128.3	4 644.3	342.7
2015	3 078.4	6 891	21 214.2	337.7	28.7	3 885.2	4 202.6	4 825.9	326.5
2016	3 074.6	6 866	21 109.4	356.0	39.5	3 891.3	4 163.6	4 911.8	342.4
2017	3 074.7	6 917	21 267.6	403.0	119.7	3 940.1	4 279.3	4 946.2	337.1
2018	3 018.9	7 027	21 212.9	307.7	209.1	3 905.9	4 169.8	4 959.5	411.1
2019	2 969.4	7 059	20 961.4	254.6	274.8	3 707.2	4 231.1	4 838.1	416.6
2020	3 007.6	7 044	21 186.0	294.3	230.4	3 880.0	4 260.0	4 960.0	514.5
2021	2 992.1	7 113	21 284.2	496.0	242.0	3 960.0	4 500.0	5 020.0	464.5

注：（1）为全国主要粮食批发市场交易平均价。
　　（2）为泰国曼谷FOB价格（100% B级）。

表9 农产品供需及价格情况：小麦

年份	面积 (万公顷)	单产 (公斤/公顷)	生产量 (万吨)	进口量 (万吨)	出口量 (万吨)	白小麦销售价 [1] (三等) (元/吨)	面粉零售价 [2] (特一粉) (元/吨)	面粉零售价 [2] (标准粉) (元/吨)	国际市场价 [3] (美元/吨)
2004	2 162.6	4 252	9 195	725.8	108.9	1 558.2	2 543.4	2 246.2	161.3
2005	2 279.3	4 275	9 745	353.8	60.5	1 505.2	2 708.6	2 406.9	157.8
2006	2 361.3	4 593	10 847	61.3	151.0	1 446.3	2 755.6	2 422.2	199.7
2007	2 377.0	4 608	10 952.5	10.1	307.3	1 547.4	2 980.5	2 609.5	263.8
2008	2 371.5	4 762	11 293.2	4.3	31.0	1 640.8	3 157.2	2 785.4	344.6
2009	2 444.2	4 739	11 583.4	90.4	24.5	1 854.2	3 299.7	2 941.1	235.7
2010	2 445.9	4 748	11 614.1	123.1	27.7	1 988.9	3 558.3	3 154.5	240.8
2011	2 452.3	4 837	11 862.5	125.8	32.8	2 079.0	3 913.5	3 430.8	330.1
2012	2 457.6	4 986	12 254.0	370.1	28.6	2 140.9	4 086.4	3 605.1	327.2
2013	2 447.0	5 056	12 371.0	553.5	27.8	2 442.6	4 328.3	3 809.5	322.4
2014	2 447.2	5 244	12 832.1	300.4	19.0	2 510.4	4 534.8	3 966.6	305.9
2015	2 459.6	5 393	13 263.9	300.7	12.2	2 494.5	4 046.6	4 046.6	232.8
2016	2 469.4	5 397	13 327.1	341.2	11.3	2 383.9	4 634.9	4 114.4	203.2
2017	2 450.8	5 481	13 433.4	442.2	18.3	2 476.4	4 679.7	4 172.5	210.8
2018	2 426.6	5 417	13 144.0	309.9	28.6	2 446.1	4 807.5	4 283.8	241.1
2019	2 372.8	5 630	13 359.6	348.8	31.3	2 387.3	4 914.5	4 365.9	218.7
2020	2 338.0	5 742	13 425.4	837.7	18.1	2 398.9	5 020.0	4 480.0	238.4
2021	2 356.7	5 811	13 694.4	977.0	8.4	2 604.4	5 170.0	4 590.0	314.6

注：(1) 2016年之前为批发价，2016年及后为销售价。
(2) 数据来源于国家发展改革价格监测中心。
(3) 为美国海湾离岸价（2号硬红冬麦）。

表10 农产品供需及价格情况：玉米

年份	面积 （万公顷）	单产 （公斤/公顷）	生产量 （万吨）	进口量 （万吨）	出口量 （万吨）	玉米批发价 （三等）[1]（元/吨）	国际市场价（2号黄玉 米）[2]（美元/吨）
2004	2 544.6	5 120	13 029	0.2	232.4	1 296.9	111.7
2005	2 635.8	5 287	13 937	0.4	864.2	1 218.7	98.5
2006	2 846.3	5 326	15 160	6.5	309.9	1 300.7	122.1
2007	3 002.4	5 167	15 512.3	3.5	491.8	1 538.1	162.7
2008	3 098.1	5 556	17 212.0	5.0	27.3	1 626.2	223.1
2009	3 294.8	5 258	17 325.9	8.4	13.0	1 629.3	165.6
2010	3 497.7	5 454	19 075.2	157.3	12.7	1 918.3	184.6
2011	3 676.7	5 748	21 131.6	175.4	13.6	2 188.9	292.3
2012	3 910.9	5 870	22 955.9	520.8	25.7	2 299.6	298.3
2013	4 129.9	6 016	24 845.3	326.6	7.8	2 265.4	264.1
2014	4 299.7	5 809	24 976.4	259.9	2.0	2 332.0	192.0
2015	4 496.8	5 893	26 499.2	473.0	1.1	2 292.4	170.1
2016	4 417.8	5 967	26 361.3	316.8	0.4	2 020.6	158.6
2017	4 239.9	6 110	25 907.1	282.7	8.6	1 823.8	154.7
2018	4 213.0	6 104	25 717.4	352.4	1.2	2 019.5	164.6
2019	4 128.4	6 317	26 077.9	479.3	2.6	1 897.5	169.9
2020	4 126.4	6 317	26 066.5	1 124.0	0.3	2 090.0	164.7
2021	4 332.4	6 291	27 255.1	2 835.0	0.6	2 690.0	258.6

注：（1）为全国主要粮食批发市场交易平均价。2016年之前是二等，2016年及后是三等。
（2）为美国海湾离岸价。

表11 农产品供需及价格情况：大豆

年份	面积(万公顷)	单产(公斤/公顷)	生产量(万吨)	进口量(万吨)	出口量(万吨)	大豆批发价(二级)(1)(元/吨)	国际市场价(1号黄大豆)(2)(美元/吨)
2004	958.9	1815	1740	2023.0	34.9	3280.1	288.5
2005	959.1	1705	1635	2659.1	41.3	2844.7	238.6
2006	928.0	1721	1597	2827.0	39.5	2648.8	234.8
2007	875.4	1454	1273	3082.1	47.5	3279.8	326.9
2008	912.7	1703	1554	3743.6	48.4	4626.2	474.7
2009	919.0	1630	1498	4255.2	35.6	3763.8	403.5
2010	851.6	1771	1508	5479.7	17.3	3887.0	408.8
2011	788.9	1836	1449	5264.0	21.4	4128.3	507.3
2012	717.2	1820	1305	5838.5	32.1	4278.8	567.0
2013	679.1	1760	1195	6337.5	20.9	4800.8	549.2
2014	680.0	1787	1215	7140.3	20.7	4687.8	489.4
2015	650.6	1811	1179	8169.4	13.4	4480.9	375.6
2016	720.2	1796	1294	8391.3	12.8	4479.5	384.8
2017	824.5	1832	1511	9552.6	11.4	4684.7	371.7
2018	841.3	1898	1597	8803.1	13.6	4291.1	357.0
2019	933.2	1938	1809	8851.3	11.4	3545.4	342.3
2020	988.3	1983	1960	10031.5	8.0	4720.0	371.2
2021	841.5	1948	1640	9647	7.5	5710.0	531.57

注：(1) 为全国主要粮食批发市场交易平均价。2016年之前是三等，2016年及后是二级。
(2) 为美国海湾离岸价。

表12 农产品生产及进出口情况：粮食、食用植物油

年份	粮食				食用植物油			
	生产量 (万吨)	进口量 (万吨)	出口量 (万吨)	全国人均占有 量(公斤)	油料产 量(万吨)	进口量 (万吨)	出口量 (万吨)	全国人均油料占 有量(公斤)
2004	46 947	2 998	514	362	3 065.9	676.4	6.6	23.7
2005	48 402	3 286	1 059	371	3 077.1	621.3	22.8	23.6
2006	49 804	3 189	650	380	2 640.3	671.5	40.0	20.1
2007	50 413.9	3 238	1 039	383	2 787.0	839.7	16.8	21.1
2008	53 434.3	3 898	235	403	3 036.8	817.1	24.9	22.9
2009	53 940.9	4 570	173	405	3 139.4	950.2	11.6	23.6
2010	55 911.3	6 051	142	418	3 156.8	826.2	9.6	23.6
2011	58 849.3	5 809	143	438	3 212.5	779.8	12.4	23.9
2012	61 222.6	7 237	134	453	3 285.6	959.9	10.1	24.3
2013	63 048.2	7 796	121	464	3 348.0	922.1	11.7	24.6
2014	63 964.8	9 091	98	469	3 371.9	787.3	13.4	24.6
2015	66 060.3	11 441	67	482	3 390.5	839.1	13.7	24.6
2016	66 043.5	10 591	76	479	3 400.1	688.4	11.5	24.5
2017	66 160.7	12 113	173	477	3 475.2	742.8	20.2	24.9
2018	65 789.2	10 853	269	472	3 433.4	808.7	29.6	24.5
2019	66 384.3	10 643	335	475	3 493.0	953.3	26.7	24.8
2020	66 949.2	14 255	355	474	3 586.4	983.0	17.2	25.4
2021	68 284.7	16 449	331	483	3 613.2	1 039.0	12.1	25.6

注：粮食数据包含大豆。

表13 农产品生产及进出口情况：棉花、食糖

年份	棉花				食糖			
	生产量（万吨）	进口量（万吨）	出口量（万吨）	全国人均占有量（公斤）	生产量（万吨）	进口量（万吨）	出口量（万吨）	全国人均占有量（公斤）
2004	632	211.4	1.2	4.9	1 033.7	121.5	8.5	8.0
2005	571	274.5	0.8	4.4	912.4	139.1	35.8	7.0
2006	753	398.0	1.6	5.7	949.1	137.4	15.4	7.2
2007	759.7	274.1	2.5	5.8	1 271.4	119.4	11.0	9.6
2008	723.2	226.4	2.4	5.5	1 432.6	78.0	6.2	10.9
2009	623.6	175.9	1.0	4.7	1 338.4	106.4	6.4	9.9
2010	577.0	312.8	0.7	4.3	1 117.6	176.6	9.4	8.3
2011	651.9	356.6	2.8	4.8	1 187.4	291.9	5.9	8.8
2012	660.8	541.3	2.3	4.9	1 409.5	374.7	4.7	10.4
2013	628.2	450.0	0.8	4.6	1 592.8	454.6	4.8	11.7
2014	629.9	243.9	1.3	4.6	1 642.7	348.6	4.6	12.0
2015	590.7	175.9	3.0	4.3	1 474.1	484.6	7.5	10.8
2016	534.3	124.0	0.8	3.8	1 443.3	306.2	14.9	10.5
2017	565.3	136.3	2.1	4.1	1 472.0	229.0	15.8	10.6
2018	610.3	162.7	5.1	4.4	1 524.1	279.6	19.6	10.9
2019	588.9	184.9	5.2	4.2	1 389.4	339.0	18.6	9.9
2020	591.1	223.2	3	4.2	1 431.3	526.9	11.1	10.1
2021	573.1	234.2	1.0	4.1	1 482.3	567.0	12.2	10.5

表14 农产品生产、消费及进出口情况：猪肉

年份	肉猪年末存栏头数 （万头）	肉猪出栏头数 （万头）	猪肉生产量 （万吨）	出口活猪[1] （万头，万吨）	进口猪肉[2] （万吨）	出口猪肉[2] （万吨）	全国人均占有量 （公斤）
2004	42 123	57 279	4 314	196.6	29.11	41.48	33.3
2005	43 319	60 367	4 555	176.2	19.98	38.65	34.9
2006	41 854.4	61 209.0	4 650.3	172.0	21.88	41.93	35.5
2007	43 933.2	56 640.9	4 307.9	160.9	47.31	26.91	32.5
2008	46 433.1	61 278.9	4 682.0	164.5	91.40	17.23	34.9
2009	47 177.2	64 990.9	4 932.8	16.2	52.80	17.91	36.7
2010	46 765.2	67 332.7	5 138.4	16.9	90.21	21.38	37.9
2011	47 074.8	67 030.0	5 131.6	15.6	135.04	18.78	37.6
2012	48 030.2	70 724.5	5 443.5	16.8	137.01	18.10	39.6
2013	47 893.1	72 768.0	5 618.6	19.6	140.34	17.22	41.4
2014	47 160.2	74 951.5	5 820.8	18.0	138.48	21.51	42.7
2015	45 802.9	72 415.6	5 645.4	17.9	159.51	17.84	40.0
2016	44 209.2	70 073.9	5 425.5	16.7	311.18	14.73	38.4
2017	44 158.9	70 202.1	5 451.8	17.0	249.90	16.03	39.3
2018	42 817.1	69 382.4	5 403.7	17.5	215.40	15.78	38.8
2019	31 040.7	54 419.2	4 255.3	10.6	312.78	10.57	30.4
2020	40 650.4	52 704.1	4 133.3	8.1	565.90	9.20	29.3
2021	44 922.4	67 128.0	5 295.9	10.1	371.00	1.78	37.5

注：(1) 出口活猪2008年及前年份统计单位为万头。
(2) 猪肉进出口数据统计范围包括肉、杂碎和加工猪肉等项。

表15 化肥及农药生产、进口及价格情况

单位：万吨

年份	化肥					农药				
	生产量（纯量）	施用量（纯量）	进口量	出口量	化肥价格指数（上年=100）	生产量	施用量	进口量	出口量	农药价格指数（上年=100）
2004	4 805	4 636.6	1 239.7	726.2	112.8	82.1	138.6	2.8	39.1	103.0
2005	5 178	4 766.2	1 396.5	455.9	112.8	114.7	146.0	3.7	42.8	104.1
2006	5 345	4 927.7	1 128.5	539.2	100.1	138.5	153.7	4.3	39.8	101.6
2007	5 825	5 107.8	1 176.2	1 395.4	103.4	176.5	162.3	4.1	47.7	101.4
2008	6 028	5 239.0	625.5	1 021.5	103.7	190.2	167.2	4.4	48.5	108.0
2009	6 385	5 404.4	411.1	939.6	93.7	226.2	170.9	4.4	50.7	100.0
2010	6 340	5 561.7	717.9	1 692.2	98.6	234.2	175.8	5.1	61.3	100.4
2011	6 626	5 704.2	794.7	1 921.0	113.3	264.8	178.7	5.3	79.6	102.6
2012	7 296	5 838.8	843.1	1 852.2	106.6	354.9	180.6	6.9	89.7	102.2
2013	7 037	5 911.9	792.6	1 978.0	97.7	303.1	180.2	7.7	109.5	101.7
2014	6 877	5 995.9	958.7	2 992.9	94.2	374.4	180.7	9.3	116.1	101.2
2015	7 432	6 023.0	1 118.4	3 599.9	100.6	374.0	178.3	9.0	117.5	100.5
2016	6 630	5 984.1	833.9	2 844.1	96.9	321.0	175.4	8.5	140.0	99.9
2017	5 892	5 859.4	918.7	2 604.5	102.1	250.7	165.5	8.4	163.2	101.0
2018	5 418	5 653.4	1 092.8	2 397.9	107.4	208.3	150.4	7.9	149.0	104.8
2019	5 731	5 403.6	1 110.7	2 812.7	101.9	211.8	139.2	9.0	146.8	102.9
2020	5 496	5 250.7	1 060.0	2 917.0	98.4	214.8	131.3	11.0	251.4	100.8
2021	5 544	5 191.3	1 070.3	2 955.0				11.1	251.5	

表 16 城乡居民家庭人均收入对比

单位：元

年份	农村居民人均可支配收入	工资性收入	财产净收入	转移净收入	家庭经营纯收入	第一产业	农业收入	牧业收入	第二产业	第三产业	城镇居民人均可支配收入	城镇居民人均可支配收入比农村居民人均可支配收入
2004	3 027	980	65	163	1 746	1 398	1 057	271	108	240	9 422	3.11
2005	3 370	1 147	73	219	1 845	1 470	1 098	284	108	267	10 493	3.11
2006	3 731	1 336	81	284	1 931	1 521	1 160	266	122	288	11 760	3.15
2007	4 327	1 543	100	368	2 194	1 745	1 304	335	138	311	13 786	3.19
2008	4 999	1 766	112	565	2 436	1 946	1 427	398	149	341	15 781	3.16
2009	5 435	1 940	122	729	2 527	1 988	1 498	360	165	374	17 175	3.16
2010	6 272	2 278	144	873	2 833	2 231	1 723	356	182	420	19 109	3.05
2011	7 394	2 734	157	1 136	3 222	2 520	1 897	463	193	509	21 810	2.95
2012	8 389	3 123	165	1 441	3 533	2 722	2 107	441	214	597	24 565	2.93
2013	9 430	3 653	195	1 648	3 935	2 840	2 160	460	253	843	26 467	2.81
2014	10 489	4 152	222	1 877	4 237	2 999	2 307	443	259	980	28 844	2.75
2015	11 422	4 600	252	2 066	4 504	3 154	2 412	489	276	1 074	31 195	2.73
2016	12 363	5 022	272	2 328	4 741	3 270	2 440	574	574	1 184	33 616	2.72
2017	13 432	5 498	303	2 603	5 028	3 391	2 524	586	586	1 318	36 396	2.71
2018	14 617	5 996	342	2 920	5 358	3 490	2 608	575	575	1 491	39 251	2.69
2019	16 021	6 583	377	3 298	5 762	3 730	2 740	657	657	1 619	42 359	2.64
2020	17 131	6 974	419	3 661	6 077	3 978	2 888	754	431	1 669	43 834	2.56
2021	18 931	7 958	469	3 937	6 566						47 412	2.50

注：2013 年以后的数据来源于国家统计局开展的城乡一体化住户收支与生活状况调查，为可支配收入、与以前概念不同。

表17 城乡居民人均支出对比

单位：元

年份	农村居民人均总支出	家庭经营费用支出	生活消费支出	食品	转移性和财产性支出	现金支出	家庭经营费用支出	税费支出	生活消费支出	城镇居民人均生活消费支出	城乡居民人均生活消费支出比
2004	3 430	924	2 185	1 032	176	2 863	789	37	1 755	7 182	3.3
2005	4 127	1 190	2 555	1 162	238	3 567	1 053	13	2 135	7 943	3.1
2006	4 485	1 242	2 829	1 217	264	3 932	1 104	11	2 415	8 697	3.1
2007	5 138	1 433	3 224	1 389	322	4 533	1 287	12	2 767	9 998	3.1
2008	5 916	1 705	3 661	1 599	377	5 258	1 551	12	3 159	11 243	3.1
2009	6 334	1 700	3 993	1 636	429	5 695	1 555	10	3 505	12 265	3.1
2010	6 992	1 916	4 382	1 801	493	6 307	1 758	9	3 859	13 471	3.1
2011	8 642	2 431	5 221	2 107	712	7 985	2 269	12	4 733	15 161	2.9
2012	9 606	2 626	5 908	2 324	789	8 962	2 483	10	5 414	16 674	2.8
2013	/	/	7 485	2 554	/	/	/	/	5 979	18 488	2.5
2014	/	/	8 383	2 814	/	/	/	/	6 717	19 968	2.4
2015	/	/	9 223	3 048	/	/	/	/	7 392	21 392	2.3
2016	/	/	10 130	3 266	/	/	/	/	8 127	23 079	2.3
2017	/	/	10 955	3 415	/	/	/	/	8 857	24 445	2.2
2018	/	/	12 124	3 646	/	/	/	/	9 862	26 112	2.2
2019	/	/	13 328	3 998	/	/	/	/	10 855	28 063	2.1
2020	/	/	13 713	4 479	/	/	/	/	11 097	27 007	2.0
2021	/	/	15 916	5 200	/	/	/	/	12 858	30 307	1.9

注：2013年以后的数据来源于国家统计局开展的城乡一体化住户生活状况调查，为可支配收入与生活消费支出，与以前概念不同。

表18　各种物价指数（上年＝100）

年份	商品零售价格指数	居民消费价格指数	城镇居民消费价格指数	农村居民消费价格指数	农产品生产价格指数	农业生产资料价格指数
2004	102.8	103.9	103.3	104.8	113.1	110.6
2005	100.8	101.8	101.6	102.2	101.4	108.3
2006	101.0	101.5	101.5	101.5	101.2	101.5
2007	103.8	104.8	104.5	105.4	118.5	107.7
2008	105.9	105.9	105.6	106.5	114.1	120.3
2009	98.8	99.3	99.1	99.7	97.6	97.5
2010	103.1	103.3	103.2	103.6	110.9	102.9
2011	104.9	105.4	105.3	105.8	116.5	111.3
2012	102.0	102.6	102.7	102.5	102.7	105.6
2013	101.4	102.6	102.6	102.8	103.2	101.4
2014	101.0	102.0	102.1	101.8	99.8	99.1
2015	100.1	101.4	101.5	101.3	101.7	100.4
2016	100.7	102.0	102.1	101.9	103.4	100.1
2017	101.1	101.6	101.7	101.3	96.5	100.6
2018	101.9	102.1	102.1	102.1	99.1	103.1
2019	102.0	102.9	102.8	103.2	114.5	104.6
2020	101.4	102.5	102.3	103.0	115.0	106.1
2021	101.6	100.9	101.0	100.7	97.8	

表19 农产品生产价格指数（上年=100）

年份	农产品生产价格指数	谷物	小麦	稻谷	玉米	大豆	油料	棉花	蔬菜	水果	糖料	畜牧产品	生猪	蛋类
2004	113.1	128.1	131.2	136.3	116.9	120.2	116.6	79.5	105.2	98.6	104.9	111.1	112.8	112.6
2005	101.4	99.2	96.4	101.6	98.0	94.2	91.3	111.8	107.2	107.4	111.6	100.5	97.7	106.4
2006	101.2	102.1	100.1	102.0	103.0	99.2	104.8	97.1	109.3	111.4	121.1	94.3	90.6	96.0
2007	118.5	109.0	105.5	105.4	115.0	124.2	133.4	109.6	106.9	101.3	100.0	131.4	145.9	115.9
2008	114.1	107.1	108.7	106.6	107.3	119.7	128.0	90.6	104.7	101.4	98.4	123.9	130.8	112.2
2009	97.6	104.9	107.9	105.2	98.5	92.3	94.2	111.8	111.8	107.0	101.5	90.1	81.6	102.8
2010	110.9	112.8	107.9	112.8	116.1	107.9	112.1	157.7	116.8	118.9	106.0	103.0	98.3	107.5
2011	116.5	109.7	105.2	113.3	109.9	106.3	112.1	79.5	103.4	106.2	125.5	137.0	137.0	112.6
2012	102.7	104.8	102.9	104.1	106.6	103.0	105.2	98.1	109.9	103.9	105.0	99.7	95.9	100.5
2013	103.2	104.3	106.7	102.2	100.2	105.7	102.4	103.9	106.9	106.2	98.9	102.4	99.3	105.8
2014	99.8	102.7	105.1	102.2	101.7	101.8	99.9	87.1	98.5	106.4	99.7	97.1	92.2	105.7
2015	101.7	98.7	99.2	101.6	96.5	98.9	100.8	87.5	104.6	99.7	98.8	104.2	108.9	96.9
2016	103.4	92.2	94.1	98.8	86.8	97.6	101.1	118.4	107.0	92.5	106.5	110.4	119.4	94.3
2017	96.5	100.5	104.4	100.7	97.1	97.7	100.5	100.8	95.6	104.8	106.3	90.8	86.0	92.8
2018	99.1	102.3	100.1	99.7	105.1	97.9	99.1	97.9	103.6	101.1	98.8	95.6	85.6	117.6
2019	114.5	100.3	100.1	96.5	102.0	100.1	105.2	97.8	101.2	103.6	97.7	133.5	150.5	102.1
2020	115.0	104.1	100.5	100.8	107.6	105.5	107.9	98.5	105.2	95.3	103.1	132.4	155.7	85.9
2021	97.8	113.8	106.6	101.9	125.5	112.8	107.2	117.3	105.6	99.7	100.9	82.1	64.9	115.5

表20 城乡零售价格分类指数（上年=100）

年份	食品类		粮食		油脂类		鲜菜类		肉禽及其制品		水产品	
	城市	农村	城市	农村	城市	农村	城市	农村	城市	农村	城市	农村
2004	108.8	111.9	125.2	128.3	115.0	119.1	94.4	96.8	116.8	117.6	111.1	115.7
2005	103.3	102.8	101.6	101.2	94.6	94.8	108.6	107.2	102.8	103.3	106.3	104.6
2006	102.6	102.4	102.7	102.4	99.0	98.4	107.9	108.8	97.3	97.2	101.9	100.7
2007	111.7	113.6	106.1	107.0	125.2	128.1	107.5	109.1	130.8	131.5	104.7	106.9
2008	114.5	114.0	107.2	107.1	124.9	125.5	109.0	111.1	122.6	119.9	113.8	115.9
2009	101.1	100.2	105.9	105.4	82.0	81.4	114.6	113.8	91.9	91.2	102.8	101.0
2010	107.5	107.9	111.7	111.7	103.4	104.0	118.4	120.4	102.7	103.5	108.9	106.7
2011	111.8	112.2	112.2	112.4	113.4	113.3	100.5	102.4	122.4	122.6	112.4	110.9
2012	105.1	104.0	104.1	103.6	105.6	104.1	113.7	113.9	102.8	100.2	107.7	109.0
2013	101.3	101.8	104.8	105.0	100.3	100.6	107.4	109.9	104.7	103.9	103.9	104.7
2014	103.2	102.5	103.2	103.1	94.9	95.5	98.8	98.7	100.5	100.0	104.3	104.2
2015	102.1	102.4	102.2	101.7	96.7	97.6	107.1	106.3	104.7	105.4	101.5	101.9
2016	104.5	104.8	100.6	100.4	101.2	102.5	111.7	112.0	110.5	112.2	104.9	103.3
2017	99.5	98.7	101.4	101.9	100.4	99.3	92.6	93.0	99.6	98.9	104.7	103.9
2018	102.1	101.0	100.8	100.8	99.6	98.3	107.5	106.0	105.3	106.2	102.2	102.7
2019	107.6	109.0	100.6	100.4	100.9	101.7	103.9	103.8	110.2	109.8	100.1	100.5
2020	108.8	110.6	101.3	101.2	103.5	106.4	106.7	107.1	102.5	101.5	102.9	103.8
2021	99.8	99.6	101.2	101.0	107.2	106.6	104.9	105.3	102.7	101.2	109.4	111.2

表21 "菜篮子"产品批发价格

单位：元/公斤

类别	品名	2018年	2019年	2020年	2021年	2021年比上年增加百分比（%）
蔬菜	白萝卜	1.54	1.49	1.85	2.00	8.2
蔬菜	大蒜	5.09	7.38	7.35	7.08	−3.6
蔬菜	豆角	6.55	7.03	7.57	8.09	6.8
蔬菜	胡萝卜	2.62	2.40	2.63	2.87	9.0
蔬菜	黄瓜	3.82	4.18	4.19	4.67	11.5
蔬菜	茄子	3.92	4.20	4.51	4.70	4.2
蔬菜	青椒	4.44	4.28	5.04	5.38	6.8
蔬菜	马铃薯	2.16	2.38	2.62	2.30	−12.2
蔬菜	番茄	3.81	4.21	4.89	4.03	−17.6
蔬菜	大白菜	1.41	1.26	1.90	1.85	−2.4
蔬菜	大葱	2.91	2.97	3.46	6.28	81.5
蔬菜	芹菜	3.31	3.15	3.65	4.09	12.1
蔬菜	洋白菜	1.78	1.60	2.11	2.39	13.5
蔬菜	油菜	3.05	3.19	3.26	3.82	17.2
水果	蜜橘	5.25	5.42	5.44	5.42	−0.3
水果	甜橙	8.00	8.94	8.57	8.57	−0.1
水果	西瓜	3.44	3.55	3.91	4.63	18.2
水果	鸭梨	3.75	5.81	4.15	4.80	15.5
水果	富士苹果	6.77	9.41	6.76	6.70	−0.8
水果	香蕉	5.12	5.19	4.89	4.97	1.7
水果	菠萝	4.26	4.57	4.99	5.70	14.3
畜产品	鸡蛋	8.54	9.26	7.51	9.51	26.6
畜产品	活鸡	18.00	19.99	23.71	20.83	−12.1
畜产品	白条鸡	15.00	17.54	16.72	17.07	2.1
畜产品	猪肉	18.65	28.52	45.11	28.44	−36.9
畜产品	牛肉	57.46	63.83	69.13	73.62	6.5
畜产品	羊肉	55.76	63.79	72.99	77.03	5.5
水产品	草鱼	14.36	12.90	13.72	19.12	39.4
水产品	带鱼	25.18	26.89	32.86	39.28	19.5
水产品	鲫鱼	15.06	14.46	17.29	21.14	22.2
水产品	鲤鱼	12.19	11.81	12.26	16.19	32.0
水产品	鲢鱼	6.82	7.58	8.38	10.74	28.2

资料来源：农业农村部。

表22　国家财政收入及支出情况

单位：亿元

指标	2017年	2018年	2019年	2020年	2021年
财政收入	**172 592.8**	**183 359.8**	**190 390.1**	**182 913.9**	**202 554.6**
中央	81 123.4	85 456.5	89 309.5	82 770.7	91 470.4
地方	91 469.4	97 903.4	101 080.6	100 143.2	111 084.2
财政收入指数(上年=100)	108.1	106.2	110.3	96.1	110.7
财政收入按项目分					
#各项税收	144 369.9	156 402.9	158 000.5	154 312.3	172 735.7
#增值税	56 378.2	61 530.8	62 347.4	56 791.2	63 519.6
营业税	/	/	/	/	/
消费税	10 225.1	10 631.8	12 564.4	12 028.1	13 880.7
个人所得税	11 966.4	13 872.0	10 388.5	11 568.3	13 992.7
关税	2 997.9	2 847.8	2 889.1	2 564.3	2 806.1
企业所得税	32 117.3	35 323.7	37 303.8	36 425.8	42 042.4
财政支出	**203 085.5**	**220 904.1**	**238 858.4**	**245 679.0**	**245 673.0**
中央	29 857.2	32 707.8	35 115.2	35 095.6	35 050.0
地方	173 228.3	188 196.3	203 743.2	210 583.5	210 623.0
财政支出指数(上年=100)	108.2	108.8	108.1	102.9	100.0
财政支出按项目分					
#农林水事务	19 089.0	21 085.6	22 862.8	23 948.5	22 034.5
一般公共服务	16 510.4	18 374.7	20 344.7	20 061.1	19 880.2
教育	30 153.2	32 169.5	34 796.9	36 359.9	37 468.9
科学技术	7 267.0	8 326.7	9 470.8	9 018.3	9 669.8
社会保障和就业	24 611.7	27 012.1	29 379.1	32 568.5	33 788.3
医疗卫生	14 450.6	15 623.6	16 665.3	19 216.2	19 142.7
节能环保	5 617.3	6 297.6	7 390.2	6 333.4	5 525.1
城乡事务	20 585.0	22 124.1	24 895.2	19 945.9	19 454.0
交通运输	10 674.0	11 282.8	11 817.6	12 197.9	11 420.7

注：2007年起实施《政府收支分类科目》，财政支出项目按照支出功能分类科目重新设置。2010年及以后，环境保护支出为
　　节能环保支出。

表23　2021年全国农村居民人均可支配收入按省份分布情况

单位：元

省　　份	农村居民人均可支配收入
上　　海	38 520.7
浙　　江	35 247.4
北　　京	33 302.7
天　　津	27 954.5
江　　苏	26 790.8
福　　建	23 228.9
广　　东	22 306.0
山　　东	20 793.9
辽　　宁	19 216.6
湖　　北	18 259.0
江　　西	18 684.2
安　　徽	18 371.7
内　蒙　古	18 336.8
湖　　南	18 295.2
河　　北	18 178.9
重　　庆	18 099.6
海　　南	18 076.3
黑　龙　江	17 889.3
吉　　林	17 641.7
四　　川	17 575.3
河　　南	17 533.3
西　　藏	16 932.3
广　　西	16 362.9
新　　疆	15 575.3
山　　西	15 308.3
宁　　夏	15 336.6
陕　　西	14 744.8
云　　南	14 197.3
青　　海	13 604.2
贵　　州	12 856.1
甘　　肃	11 432.8

附　图

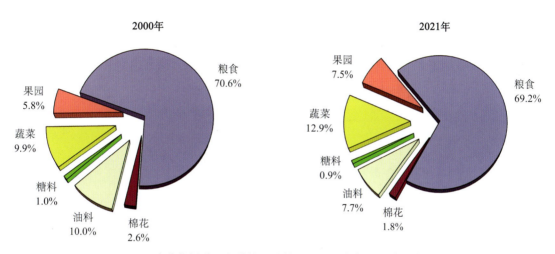

图1　农作物播种面积结构变动情况（2021年与2000年比较）

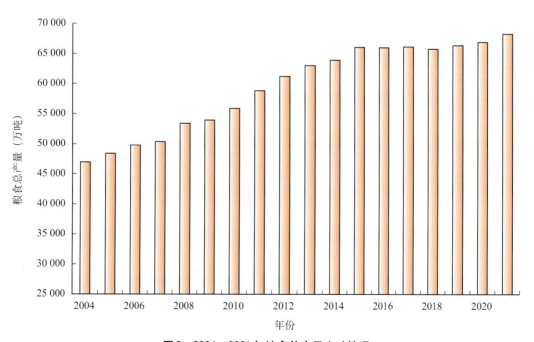

图2　2004—2021年粮食总产量变动情况

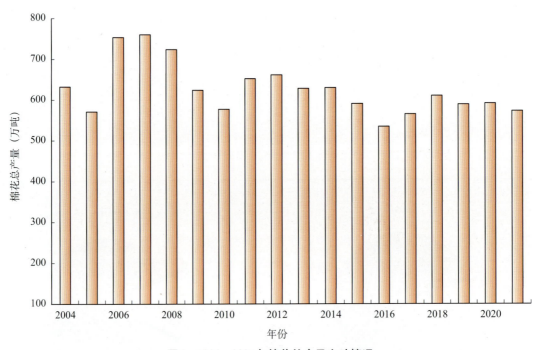

图3 2004—2021年棉花总产量变动情况

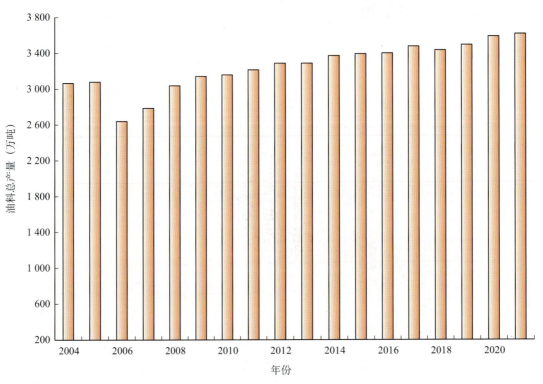

图4 2004—2021年油料总产量变动情况

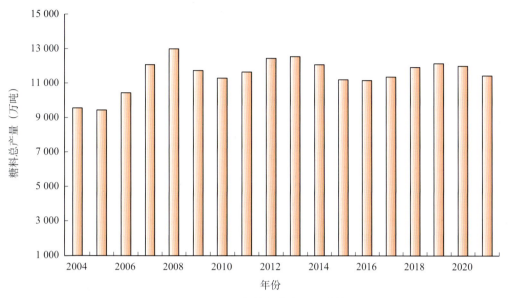

图5 2004—2021年糖料总产量变动情况

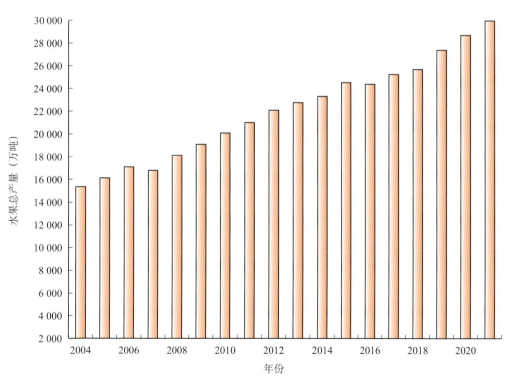

图6 2004—2021年水果总产量变动情况

注：水果总产量含果用瓜产量。

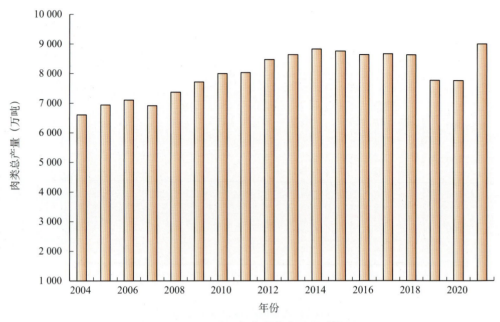

图7　2004—2021年肉类总产量变动情况

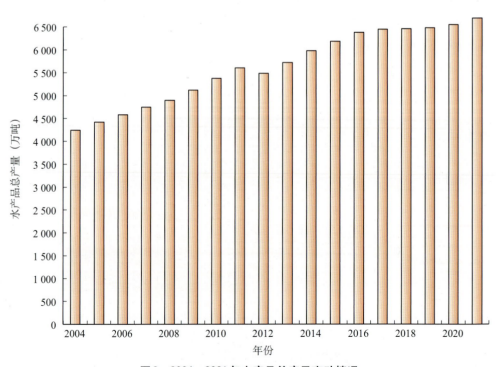

图8　2004—2021年水产品总产量变动情况

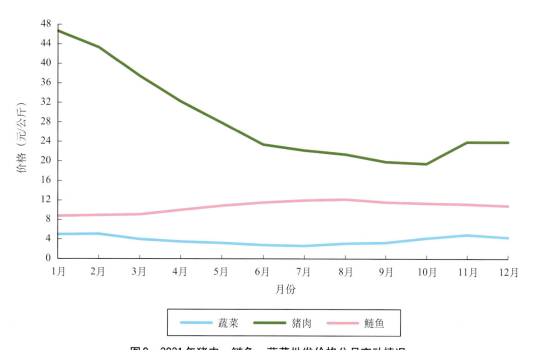

图9 2021年猪肉、鲢鱼、蔬菜批发价格分月变动情况

注：蔬菜为10种蔬菜（大白菜、白萝卜、大葱、黄瓜、番茄、茄子、青椒、马铃薯、芹菜、油菜）平均价格。

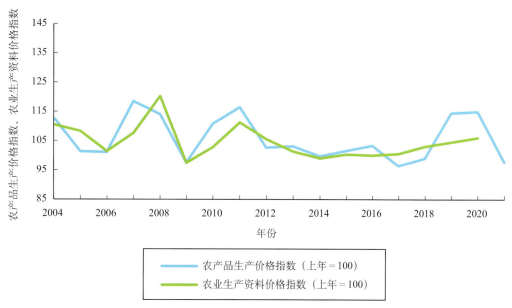

图10 2004—2021年农产品生产价格指数及农业生产资料价格指数变动情况

图11　2004—2021年化肥施用量及价格指数变动情况

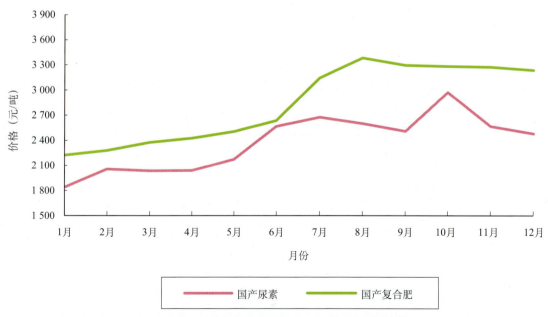

图12　2021年国产尿素和复合肥出厂价格分月变动情况

图13　2003—2020年农药施用量及价格指数变动情况

图14　2004—2021年化肥生产量与进口量变动情况

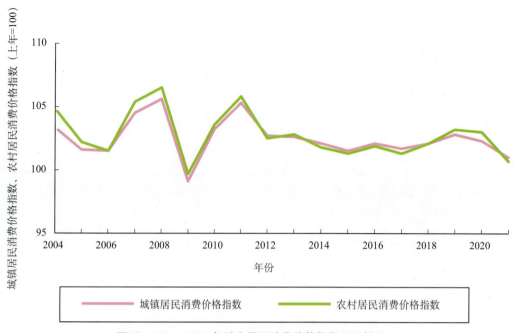

图15　2004—2021年城乡居民消费价格指数变动情况

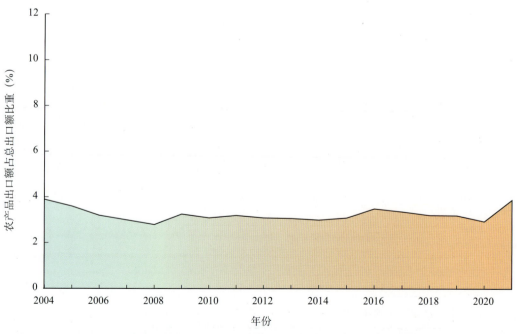

图16　2004—2021年农产品出口额占总出口额比重变动情况

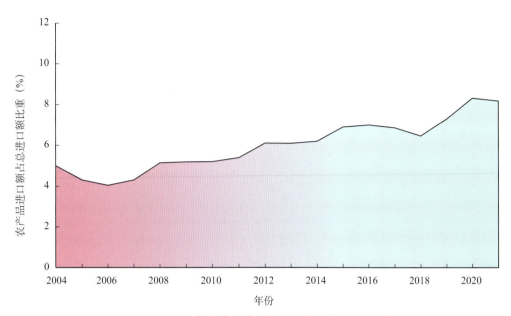

图17 2004—2021年农产品进口额占总进口额比重变动情况

图18 2004—2021年粮食进出口变动情况

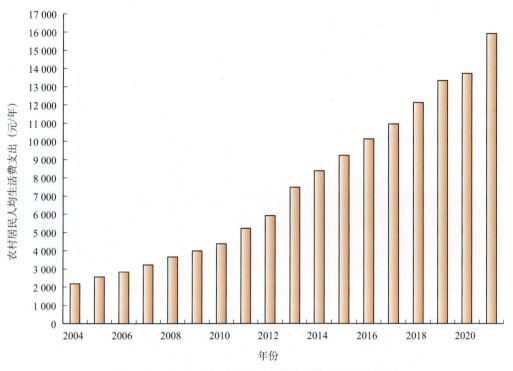

图19　2004—2021年农村居民人均生活费支出变动情况

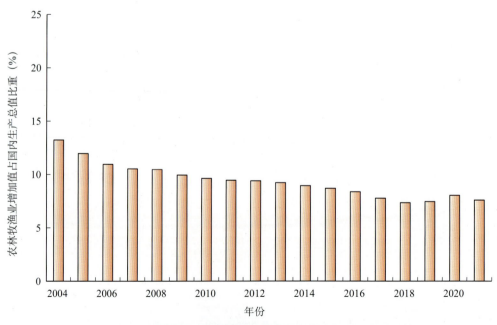

图20　2004—2021年农林牧渔业增加值占国内生产总值比重变动情况

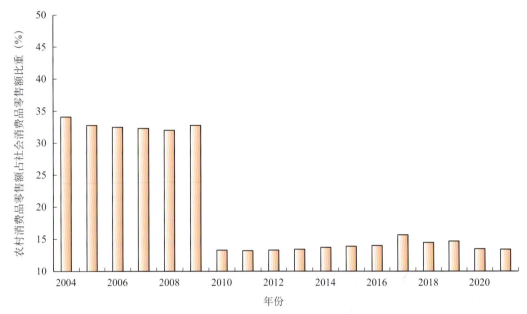

图21 2004—2021年农村消费品零售额占社会消费品零售额比重变动情况

注：根据新颁布的《统计上划分城乡的规定》，2010年及以后农村消费品零售额的统计范围由原来的"市、县、县以下"调整为"乡及乡以下"。

POSTSCRIPT

后 记

　　《中国乡村振兴发展报告2021》是由中央农村工作领导小组办公室、农业农村部牵头组织有关司局、科研单位，会同中央组织部、中央宣传部、中央政法委、中央网信办、中央文明办、国家发展和改革委员会、教育部、科学技术部、工业和信息化部、公安部、民政部、司法部、财政部、人力资源和社会保障部、自然资源部、生态环境部、住房和城乡建设部、交通运输部、水利部、商务部、文化和旅游部、国家卫生健康委员会、应急管理部、中国人民银行、海关总署、国家市场监督管理总局、国家广播电视总局、国家体育总局、国家统计局、国家医疗保障局、中国气象局、中国银行保险监督管理委员会、中国证券监督管理委员会、国家粮食和物资储备局、国家能源局、国家林业和草原局、国家乡村振兴局、中华全国供销合作总社、中华全国妇女联合会等部门的专家、学者和实际工作者共同编写的。

　　参加本报告撰写的主要人员有：

　　金文成、方军、王忠海、陈洁、杨春华、任民、谭智心、曹慧、翟雪玲、姜楠、刘俊杰、张灿强、何安华、金书秦、王欧、尚旭东、王莉、张照新、廖洪乐、习银生、胡钰、张哲晰、杨玉洁、庞洁、栾健、丁斐、刘洋、焦红坡、杨丽、张斌、刘景景、原瑞玲、郭军、冯丹萌、郑庆宇、郭金秀、靳少泽、马霖青、李文婧、姚璐、杨梦颖、王霞、来晓东、陶冶、聂赟彬、王振振、张莹、王晖、回文广、赵明、刘天宇、虞贞桢、杨霞、杨凯波、杨军、刘艳、董梁、何声卫、陈建光、褟燕庆、梁苗、才新义、曹宇、李春艳、彭程、李鹏、张国欣、赵蕾、张成、李琳、朱丽丽、呼倩、王蕾、李政良、张天翊、赵卓、刘艳涛、吴晓霞、叶全宝、崔江浩、孙鹏、韩婷、朱维卓、张丽、任彬元、苏新新、王健、黄涛、张立志、王良、王立法、王枞、周晓鹏、李立望、段冬冬、陈子雄、董燕、胡恩磊、袁晓奇、衣艳荣、娄巍立、吴建平、罗元开、杨柳、朱婧、郭伟、易超、柴玥、孙洪波、刘爽、戴炳业、周国东、闫石、刘松、徐晓林、张胜昔、赵凛然、张延体、黄维维、钟斌、陈颖、胡建坤、罗恺彦、蓝希龙、段顶尖、王亚楠、胡同宇、薄建伟、李峥、高亢、曹灶平、叶青、李佩佩、刘洪生、张鸿飞、闫虹光、秦越、孟晓娴、郝文祥、武艳娟、姜燕、程浩、倪恒旺、王娟、张慧杰、李刚、朱介石、解炜炜、彭伟、李新庚、杨凤彬、丁菁青。